# 资本战争

The Rise of Global Liquidity

## CAPITAL WARS

[英]迈克尔·J. 豪厄尔
（Michael J. Howell）_著

冯煦明 郎昆_译

中信出版集团｜北京

图书在版编目（CIP）数据

资本战争 /（英）迈克尔·J. 豪厄尔著；冯煦明，郎昆译 . -- 北京：中信出版社，2024.1（2024.8 重印）

书名原文：Capital Wars: The Rise of Global Liquidity

ISBN 978-7-5217-6136-8

Ⅰ.①资… Ⅱ.①迈… ②冯… ③郎… Ⅲ.①流动资金－研究 Ⅳ.① F231.2

中国国家版本馆 CIP 数据核字（2023）第 218882 号

First published in English under the title
Capital Wars: The Rise of Global Liquidity
by Michael J. Howell, edition: 1
Copyright © Michael J. Howell, under exclusive license to Springer Nature Switzerland AG, 2020
This edition has been translated and published under license from Springer Nature Switzerland AG.
Springer Nature Switzerland AG takes no responsibility and shall not be made liable for the accuracy of the translation.
Simplified Chinese translation copyright © 2024 by CITIC Press Corporation
ALL RIGHTS RESERVED
本书仅限中国大陆地区发行销售

## 资本战争

著者：　　[英]迈克尔·J. 豪厄尔
译者：　　冯煦明　郎昆
出版发行：中信出版集团股份有限公司
　　　　　（北京市朝阳区东三环北路 27 号嘉铭中心　邮编　100020）
承印者：　北京盛通印刷股份有限公司

开本：787mm×1092mm　1/16　　印张：26　　字数：305 千字
版次：2024 年 1 月第 1 版　　印次：2024 年 8 月第 2 次印刷
京权图字：01-2021-3754　　书号：ISBN 978-7-5217-6136-8
定价：79.00 元

版权所有·侵权必究
如有印刷、装订问题，本公司负责调换。
服务热线：400-600-8099
投稿邮箱：author@citicpub.com

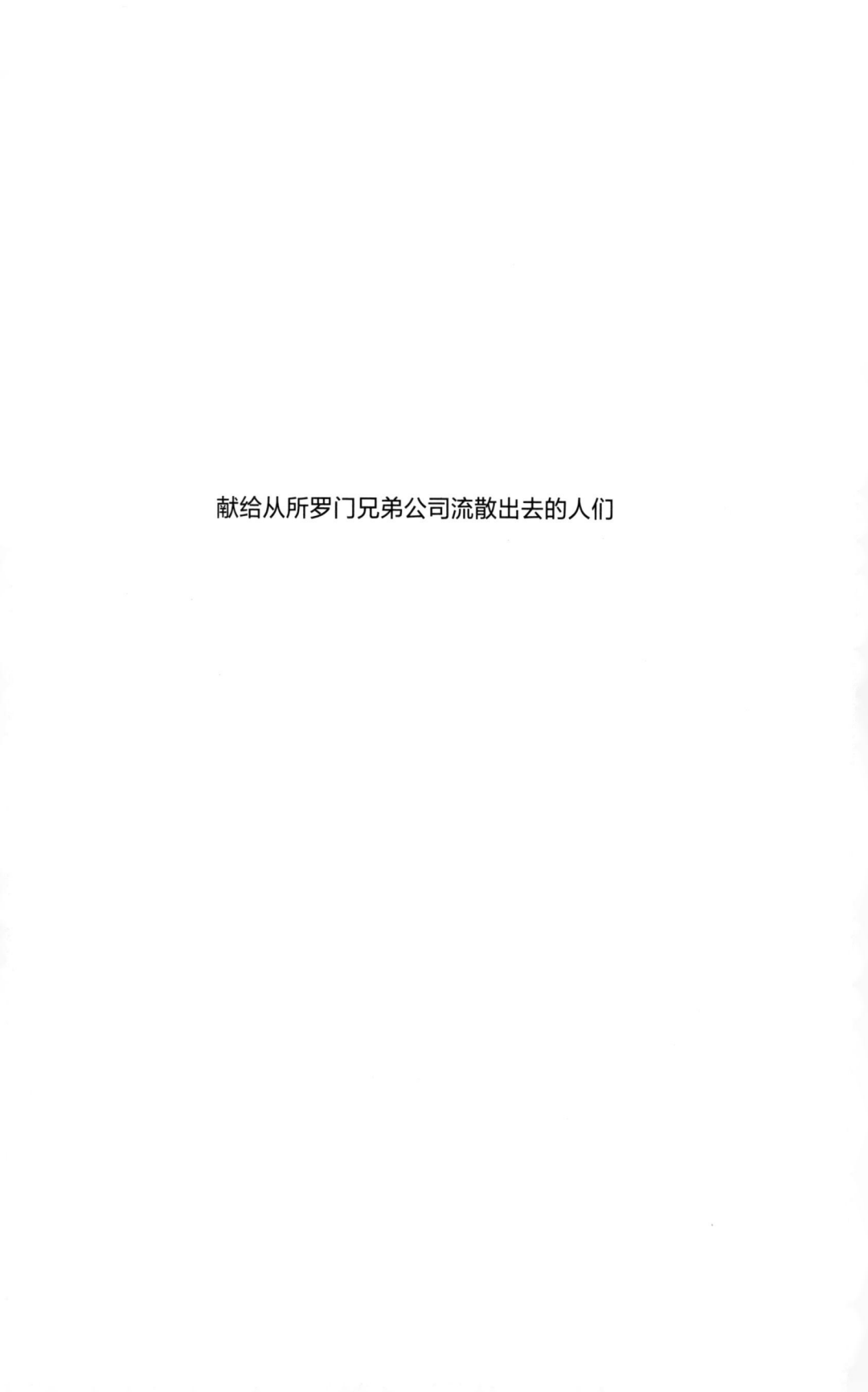

献给从所罗门兄弟公司流散出去的人们

# 目 录

推荐序 · *1*

译者序 · *11*

前 言 · *19*

## 第一章 引言：资本战争

资本战争：新形式的贸易战 · 003

跨境资本是罪魁祸首吗？ · 012

第一次目击：所罗门兄弟公司 · 014

全球流动性：无尽的河流，还是高水位警戒线？ · 017

## 第二章 全球货币

全球流动性的池子有多大？ · 025

什么是全球流动性？ · 032

政策制定者落后于形势吗？ · 039

"新的"全球流动性冲击 · 041

学术界对此怎么看？ · 044

关键所在：资金流量分析 · 052

投资需要更多新思想？ · 054

## 第三章　概要：一个更大、更动荡的世界

经济地震 · 059

金融加速器 · 062

错误的政策反应？ · 065

## 第四章　流动性模型

资金流量的分析框架 · 071

另一种分解方法 · 074

## 第五章　实际汇率调整

货币的产业与金融循环 · 079

汇率渠道 · 085

用数据来检验模型：美元和新兴市场货币 · 092

## 第六章　私人部门（资金）流动性

资金流动性 · 099

中介链条和批发货币的增长 · 110

抵押品和回购交易的兴起 · 116

流动性乘数 · 121

再融资风险？ · 125

## 第七章　中央银行：不要与美联储对抗，不要惹恼欧洲央行，要读懂中国人民银行

中央银行是做什么的？ · 131

世界中央银行货币 · 150

深入挖掘美联储的行动 · 155

中国人民银行 · 169

欧洲中央银行 · 172

## 第八章 跨境资本流动

美元霸权 · 181

全球价值链 · 187

美元周期 · 188

总资本流动 · 191

政策问题 · 197

全球金融中心 · 200

离岸掉期和欧洲美元市场 · 203

美元风险——一个新的特里芬困境? · 209

未来危机的预警信号 · 211

## 第九章 中国和新兴市场

中国的货币和金融体系 · 223

中国的金融不成熟 · 225

资本流动对新兴市场的影响 · 235

## 第十章 流动性传导机制：理解未来宏观估值的变化

金融经济与实体经济的对比 · 249

流动性冲击的一般传导 · 254

流动性冲击向债券和外汇市场的传导 · 261

汇　率 · 274

风险资产 · 275

资产配置 · 285

## 第十一章　金融危机和安全资产

金融周期 · 291

稳定是否导致不稳定？· 295

全球"安全"资产短缺？· 300

## 第十二章　金融丝绸之路：全球化与资本东移

金融丝绸之路 · 313

德国向东倾斜 · 317

资本转移的地缘政治影响 · 320

## 第十三章　衡量流动性：全球流动性指数

跨境资本公司全球流动性指数 · 327

## 第十四章　结论：高水位警戒线？

流动性峰值：全球化会成为资本战争的首个受害者吗？· 339

金融丝绸之路 · 341

回购交易的兴起 · 343

再融资与新增融资体系 · 348

未来几十年：人民币国际化 · 349

附　录　通货膨胀、通货紧缩和估值 · 355

关于资料来源的说明 · 361

阅读材料 · 363

注　释 · 365

参考文献 · 379

# 推荐序

# 咆哮的"美元-金融周期"

如同水的流动只有在高低有别的地形中才能形成一样,资本的流动也必然伴随着某种形式的失衡。在一定的边界内,失衡往往是资本流动的必要条件。可一旦越过某个临界值,失衡或许会带来体系的重构。2008年全球金融危机就是这样一个临界点:从全球化到去全球化,包含贸易和资本两个维度。

全球化是一个多维度、多层次嵌套式的动力系统,双边或多边协定搭建了制度框架,主权国家、国际多边组织和跨国公司是规则制定者;资本、技术和劳动力等生产要素,以及商品与服务的流动是全球化的主要内容。从国际收支账户来看,商品与服务流动和资本流动是一体两面的关系。生产要素的流动会重塑国家的比较优势。由于技术和劳动力往往是附着于资本之上的,资本的流向(尤其是直接投资)是观察"权力转移"的重要前瞻指标。大国博弈,都伴有一场无硝烟的"资本战争"。

## 全球化 1.0 到 3.0

第二次世界大战后至今,全球化可以被划分为三个阶段。第一个阶段是 1945—1973 年，为布雷顿森林体系 1.0 时期。基本特征是：政经格局呈现为两极对立，彼此孤立，西方阵营内部实行"金汇兑本位＋固定汇率＋自由贸易＋资本管制"的组合制度。布雷顿森林体系建立了黄金－美元本位，本质上仍是固定汇率制。这主要是吸取了两次世界大战时期的教训。战后的共识是，两次世界大战期间的纸币泛滥和竞争性贬值是摧毁经济、政治动荡的重要原因。之所以要对资本进行管制，也是为了维护固定汇率和本国货币政策自主性。在"三元悖论"的框架下，资本自由流动、汇率稳定和货币政策独立性不可兼备。国际金融领域最新的研究表明，只要资本自由流动，固定汇率和货币政策独立性都很难维持。当然，经验也表明，积累外汇储备也是追求货币政策独立性的有效手段。因此，在第一阶段，跨境资本流动规模较小，与贸易的波动基本一致，且主要发生在西方阵营。截至 1960 年，99% 的外国直接投资流向了发达国家。

第二个阶段是 20 世纪 80 年代初到 2008 年全球金融危机，为布雷顿森林体系 2.0 时代。经过了 20 世纪 70 年代"大滞胀"时期的停滞，于 80 年代初开始形成。第二个阶段的全球化与第一个阶段存在本质上的不同，其基本特征是"美元本位＋浮动汇率＋自由贸易＋金融自由化"。从生产端到需求侧，全球大市场开始形成，生产分工的特点是横向和纵向一体化并重，且后者在规模上居于主导地位。金融层面，在一系列金融自由化改革措施的刺激和信息通信技术的支持下，跨境直接投资规模快速膨胀，规模和增速都数倍于贸易，并且不再局限于发达国家内部。正是由于资本的跨境流动和跨国公司的发展，价值链贸易逐渐成为主导形式。生产端，一般而言，如果一家公司在国外能以比在本国至少低20%的成本生产一种产品，离岸外包就是符合成本－效益原则的。需求侧，伴随着海运成本的下降和"集装箱革命"，货物贸易急速发展。

第三个阶段是从2008年全球金融危机一直持续至今。以贸易或资本流动规模占GDP（国内生产总值）的比重来衡量，2008年是二战后全球化的顶点，商品贸易占GDP的比例为52.46%。截至2020年，该比例已经下降到42%，累计降幅10个百分点。在此过程中，价值链贸易规模同步回落。政策制定者和学术界开始重新思考全球化的意义，效率优先的全球化时代终结，政治、安全、地缘的考虑逐次凸显。

## 美元流动性与安全资产短缺

在一定程度上，核心国家的意愿和能力，决定了全球化的进程。二战后，全球化建立在美元作为公共品，以及美国作为美元的垄断提供者和全球体系的设计者与维护者的基础之上。美国在享受美元"嚣张的特权"的同时，也承担着维护体系运行的责任和成本。某种意义上，这也是一种义务，因为它曾是这个体系最大的既得利益者。当权力与责任、收益与成本不对等时，全球秩序便进入非稳态。更确切地说，当美国感觉其从该体系中获得的收益小于其付出的成本时，便不再有动力去维护该体系，甚至会主动破坏其建立的秩序。

在解释两次世界大战和大萧条时期世界的混乱状态时，美国著名经济史学家金德尔伯格认为，灾难的根源在于美国和英国的经济与金融地位不匹配。一方面，随着制造业和经济实力的衰落，英国向全球提供金融公共品的能力衰减；另一方面，美国在19世纪末就取代英国成为全球最大的经济体和最重要的制造业大国，但在金融上，美元尚未取代英镑，纽约尚未取代伦敦，美国未能向全球提供金融公共品。毕竟，直到1914年，美联储才成立。虽然1925年美元取代英镑成为最重要的储备货币，确立起了金融霸权，但美国对外奉行的却是孤立主义的外交政策和保护主义的贸易政策，且直到二战后，美国的金融霸权才稳固。因此，在两次世界大战期间，英国是有意愿但没能力提供公共品，而美国是有能力但没意愿。

金德尔伯格将大国之间权力与责任的不匹配视为全球失序的根源。约瑟夫·奈称之为"金德尔伯格陷阱"，用于描述世界缺少领导者和公共品提供者所导致的混乱状态。

美国向世界提供的最重要的公共品就是美元。布雷顿森林体系是金汇兑本位制，本质上仍然是商品货币制度，黄金－美元平价是美元信用的根基，黄金储备是美国维持固定汇率制的"护城河"。因此，它并未彻底摆脱金本位制的约束。特里芬认为，世界对美元流动性不断增长的需求和美国维护黄金－美元比价的义务或能力之间存在矛盾，布雷顿森林体系具有内在不稳定性。这就是"特里芬困境"。

布雷顿森林体系的瓦解并未彻底解决"特里芬困境"，只是换了一种形式。美元与黄金脱钩解开了经济发展的"黄金枷锁"，但却打开了廉价货币的魔盒。首先是20世纪70年代的石油价格上涨导致的"滞胀"，其次是新兴国家与发展中国家的债务危机和货币危机。美国自身也未能幸免，其国内的信用膨胀加剧了金融不稳定，导致了金融危机的周期性发生。

与廉价美元相对应的就是安全资产的短缺,这被认为是解释2008年全球金融危机,以及后危机时代无风险利率持续下行和经济增长停滞的重要逻辑——新"特里芬困境"。

安全资产指的是对信息不敏感的资产,即资产持有人不需要收集额外的关于发行人的一切信息,债务人的支付承诺完全可信。货币是最有代表性的安全资产,扩展而言,任何承诺未来支付固定金额且无违约风险的债务工具,都可以被称为安全资产。随着金融业务从零售模式向批发模式转型,安全资产作为抵押品的价值进一步凸显。

从全球来看,美国是主要的安全资产供给者,美元、美国国债、政府支持的机构证券、金融机构债务、抵押支持证券和资产支持证券都被视为安全资产。另外,德国、法国和英国等发达国家的国债也可被视为安全资产。当然,安全资产并非绝对概念,T时刻的安全资产,并不意味着"T+1"时刻还是安全资产。因此,安全资产是相对范畴,会随时空而发生变化,比如2008年全球金融危机之前,私人发行的资产支持证券就被认为是安全资产;2010年欧债危机之前,希腊和意大利的国债也可以被视为安全资产。

安全资产短缺是近20年来全球宏观经济结构性失衡的一个特征事实,同时也是理解"格林斯潘难题"、全球失衡、2008年全球金融危机、利率下行和经济停滞的重要逻辑。美联储利率触及零下限,欧洲多国进入负利率区间,全球经济陷入"安全陷阱"。

安全资产还能为理解全球货币体系变革,进而为全球化的命运提供新的视角,这是因为,安全资产供给者往往就是最重要的国际货币的发行国，这两者是一对矛盾，对立统一。对立的表现是，美联储在满足全球日益膨胀的美元需求的同时，也在创造对自身提供的安全资产的需求，如果供给满足不了需求，就等于说，美联储在创造美元的同时，也创造了美国国债这一安全资产的短缺，而利率下行就是安全资产短缺的一种直接结果，是一种均衡调节机制。在利率触及零下限时，只能以全球经济收缩的形式表现出来，因为它会压抑需求端，有助于缓解安全资产的短缺。统一的表现在于，美元和美债同属安全资产，都以美国的财政可持续性和国家信用为基础，只有在美债和美元被同时创造出来时，缺口才不会扩大，但这又在透支美国的国家信用和财政空间。是否会存在某个临界值，使美元和美债变成不安全的资产？

全球化总是在重复着失衡与重构、脱钩与突围的故事，只是角色在不断变化。然而，至少从历史经验看，不变的是全球化似乎在沿着既定的方向不断前进。中国突围的关键是，建设向全球提供安全资产的国家金融能力。

## 咆哮的"美元－金融周期"

周期是一个常见的经济现象，但其表现形式和形成机制却相当复杂，故费雪将其比喻成"神话"。

传统上，周期往往指的就是经济周期，主要描述的是实体经济变量的波动。随着经济金融化和杠杆化程度的提高，以及2008年全球金融危机的爆发，金融周期——描述金融资产（包括房地产）价格和信用的波动——的概念开始备受学界和政策层关注，经济周期和金融周期的交互作用也成为热点话题。

20世纪60年代以来，在经济周期中讨论金融的作用和影响的文献越来越多。90年代后，金融加速器效应和金融摩擦受到越来越多的关注。但是，大多数研究仍然将经济周期视为最终研究对象，金融更多只是一种作用机制。因此，研究范式仍然没有转变过来。直到2008年全球金融危机发生之后，金融周期现象才被关注。金融周期指的是金融资产价格、风险偏好和融资约束之间的自我强化关系。具体而言，信用扩张会推高房地产和资产价格，进而推高抵押品价值，从而增加私人部门能够获得的信用总量，直到这一过程在某一时刻逆转。融资限制与价值和风险观念之间的这种相互加强的作用，在历史上往往造成严重的宏观经济混乱。

随着金融的作用越来越凸显，明斯基提出了"金融凯恩斯主义"的概念，认为经济周期是表象，金融周期的逻辑才是主导。他很早就提出了"长波"的概念，认为实际上有两个周期，对应着两种萧条，一种是轻度萧条，另一种是重度萧条，而且重度萧条是在多个轻度萧条中酝酿的。现在我们清楚，"长波"对应的是金融周期，重度萧条对应的是金融危机，轻度萧条对应的是经济危机。明斯基描述了两者的嵌套关系，并且指出了金融周期的形成机制。明斯基明确提出，政策可以改变经济周期的形态。那么，综合起来理解就是，之所以是轻度萧条，逆周期调节政策——宽松的货币和信用政策，以及积极的财政政策——发挥了重要作用，但它们同时也在驱动金融周期，当金融危机发生时，经济将面临更严重的萧条。因此，就周期理论而言，明斯基研究的突出特点是强调金融的重要性，并认为周期是资本主义市场经济内生的。

金融周期描述的侧重点是金融活动，如银行信用、杠杆、房地产价格和股票价格的周期，以及价值与风险、风险承担和融资约束之间的相互作用是如何转化为经济的繁荣与萧条的。识别金融周期常用的方法是结合信用和不动产价格，前者衡量杠杆水平，后者则代表可抵押资产的数量。抵押行为是关键，它强化了金融的顺周期性：信用（尤其是抵押贷款）的迅速增长推高了房地产价格，进而推高了抵押品价值和私人部门能够获得的信用总额。金融周期的扩张对应着经济繁荣，收缩则对应着经济衰退，两者相互强化。

在全球经济、金融相互依赖的今天，任何开放经济体都难免受到美元－金融周期的扰动。最新的学术研究认为，传统的"三元悖论"已经降维为"二元悖论"，即只要资本是完全自由流动的，货币政策的独立性就难以维持。例如，日本央行依然要干预汇率，甚至连美国财政部也一直保留外汇平准基金。当然，在现实中，可以选择非角点解，比如"有管理的资本流动＋有管理的浮动汇率＋货币政策独立性"。

美元流动性与全球金融周期是货币和金融文献中的关键词，可谓现代金融体系的核心。但据笔者有限的了解，中文出版物里对该问题的研究还比较稀缺[①]。《资本战争》的英文版出版于2020年，那时笔者正在写作关于安全资产的专题，详细阅读这本书后颇有收获，随即在个人公众号的"每周一本书"系列中写了推荐，还向身边出版社的师友推荐，建议引进。当时就知道版权已

---

[①] 彭文生：《渐行渐近的金融周期》，中信出版社，2017年。曼莫汉·辛格：《抵押品市场与金融管道（第三版）》，格致出版社，2023年。

售。时隔 3 年，中信出版社搜到了我的推荐，邀请作序，我没有犹豫就应了下来。

这本书的作者豪厄尔是 CrossBorder Capital（跨境资本公司）的董事总经理，在金融行业从业 30 余年，曾任所罗门兄弟公司的研究总监——正是在所罗门兄弟公司，他提出了"全球流动性"的概念，并建立了全球流动性分析和资产配置框架。在《资本战争》这本书中，豪厄尔详细阐述了安全资产短缺的原理，强调了抵押品渠道和全球金融周期的重要性，细致描述了全球流动性指标构建的逻辑和方法，并论证了其在资产配置方面的有效性，具有较高的实践价值。据笔者在市场中的观察，该领域还属于"冷知识"，实践者寡。期待这本书能打开那一扇窗户！

陈达飞

博士，国金证券资深宏观分析师、海外组组长

2023 年 11 月 12 日于上海

译者序

# 从"全球流动性"变化中洞察
# 国际经济金融脉搏

2008年全球金融危机爆发以来的15年间，世界政治经济格局加速演变，在此过程中，国际货币金融运行环境也发生了深刻变化。这种变化从美联储资产负债表中可见一斑：金融危机之前，美联储资产负债表的总规模约为9 000亿美元，此后进行了多轮量化宽松操作，到2015年扩张至4.5万亿美元；新冠疫情暴发之后，美联储启动了更为激进的量化宽松，在短短两年之内将其资产负债表规模进一步扩张至约9万亿美元，这一数字相当于2008年全球金融危机之前的10倍。与此同时，包括中国人民银行、欧洲央行、日本银行在内的主要中央银行的资产负债表规模，均发生了显著变化。货币是现代经济的血液，货币的潮涨潮落，一方面集中反映了国际货币金融环境的变化，另一方面也向实体经济传导，深刻地作用于世界经济的运行。身处其中的每一个人，都直接或间接地受其影响。

迈克尔·J. 豪厄尔所著的《资本战争》一书，从"全球流动性"这一核心概念出发，对当前全球经济金融领域诸多前沿热点问题提出了一系列富有洞见的观察。全书的核心观点可以概括为以下几点。

其一，20世纪80年代以来，尤其是21世纪以来，中国等新兴市场经济体快速融入全球产业分工体系，成长为世界经济中越来越重要的力量。同时，美国等西方国家的经济组织模式发生了调整，变得更加轻资产和外包化。

其二，尽管新兴市场经济体的实体经济发展壮大，生产率快速提高，但其金融市场发育尚不完善，对美元和以美元为主导的国际金融体系依赖度较高。在多重因素的作用下，全球流动性从2000年的不到38万亿美元扩张到目前（截至2019年）高达130万亿美元。全球流动性的规模远远大于全球GDP和全球货物贸易的规模，成为影响国际经济金融运行的一股重要力量。

其三，在全球流动性规模扩张的同时，国际金融体系还出现了一些新变化。例如影子银行、大型跨国企业、科技企业等传统银行之外的参与者开始扮演更加重要的角色，再融资规模相对于新融资规模占比上升，数字货币兴起，等等。这些变化也使金融循环出现了根本性改变，导致中央银行对货币供给和金融稳定的控制力减弱。

其四，规模如此巨大的全球流动性并非"无尽的河流"，而是"高水位警戒线"，导致了金融体系的脆弱性提高，潜藏着巨大的破坏力。各国政策制定者和市场投资者应当重视全球流动性的信号作用，高度关注其变化以及对经济金融稳定的作用影响机制。

值得一提的是，此书中除了事实和观点的呈现之外，还蕴藏着一些方法论层面的智慧。例如，作者认为资金的数量分析比价格分析更为重要。书中提出，"经济周期是由资金流——储蓄和信贷的数量驱动的，而不是由高通货膨胀或利率水平驱动的"，"与流动性规模和资产负债表规模相比，利率水平的重要性要小得多"。而再融资相对于新融资占比的上升，又进一步增强了数量维度相对于价格维度的重要性。据此，作者认为，中央银行应当更重视流动性数量分析，更关注金融稳定，而非仅仅盯住消费价格指数这一"带有欺骗性"的目标。

再如，作者强调流动性有数量和质量两个维度，而质量维度的性质分析在很大程度上被人们忽视了。私人部门债券与国债在安全性上具有根本的质量差异，无论是不同类型的私人债券，还是同一类型的私人债券，在不同的金融周期状态下，都具有较大质量差异。书中指出，"在经济繁荣或经济上升周期借入的钱，与在经济衰退或经济下行周期借入的钱，在性质上是不同的"。然而，传统的广义货币供应量、社会融资规模、宏观杠杆率、证券化率等总量指标掩盖了这些质量差异。作者在书中直白地坦言，相对于经典的"货币数量论"而言，他更愿意从"货币质量论"的角度思考问题。

又如，作者认为传统经济学家在分析跨境资本流动时往往只关注净流量，而在实践中资本流入和流出具有高度的相关性。因此，相比于净流量，总流量是更好的危机预警信号。特别是，作者指出，在全球金融危机爆发前的2006年和2007年，全球总资本流动量占全球GDP的比重达到了19.1%和22.3%的峰值，与此同时，净资本流动量则长期维持在低位。因此，仅关注净流量无法对金融危机做出有效预警。

与市面上类似主题的其他书籍相比，此书具有以下三个方面的特点。

一是此书对国际经济金融领域诸多前沿热点问题进行了信息量巨大的事实梳理和深刻分析。资本市场不仅是金融交易发生的场所，同时也是各类信息汇聚、各方观点碰撞的场所。资本市场上的价格变动是政治、经济、产业、科技等众多信息交汇后的集中反应。作为长期身处国际资本市场一线的投资者，作者对新现象、新趋势、新热点保持着高度敏锐性，并且训练出了极强的信息收集能力和分析判断能力。这些能力在此书中得到了突出体现。无论是美联储、中国人民银行、欧洲央行的货币政策，还是全球产业链供应链的格局调整、中美经贸关系、美元国际地位，抑或是数字货币发展前景，对于这些前沿热点问题，作者在汇聚各方信息的基础上提出了自己的观点。这些内容有助于增进读者对我们当前所处世界的认识。

二是此书具有较强的全球视野和历史视野。世界经济已经成为一个产业链相互交织、要素相互协作、市场相互交融的复杂网络。尽管短期内全球化遇到了一定阻碍和波折，但国际人员交往、国际贸易、国际投资、国际金融的联系很难完全割裂，各国在交往交流交融中加强合作、实现共赢仍然是历史大势。世界的发展存在一定规律，但也充满不确定性。在世界经历百年未有之大变局的背景下，如何展望我们未来所处世界的走势，具有全球视野和历史视野至关重要。作者身处国际金融中心，熟悉英国和欧洲近现代历史，他在书中对中国经济崛起、中美经贸关系、人民币国际化等问题做出了自己的分析。这些分析既具有全球视角，也具有历史视角，对中国读者而言是一种有益的补充。

三是此书包含了一线投资者基于多年实践经验总结的方法论。书中提供了一套围绕全球流动性概念的分析方法，不仅包含

"全球流动性指数"的基础数据收集和指标测算，还包括如何运用全球流动性的概念和数据进行研究，指导投资实践。这套方法是作者基于自己多年的研究和投资经验总结而来的，一方面，为从事金融研究和投资工作的读者提供了可以直接借鉴使用的分析工具；另一方面，对于更广泛的读者而言，在思维方式和方法论层面也可能具有一定的启示意义。

为便于读者理解这本书的脉络逻辑，下面对书中各章的内容进行概括性介绍。

第一章是全书的引言，作者开门见山地指出，2008年全球金融危机本质上是一场全球流动性冲击。通过回顾20世纪以来，尤其是第二次世界大战以来国际货币金融体系演变的历史，作者向读者强调，流动性数量分析对于国际金融市场而言很重要，而且在过去几十年里重要性上升。在分析了全球流动性的诸多特征之后，作者提出了一个值得人们深思的问题：规模持续扩大的全球流动性究竟是无尽的河流，还是高水位警戒线？

第二章重点阐述了"全球流动性"的概念，呈现了全球流动性的总体规模以及结构构成。2019年，全球流动性规模接近130万亿美元，远远超过全球GDP和全球贸易的规模。中国在全球流动性中的份额快速增长，从2000年的6%左右快速攀升至当前的超过27%。作者认为，收益、风险、流动性三个因素在金融投资研究中的重要性会随着时间的推移而变化：二战前后，市场的关注重点在于"收益"，20世纪80年代之后转向"风险"，而在当前和未来一段时期，无论是市场投资者还是政策制定者，都需要更加重视流动性分析。

第三章概要式地回顾了柏林墙倒塌以来全球经济格局的变

化，并重点探究了这种演变在货币金融层面的影响。中国等新兴市场经济体快速融入全球经济，生产变得更加全球化，尤其是中国成为全球工厂。这在增加美元需求的同时，助长了美联储的宽松货币政策，使美国本土之外的美元流动性池子快速扩大。此外，安全资产的相对供应不足，也进一步增加了国际金融体系的脆弱性。

第四章以代数公式的形式呈现了流动性分析的模型框架，这可以视作全书的方法论基础。第五章阐述了流动性如何通过实际汇率渠道发生作用。紧接着，在第六章到第八章中，作者分别针对全球流动性的三个主要构成部分——私人部门流动性、中央银行流动性和跨境资本流动——逐一展开，详细呈现了各部分的形成机制、属性特征和变化趋势。

第九章重点分析了中国的流动性和海外资产负债表构成。中国在全球经济金融体系中的重要性显著上升，在全球流动性中的占比也快速扩大。作者认为，由于中国金融市场发展尚不成熟，形成了对美元的较强依赖，为此，中国应当推动人民币国际化，同时改善国际投资头寸结构。

第十章基于第四章提出的流动性分析模型框架，进一步刻画了流动性冲击在金融市场的传导机制。流动性通过影响投资者的风险偏好和资产配置，作用于大类资产价格。当流动性充足时，违约和其他系统性风险发生的概率较低，投资者偏好持有更多的风险资产；当流动性收缩时，伴随着市场恐慌，投资者转向持有安全资产。基于多年的投资经验，作者将流动性周期划分为反弹期、冷静期、投机期和震荡期四个阶段，并总结了不同阶段内的资产配置策略。

第十一章的内容是第十章的延续，作者认为市场流动性、资金流动性和风险偏好三者共同构成了金融周期。金融危机后，各国纷纷进行了监管改革，以促进金融稳定、防范金融危机。然而，在全球流动性扩张导致对安全资产需求上升的同时，以国债为代表的安全资产供应下降，造成一段时期内全球安全资产短缺，反而加剧了金融体系的不稳定性。

第十二章中，作者用"金融丝绸之路"的概念来形容全球化背景下资本国际流动的特征。作者认为，受中国、印度等新兴经济体巨大投资机会的吸引，世界经济金融的中心正在沿着金融丝绸之路向东移动。

第十三章详细介绍了"全球流动性指数"的构建方法，包括数据来源、指标选取、权重分配、有效性检验等部分。该指数由作者及其研究团队构造并发布，旨在衡量和监控主要经济体的流动性状况，被作者认为是预测外汇、债券、股票等市场的前瞻性指标。

第十四章在对全书进行总结的基础上，回应了此书开篇提出的问题——规模持续扩大的全球流动性，更应被视作高水位警戒线，而非无尽的河流。作者从历史视角出发，对未来做出展望：过去30年里，美国是全球流动性的主要提供者，中国是全球流动性最具代表性的主要使用者，被迫过度依赖美元，这种结构存在着风险。展望未来，国际金融体系演变的重要方向将以人民币崛起为特征，加上近年来比特币等数字加密货币的快速兴起，传统货币与新兴货币之间的转型既蕴藏着机遇，也面临着挑战。

此外，有必要向读者做几点补充说明。首先，尽管此书是一本金融类的前沿读物，但其内容广泛，涉及经济、历史、政治、国际关系等多个领域，部分内容超出了译者的研究范围。尽管在翻译过程中力求准确，但受译者学识和能力所限，可能仍存在翻译错误，敬请方家批评指正。

其次，这本书的作者是一位长期从事金融市场投资的实践者，因此书中内容追求简单易用、通俗易懂。然而，从学术研究的角度观之，书中的一些内容在严谨性上仍待考究。例如，书中混用了"资本"和"货币"的概念，未加以严格区分。尽管这种混用在投资实践和日常用语中是常见的，但两者的内涵仍有较大差异。再如，书中对三类流动性划分的理论基础不够坚实，一些指标构建和公式推导的过程不够严谨，对于学术界最新的研究成果的梳理也不够细致。当然，瑕不掩瑜，这些不足之处并不妨碍此书整体上的阅读价值。

最后，书中有关中国的部分观点值得商榷，有的观点显示出作者对中国经济和政策实际情况缺乏足够的了解，有的则是作者戴着有色眼镜、基于刻板印象形成了失之偏颇甚至错误的见解，译者并不认同。对于这些内容，建议读者采取以"我"为主的立场，辩证地看待，取其精华，驳其谬误。

冯煦明、郎昆
2023 年 11 月

前　言

历史并不是随机的，金融史尤其如此。本书的关键思想是，经济周期是由资金流——储蓄和信贷的数量驱动的，而不是由高通货膨胀或利率水平驱动的。资金流的巨大破坏力体现在"全球流动性"上，这是一个规模高达130万亿美元的流动资金池。因此，我们的中央银行政策制定者们应该转变态度，更多地关注金融稳定，而非锚定消费价格通货膨胀这一带有欺骗性的目标。与经济学家约翰·梅纳德·凯恩斯将经济区分为金融和产业的方式类似，我们今天将"资产经济"与"实体经济"区分开来。试图用流动性刺激实体经济，就面临着引发资产价格泡沫的风险。20世纪30年代，面对与2008年全球金融危机后几乎相同的局面，政策制定者推出了类似的刺激措施，也产生了相同的结果：一般物价较为平缓，但资产价格飙升。一个支离破碎、充满不确定性的世界鼓励投资者持有过多的"安全"资产，如现金和政府债券，尤其是美元资产，而不是将资金投入有生产性的工作中。当国家无法生产足够的安全资产时，私人部门就会介入，用不那么好的资产作为替代品。不幸的是，这些替代品的价值会随着周期波动而变化。从这个角度来看，政府的紧缩政策和量化紧缩（QT）计划听起来可能不是那么好的主意。可以把这种机制想象成传统教科书中往往匆匆跳过的所谓"预防性货币需求"，但它似乎比人们熟知的投机性动机概念能更好地描述我们所面临的日益严重的系统性风险。投机性动机评估的是利率上升（而非下降）的可能性，并可能导致"流动性陷阱"。我认为全球流动性从来不会被困住：它没有明确的国籍，没有边界，在不同市场和资产类别之间快速转移。

事实上，在最近的政策辩论中出现的两个令人困惑的特征凸显了全球流动性的重要性。首先，普遍的共识是，更多的量化宽松（QE）政策会降低而非提高期限溢价和政府债券收益率。这一观点得到了中央银行声明的反复证实。学术界进行了量化研究，正如加尼翁（2016）总结的那样，通过量化宽松注入相当于GDP的10%的资金，对应着期限溢价67个基点的变化。其次，许多人认为，收益率曲线的斜率是预测商业周期的一个明确指标。因此，反向收益率曲线应该提醒我们，衰退正在迅速逼近。事实上，这两种观点都不正确。前者很容易被数据驳斥。数据显示，美国的量化宽松时期明显对应着更高的收益率，期限溢价在过去每个量化宽松阶段平均上升134个基点。将美国国债收益率曲线作为商业周期预测指标的效果，在其他地方已经得到了研究分析（Howell，2018）。该研究证实了标准的10年期与2年期国债收益率差值曲线斜率，充其量是一个不可靠的预测指标。分析指出，由于不同的到期息差在不同的时间发挥作用，期限结构的曲率也变得很重要。在其他研究中，斜率和曲率必须放在一起评估。解释曲率的一个关键因素是期限溢价的模式。期限溢价是一种流动性现象，在很大程度上反映了市场对"安全"资产的过度需求。

1989年柏林墙倒塌时，流动性冲击波及全球，最终迫使利率下降，并帮助扭转了全球金融体系的两极分化。当政治和人民向西方倾斜时，资本沿着"金融丝绸之路"向东奔流，导致中国等很多国家过度依赖于美元和美国国债市场以寻求安全。与这些变化相关的是，今天的金融市场越来越多地充当"再融资机制"，而不是"新增融资机制"，这使资本规模（例如资产负债表规模）比资本成本（例如利率水平）更为关键。劣质"安全"资产供应的增加，损害了私人资产负债表对全球金融危机时期遗留下来的巨额未清偿债务进行展期的能力。我将劣质"安全"资产更正式地称为"影子基础货币"。具有讽刺意味的是，流动性和"安全"资产供应的减少，反而增加了囤积这些资产的需求。这些特征叠加在一起，放大了全球流动性的波动，并解释了为什么随着世界变得越来越大，它也变得越来越不稳定。高质量资产潜在的稀缺性导致了"资本战争"。在这里，战场包括金钱、技术和地缘政治。斗争主要在两个关键的超级大国之间展开：中国（产业）和美国（金融）。中国的影响力正在变得越来越大：2000年，中国占全球流动性的5.9%，不到美国的1/5；到2007—2008年全球金融危机时，中国的份额达到了10.1%；而今天，中国的份额达到了惊人的27.5%，大大超过了美国正在下滑的22.5%的份额。无论对于世界经济还是世界金融，中国都至关重要。我的结论是，美国需要重振它的产业，而中国更迫切地需要快速发展它的金融业。就像历史一样，这些都将是过程，而不是事件，但我们仍然可以思考，市场上的最终赢家将是美元还是人民币？

本书是经济金融理论与现实世界经验的结合。与关注单个证券价值的传统金融不同，我关注的是资产配置，并根据投资群体和货币机构的互动来评估宏观估值变化的可能性。虽然研究方法是我独创的，但我要向很多人致以谢意。在那些影响我的学者中，最重要的包括罗恩·史密斯、理查德·波尔特、海伦妮·雷伊和帕沃尔·波瓦拉。在商业领域，我有幸与富有创新精神的研究者——亨利·考夫曼、马蒂·莱博维茨、克里斯·米钦森，以及富有思想的银行家——埃文·卡梅伦-瓦特和迈克尔·巴林（已故）等共事。我在1996年成立了一家投资咨询公司——CrossBorder Capital，它的专长是收集和分析有关流动性与资本流动的数据。我的同事们也值得特别表扬，尤其是安杰拉·科齐尼。对于帕尔格雷夫·麦克米伦出版社的编辑图拉·韦斯和露西·基德韦尔，我有许多谢意还未向她们表达。最重要的是，衷心感谢我长期受苦的家人，感谢他们对我的诸多理解和忍让。

迈克尔·J. 豪厄尔
于伦敦和牛津
2019 年 11 月

# 第一章

## 引言：资本战争

货币的力量在和平时期掠夺国家，在逆境时期图谋反对国家。它比君主政体更专制，比专制政体更傲慢，比官僚体制更自私。

——亚伯拉罕·林肯，

据传来自《国民银行法案》（1864年6月）通过后写给威廉·F.埃尔金斯上校的一封信（1864年11月）

## 资本战争：新形式的贸易战

当审视2008年以来后危机时代确定性的破灭时，我们能学到什么？2007—2008年全球金融危机[1]是一场毁灭性的全球流动性冲击。但早在20世纪80年代早期，警告就已经出现了。从那时起，盈利能力是股票价格的主要驱动因素这一流行信条（其中最重要的是货币的力量）便开始被新的因素逐渐取代。在这里我们聚焦于一种特定的货币力量——全球流动性。这是130万亿美元的自由资本池，比2019年全球GDP的总量还要高出2/3（见图1.1）。

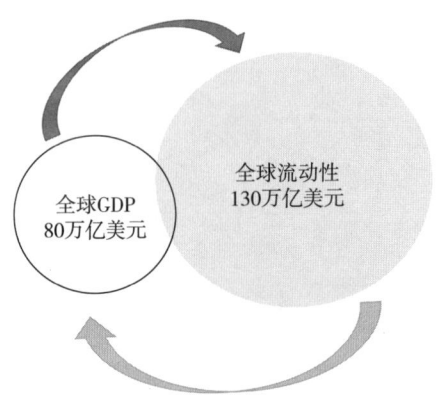

图 1.1 全球流动性

2007—2008 年全球金融危机发生时，货币紧张局势急剧升级，引发了对美元的疯狂争夺。仅欧洲的需求就超过了惊人的 8 万亿美元。然而，当时并没有自动的国际最后贷款人。当时，国际货币基金组织（IMF）的资金实力仍仅以数十亿美元计，除了美联储及其互换额度体系之外，世界上任何地方都不存在足以支撑国际金融体系的规模庞大的储备池。这一缺口依然存在，而美元互换额度自那时起变得更为政治化。美国当局正式把目标定位于"受惠国"，排除了新兴市场经济体，尤其是最大的美元使用国中国。[2] 美国部署美联储互换额度的决定，以及将这些额度分配给谁的决定，实际上已经成为尼禄式的选择，取决于谁在白宫主政。鉴于目前①非美国企业所欠的债务接近 17 万亿美元，而且其中超过 2/3 的债务是以美元计价的，因此这些决定至关重要。

在这种紧张的局面下，过去 10 年里，宽松货币政策爆炸式增长以填补许多私人部门"伤亡"后留下的缺口，就显得不足为

---

① 本书英文版撰稿于 2019 年，出版于 2020 年。——编者注

奇了。这就像弗兰肯斯坦博士造出的摇摇欲坠的怪物被数十亿伏特的闪电唤醒了。图1.2显示，全球流动性增速继续超过全球GDP增速，甚至在2009年和2017年超过了全球金融危机前的峰值水平。美联储持续发挥着至关重要的作用，这意味着，美联储的政策操作如今在很大程度上决定着全球投资者是追逐风险还是规避风险。于是，监测美联储政策已经成为一项备受珍视的技能，有时甚至成为一种堪比霍格沃茨和哈利·波特的黑暗艺术。2007—2008年全球银行的崩溃，2010—2012年欧元区的银行业危机，随后各中央银行通过广泛采用明确的量化宽松政策向金融市场注入了超过10万亿美元，再加上难以捉摸的量化紧缩政策，都强化了监测和理解全球流动性条件的重要性。一言以蔽之，货币推动市场。

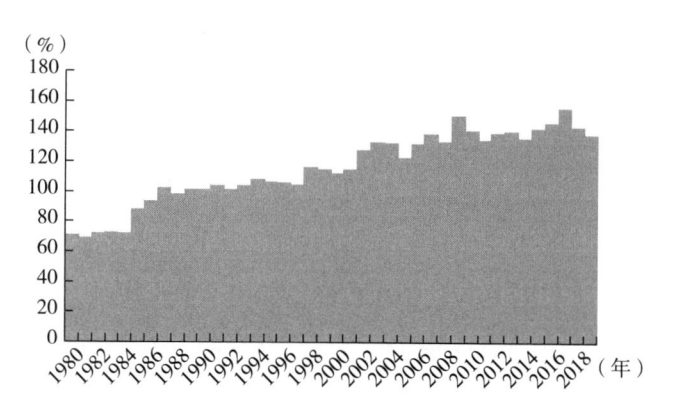

图1.2 1980—2019年全球流动性（占全球GDP的百分比）

资料来源：CrossBorder Capital。

民主党战略家詹姆斯·卡维尔敏锐地认识到金融是如何控制世界的，他曾有一句著名的玩笑话，如果有轮回，他希望"……回到债券市场"。如今，在产业经济与市场之间复杂的相互作用中，金融发挥着更加明显的主导作用。然而，是谁控制着金融？或者说，是什么因素控制着金融？在此，我们将关注点放在全球流动性的驱动因素，即国家内部和国家之间的金融联系与汇率关系，以及货币、证券、商品和服务跨境流动的决定因素上。在美国、欧洲和中国之间不断升级的资本战争中，这些因素已经成为新的武器。可以把资本战争看作国家之间在投资市场上展开的一种冲突，它与人们更熟悉的贸易战概念类似，它最终将涉及世界经济中货币主导权的斗争。全球流动性体现了这样一种理念：货币对经济体系来说从来不是完全外生的。即便在国家层面，甚至即便是世界上最大的经济体，货币也不是外生的。这里说的货币指的是储蓄加信贷。全球流动性冲击会加剧跨境流动，并通过跨境流动在国际扩散。这些冲击仍然遵循着大卫·休谟提出的货币流动机制的经典规则，该机制的新版本包括跨境资本流动。这些冲击也继续遵循着劣币驱逐良币的"格雷欣法则"[3]，以及关系到国际社会对美元信心的"特里芬悖论"[4]。纵观历史，由货币引发的问题总是相同的，而不同的是提出的解决方案。

在历史的齿轮向前转动的过程中，诸多因素共同推动着伦敦、纽约、东京等大型金融中心满溢的储蓄池转化为国际快速流动——有时甚至具有威胁性的跨境资本流动。这些因素中包括国内信贷市场以及跨境资本流动的管制放松、更低的税率，以及下降的通货膨胀率等。这些资金流动究竟是由拉力驱动的，还是由推力驱动的，仍然存在争议。事实上，两方面因素都存在。金融资本倾向于流向经济增长速度加快的国家，因为这些国家的国内储蓄相对于投资机会而言往往存在不足。类似地，当经济增长率放缓时，金融资本通常也会随着投资潜力的下降而退出。然而，资本流动在国家之间以及资产和负债构成部分之间的集聚性与共同性，凸显了全球流动性周期的重要推动作用。

在第一次世界大战结束后的大部分时间里，美国的经济主导地位意味着，它的对外收支地位可以为世界其他国家在国际资本浪潮中提供一个方便的缓冲垫或减震器。两次世界大战加速了美国的经济增长，为其创造了丰厚的储蓄盈余。乍一看，这与今天的中国相似。但与我们当前所处环境不同的是，美国在20世纪20年代和50年代为战后重建提供资金的能力，与其他地方的巨额投资需求和储蓄短缺相吻合。因此，美国可以通过扩大对外贸易，轻松地将巨额储蓄出口，尽管这加大了美国在20世纪30年代的关税战争和随后的贸易收缩中的脆弱性。

到20世纪60年代末，情况发生了变化。这时，发达经济体尤其是德国和日本已经完成了战后重建，全球储蓄再次充裕。21世纪以来，这些经济体不再需要获取稀缺的资本，而是需要为其贸易商品寻找外国出口市场，同时通过限制消费品进口来保护本国产业。简言之，它们希望将多余的储蓄作为资本输出。凭借大型且开放的金融市场，以及逐步放松的对资本流动的管制，美国和英国在20世纪50年代和60年代逐步扩大贸易赤字，以适应亚欧大陆的贸易盈余，尽管美国和英国承担了失业率上升和消费者债务增加的成本。具有讽刺意味的是，这些巨额赤字很可能在作为衡量美国和英国金融竞争力的一个良好指标的同时，也是表明其工业部门相对效率低下的一个指标。

2019年前后，我们似乎已经到达了这种情况的顶峰：在柏林墙倒塌之后发生的巨大经济变化的刺激下，整个世界经济享受着过剩的产能和充裕的储蓄。仅中国一个国家每年就有6万亿美元的储蓄需要配置。因此,越来越多的经济体试图增加贸易顺差,从而成为潜在的出口更多净资本的国家也就不足为奇了。然而,这显然需要其他某个或某些经济体承担相应的巨额贸易赤字。[5]而且,由于贸易赤字实际上也意味着国内制造业的赤字,而制造业又是未来生产力增长的关键来源和城市就业岗位的重要提供者,这使贸易赤字政策带来了情绪色彩浓重的政治挑战。持续巨额贸易逆差的必要性,也解释了为什么中国在世界贸易体系中取代美国的位置可能还为时过早。[6]

在这个资本充裕的新世界里,我们似乎陷入了一个僵局。美国已经失去了吸收其他国家过剩储蓄的意愿和能力。美国占全球GDP的比例已经明显低于第二次世界大战之后,国内收入不平等加剧,而容纳中国等经济竞争对手的地缘政治优势已远不像以前那么明显了。但流动性过剩肯定会拉低货币价格,从而帮助恢复均衡吗?考虑到货币的真正价格是汇率[7](而不是利率),一个与资本充裕度有关的问题是:现在什么样的货币安排最符合美国及其经济竞争对手走向分歧的利益?在过去两个世纪的大部分时间里,美元和其他国际货币通常是挂钩的,最初是在金本位制(1717—1934年)[8]下,随后是在布雷顿森林体系(1944—1971年)的固定汇率制度下。布雷顿森林体系是作为一个以美元为基础的体系而建立起来的,尽管一些人认为这个结果并非必然,而在很大程度上是因为当时英国担心无力确保能够维持英镑汇率稳定。无论是否属于巧合,布雷顿森林体系时代被证明相对来说对经济较为友好,GDP增长率水平达到了此前和此后数十年浮动汇率制状态下的大约两倍,通货膨胀率虽然逐渐上升,但仍然适度,没有发生主要银行破产和金融危机,收入分配和财富分配更为均匀。

布雷顿森林体系解体后[9]，世界上主要货币的汇率在过去50年的大部分时间里一直是浮动的。与此同时，对资本流动的监管显著放松。1979年，英国撒切尔政府上台后的第一个举措就是废除资本管制。其他国家紧随其后推出了类似的举措。到20世纪90年代，所谓的"华盛顿共识"政策逐步衍化成形，包括税制改革、财政纪律，以及贸易自由化和对外来投资开放资本账户。这些政策倡议由国际货币基金组织、世界银行、美国财政部等机构牵头，鼓励新兴市场经济体采纳。正如我们将在后面的章节中探讨的那样，1989年具有象征意义的柏林墙倒塌，以及在此之前的1978年邓小平在中国推动实施的改革开放，在经济上有效地释放了20亿~30亿劳动者。2001年，中国加入世界贸易组织（WTO），进一步筑牢了快速增长路径。若干快速增长的国家决定，要么正式将本国货币与浮动的美元挂钩，要么紧紧盯住浮动的美元，这相当于给美元注入了一剂急需的强心针。于是，浮动汇率时期不应该像某些人所说的那样被视为向多元货币体系的一种自然演变，而是应该被视为三个存在差异的时期。从1974年到20世纪90年代初，全球货币体系以石油为基础运行[10]，石油为美元体系的延续提供了有效的背书。从20世纪90年代初开始，新兴市场经济体对美元的新需求逐步取代了石油生产国的美元需求，同样为美元提供了支撑。我们需要强调的是，其中就暗藏着引发金融不稳定的根源。

浮动汇率的早期支持者们在20世纪50年代和60年代曾提出一些夸大其词的主张，以提高浮动汇率的吸引力，包括涉及货币汇率波动范围和速度的渐进主义以及更独立的国家货币政策等。然而，尽管在金本位制度下也会发生金融危机，但过去30年却是货币史上最动荡的时期之一，汇率变动的速度和范围比以往任何时候都要大，伴随着更大幅度的汇率"超调"[11]，同时也缺乏能力去应对全球流动性的破坏性浪潮。20世纪60年代，世界经济遭遇劳动力成本冲击；20世纪70年代和80年代，受到石油和大宗商品价格的冲击；而如今，世界经济则更经常受到全球流动性的冲击。金融市场在脆弱的轴上运转，现代金融危机往往既不是纯粹的单个国家事件，也不是简单的孤立事件。此外，全球流动性冲击通常比经济学家和中央银行在使用所谓的DSGE（动态随机一般均衡）模型[12]时研究的模拟冲击规模更大、持续时间更长，也更为普遍。事实上，自1980年以来，超过60个国家在资产繁荣之后发生了银行危机，其中至少包括6次重大资产价格泡沫：（1）20世纪80年代的日本；（2）20世纪90年代初在瑞典和斯堪的纳维亚半岛的大部分地区；（3）20世纪90年代中期的泰国和邻近的其他东南亚经济体；（4）美国在20世纪90年代后期发生过一次，到2019年为止，在21世纪初又发生了两次。这些泡沫带来了很高的社会和经济成本。在上述国家中，许多都在其后出现了银行体系的崩溃，有些泡沫破灭导致的贷款损失甚至超过了本国GDP的1/4。就像在《金手指》中，特工"007"詹姆斯·邦德敏锐地洞察到："发生一次是偶然。发生两次是巧合。如果发生三次，那就是敌人在行动。"

最近一次并且最严重的一次危机，是2007—2008年的全球金融危机。事实证明，这既是一场关于"不良负债"（即不可靠的融资结构）的危机，同时也是一场关于"不良资产"（即不良投资）的危机。这次全球金融危机的历史可以追溯到2008年3月投资银行贝尔斯登遭遇挤兑，9月15日美国政府决定允许久负盛名的投资银行雷曼兄弟破产，进而引爆了危机。这一事件导致全球银行间信贷市场冻结，因为拥有超额准备金的银行迅速变得更加厌恶风险。突然之间，负债累累的银行不得不寻找其他融资来源，以避免资产负债表缩水。但与此同时，还有一种令人信服的观点是，这场全球金融危机的根源可追溯至2002—2006年的美国房地产热潮，而这背后似乎隐隐地与中国经济相关，这也又一次凸显出中国在经济和金融领域日益增强的影响力。对资本流动和信贷数据进行仔细审视后发现，中国人民银行在2008年初收紧了信贷条件，可能是为了在2008年8月的北京奥运会之前缓解工业污染问题，改善空气质量。图1.3追踪了中国人民银行注入和撤出货币市场的资金总额，其累计提取的资金超过6 500亿元人民币（约950亿美元），相当于其资产负债表的6.3%。这迫使急需信贷的中国借款人进入离岸欧洲美元市场寻找替代性的融资来源。中国借款人的需求是否会同时与西方借款人日益增长的

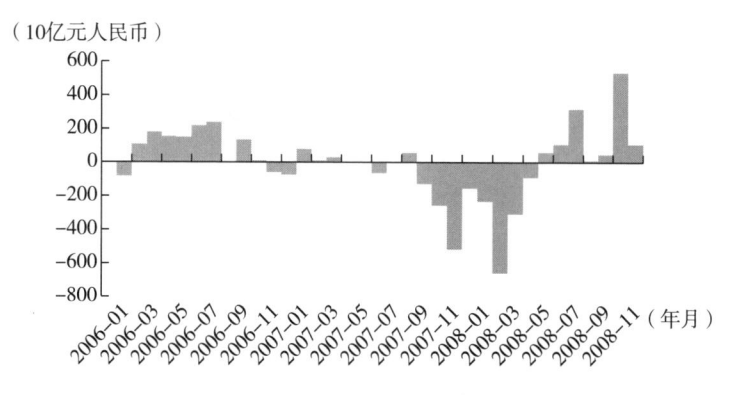

图1.3　2007—2008年中国货币市场流动性注入情况

注：数据为滚动12个月合计。
资料来源：CrossBorder Capital，中国人民银行。

需求发生冲突？尤其是考虑到西方借款人在贝尔斯登破产后越来越难以为其杠杆抵押支持证券和资产支持证券的投资组合进行融资。

## 跨境资本是罪魁祸首吗？

事后来看，所有这些危机的模式看起来都非常相似。每一次金融危机之前都有一场经济繁荣，尽管并非每次经济繁荣之后都会发生金融危机。究其原因，与其说是浮动汇率制度本身，不如说是跨境资本迅速流动造成的破坏性影响。那些遭受严重危机的经济体此前往往经历了高于平均水平增速的跨境资本流入，导致金融资产和房地产价格上涨。在2007—2008年全球金融危机之前，包括美国在内的许多国家经历了跨境资本活动的大幅增长。不过，对于爱尔兰、希腊、西班牙和冰岛等较小的经济体来说，投资流入与GDP的比率增长了数倍，且处于上升态势。具有讽刺意味的是，这些国家的大规模资金流入往往来自其银行和公司在纽约、法兰克福、伦敦等主要离岸融资中心发行的巨额债务。相比之下，流入美国的资本主要来自快速增长的新兴市场经济体，即中国和东南亚地区，以及所有渴望购买更多美元"安全"资产的石油出口经济体。诚然，这些资本流动有时也异常巨大：中国在2001年加入世界贸易组织后，出口出现了惊人的增长；此外，2001—2006年，原油价格上涨两倍达到每桶90美元，导致石油出口国也从中受益。

这种风险对于布雷顿森林体系的设计者而言，是显而易见的。他们故意限制私人资本流动，并将20世纪30年代严重的大萧条和两次世界大战期间的动荡归咎于资本在国与国之间的剧烈流动。具有讽刺意味的是，最初支持浮动汇率的理由在很大程度上忽视了资本流动，反而认为资本流动最多只是对经常账户失衡的被动调整。这些专家不仅没有认识到资本流动的规模和速度，而且忽视了经常账户也有可能根据资本流动进行调整这一事实：这种可能性让人想起早在20世纪20年代关于所谓的德国一战赔款转移问题的辩论。当然，没有理由认为资本流动的总和应该为零。事实上，它们是经常账户失衡的必然产物。从本质上讲，也没有理由认为净资本流动的大小可以告诉我们有关汇率的一切。对汇率而言，重要的是总供给与需求之间的净平衡。大量资本流入可能导致汇率上升，除非货币供应也随之相应扩大。但即使汇率被推高，也不能保证它就可以重新平衡资本流动。与资本流动冲击相比，贸易冲击后的汇率变动是更合理的均衡机制。现实中，在资本流动冲击之后，往往很难预测金融体系会向其均衡状态趋同还是背离，因为资本流动可能自我维持，从而导致货币和资产价格超调，至少在一段时间内如此。这些快速、大规模的跨境资本流动需要经常账户出现同样大规模的抵消性变动，或者汇率出现潜在的大规模抵消性变动。许多国家的政府为了帮助维持经济稳定，坚守货币与竞争货币的比价，特别是与美元保持密切锚定。

因此，现代金融危机看上去似乎与松懈的监管、轻率的银行家过度追逐风险的行为以及政策制定者对通胀目标的痴迷，并没有预想中那么大的联系。中央银行拥有权力，但它们并不总能控制局面。而且，它们经常行使未经选举产生的权力。一位不愿透露姓名的央行行长表示[13]，欧洲央行"……用金融的破坏力来威胁那些行为不端的政府。它们切断再融资，并威胁要摧毁银行体系。它们在债券市场造成了展期危机。这就是2011年发生在意大利的事情"。我们关注的是全球流动性总体上与之类似的破坏潜力；全球流动性提高了资产间的相关性，并造成了系统性风险的累积。在此前的每一次危机中，国内信贷的扩张和资产需求的上升，在很大程度上都是跨境资本流入的结果，它大大缓解了本地银行的融资约束。这种额外的借贷能力使某些政府、企业、家庭甚至其他银行能够长达数年地避开已有的债务负担。当全球信贷提供者对新债务的吸纳放缓时，危机就爆发了。这迫使债务人匆忙清算剩余资产，以迅速偿还债务，而且当资本流动方向突然逆转时，经常会伴随着一国货币的贬值。与此同时，资本基础的崩溃迫使银行大幅缩减贷款规模，这反过来又导致银行资本价值的进一步缩减以及信贷条件的进一步收紧。这不仅与前几年繁荣时期的情况正好相反，而且听起来也非常像美国经济学家欧文·费雪在其关于美国大萧条时期的著作《繁荣与萧条》(1932)中所描写的典型"债务-通缩"模型。如今，雷伊（2015）与时俱进地将其描述为一个单一的全球因素，也就是我们所说的全球流动性。

## 第一次目击：所罗门兄弟公司

尽管不确定我们是否率先创造出"全球流动性"一词，但可以确定的是，我们是最早使用这个词的先驱之一。根源可以追溯到20世纪80年代中期，当时美国投资银行所罗门兄弟公司[14]正准备大举进军国际金融市场。当时，所罗门兄弟公司主宰着证券交易。在庞大的资产负债表的支撑下，它在金融市场的地位由一个具有创新性的研究部门所引领，该部门由亨利·考夫曼和马蒂·莱博维茨这两位不安分的天才领导。亨利对信用和货币有很深的了解，而马蒂在债券和久期研究方面与他形成配合。投资政策是由一个杰出的团队实施的，该团队由研究员和经济学家组成，其中几位是从国际货币基金组织和美联储挖来的，包括尼克·萨根、约翰·利普斯基、迪克·伯纳、金·舍恩霍尔茨、罗比·费尔德曼、罗恩·内皮尔、克里斯·米钦森和拉斯洛·比里尼。所有这些人如今成了影响深远的所罗门兄弟公司"流散群体"的一部分。

所罗门兄弟公司的许多交易员认为，观察货币和资本流动是最易于获取"内幕信息"的方法。更重要的是，这是完全合法的。在筹划 20 世纪 80 年代中期的业务扩张时，所罗门兄弟公司需要对跨境投资和贸易流的规模进行估算，而本书作者的任务就是收集数据，当时安杰拉·科齐尼做了出色的协助工作。我们的研究最终促成了一份名为《国际股权流动》的年度出版物（现已停刊），该出版物对跨境资本市场进行综述，并对我们所谓的"全球流动性"进行评估。按照所罗门兄弟公司的传统，我们将全球流动性定义为流入国内和跨境金融市场的储蓄与信贷的总额。所罗门兄弟公司的研究部门主管亨利·考夫曼的名言是："……货币很重要，但信用也很重要。"所罗门兄弟公司第一本追踪全球流动性的出版物于 1986 年发行。

全球流动性可以按流动性类型在功能和地理位置上进行划分，这有助于对不断变化的流动性质量加以区分。换句话说，某些类型的流动性能够比其他类型的流动性对未来总资金池的规模大小和变化方向产生更大的影响。我们关注三种类型的流动性：（1）中央银行准备金；（2）私人部门提供的流动性；（3）跨境资金流入。我们认为有三种广义的流动性传导渠道，每一种都会影响或放大冒险行为。首先，国内中央银行和私人部门流动性的总和往往会通过"冒险渠道"影响安全资产的相对价格。通过降低系统性风险的概率，更多的国内流动性增加了政府债券的期限溢价，这是由于对安全资产需求的减少；同时，更多的国内流动性降低了分配给风险资产的等价溢价。当"安全"资产在国际上被广泛使用时，跨境资金流入也可能在机制中发挥作用。其次，汇率渠道反映了私人部门和公共部门之间不断变化的流动性组合结构。更多的私人部门流动性或"好的"流动性会增强货币币值，而更多的中央银行流动性或"坏的"流动性会削弱货币币值。最后，核心经济体的国内流动性向境外跨境资本流动的溢出，通常会被离岸融资市场和外围经济体的其他政策制定者放大，从而导致全球流动性大幅增加，投资者承担更多风险。后一种跨境资本流动渠道是由当前世界经济制度的构成决定的，体现了中国与美国之间的许多结构性差异。

虽然传统的金融理论通常忽略了流动性因素的影响，但一个简单的例子就可以说明它们的重要性。从1981年里根就任美国总统到2001年克林顿卸任美国总统，也就是大约20年间，华尔街的股价几乎上涨了10倍。然而，利润仅增长了236%。这意味着，利润增幅只能支持不足1/4的股价增幅。事实证明，投资者对风险资产兴趣的增加更具决定性，直接和间接持有的股票占美国金融财富总额的比例从略高于14%上升到了42%以上，而安全资产持有比例相应地大幅下降。世界各地都有类似的情况，甚至在印度等新兴市场，几乎持平的收益都无法阻止外国资金和国内共同基金在雄心勃勃的中产阶级投资者的推动下不断推高股价。如今，随着各国中央银行积极推行量化宽松政策，工业企业拥有大量现金并积极买入其股票，新兴市场投资者的财富水平不断上升，投资的流动性理论从未像现在这般重要过。然而，投资者和政策制定者都需要更好地理解流动性的来源和用途。流动性分析试图解释的，正是资本市场的这些宏观估值的变化。

## 全球流动性：无尽的河流，还是高水位警戒线？

有鉴于此，作为向世界市场提供全球货币的主要国家，美国是一个规模庞大、生产率增长缓慢的经济体，但同时拥有高度发达的金融体系和资本盈余。与美国形成鲜明对比的是，中国是一个规模庞大的、生产率增长迅猛的经济体，但金融市场不发达，对"聪明的"和追求风险的资本的需求更为强烈。通过遍布亚洲、欧洲和美洲的供应链和物流公司，中国日益主导着世界工业生产，并已成为全球货币的主要国际使用者。正因如此，大量资本流入中国，我们称为"金融丝绸之路"，与16世纪和18世纪推动资本与贸易沿着尘土飞扬、历史悠久的中国和西方商队路线流动的货币因素遥相呼应。在1453年君士坦丁堡被奥斯曼帝国攻占之后，就像古老的丝绸之路意味着西方对纸张、丝绸和香料的需求一样，它也意味着中国对白银的渴望。中国的货币体系开始与比索银币联系在一起，有些时期，中国境内流通的比索银币比在墨西哥本国境内流通的还要多。16世纪90年代末，中国白银与黄金的比例大约为1∶6，是当时西班牙盛行的比例1∶13的两倍多。在消除这种巨大的白银套利空间的50多年时间里，大规模的贸易流动和资本流动重塑了具有历史意义的世界经济。这种情况在18世纪早期再次发生，当时由于玉米、花生和红薯等美洲新作物的传入，中国人口激增，进一步引发了对银币的大量需求。现在，类似的情况再一次发生，只不过是通过美元发生的。

然而，现代国际货币体系正变得越来越不适合我们当前庞大的资本流动和贸易流动。现代国际货币体系是由各种务实的协议"大杂烩"演变而来的，这些协议主要源于第二次世界大战后期组建的机构，如国际货币基金组织。它不是为10多亿勤劳工作、高储蓄、决心让自己的国家迅速摆脱贫困的中国人设计的。

中国需要创造一种看起来更像瑞士法郎而不是阿根廷比索的替代性国际支付手段。然而，无论中国能否摆脱美元的束缚，这都为货币发展趋势增加了一个地缘政治维度的挑战。这也凸显了铸币税的重要性——本国货币具有为国家获取购买力的功能。换句话说，美国政府用一张100美元的钞票就能购买真实的商品，而美国财政部只需要花几美分来印刷这张钞票。从古希腊和古罗马，到英镑占据主导地位的19世纪，国际金融体系始终围绕某种体现铸币税的关键货币而建立。我们需要强调的是，国际金融市场稳定的一个关键风险在于，中国过度依赖美元了：当中国应当出口人民币时，它实际上是在转口美元。[15]这可能会产生巨大的跨境影响，因为它迫使中国向外资开放国内债券市场，更多地使用人民币计价和放贷，推动供应链在岸化或区域化，并发行和推广数字人民币。

如果资本就是权力，那么资本也需要权力。换句话说，决定什么是"安全"资产的一个至关重要的维度在于地缘政治层面。因此，英镑主导了19世纪，很大程度上要归功于英国拥有庞大的海军。英镑和英国海军都被认为会在20世纪继续占据主导地位。1897年6月26日，165艘皇家海军的舰船在斯皮特黑德连成一排，纪念维多利亚女王登基的钻石大庆，即60周年纪念。集结的舰队绵延数英里①。舰船上的彩旗优雅地延伸到被阳光照亮的地平线上。这支舰队包括21艘战列舰和44艘巡洋舰，它们的名字投射出一个日不落帝国的傲慢和自信：胜利号、荣誉号、强健号、威慑号、宏伟号和火星号。这是向朋友和敌人发出的一个强有力的信号，它投射出的是大英帝国力量的持续存在，以及英镑的持久稳健性。即将成为爱德华七世的威尔士亲王在皇家游艇的后甲板上代表他的母亲接受了礼炮敬意。当时78岁的女王陛下选择在怀特岛附近的奥斯本宫用望远镜视察这支伟大的舰队，这或许是明智的选择，因为这支庞大而令人生畏的舰队需要整整8个小时才能驶过。但即便如此，这支舰队的集结也不需要从地中海或那些遥远的保卫印度和亚洲帝国海上航线的舰队中召回哪怕一艘。资本战争不仅仅是争夺货币霸权的战争。

那些低估中国的人应当回想起就在100多年前，也就是第一次世界大战爆发前后，美元在国际市场上的报价和兑换数量还远远少于当时的奥匈帝国克朗。1984年，深圳经济特区可谓微不足道，在世界贸易的雷达上几乎没有记录。而近年中国每年4.5万亿美元的出口额，极大地凸显出过去30年经济高速增长和"追赶"的影响。如图1.4所示，在许多衡量金融实力的指标上，中

---

① 1英里≈1.6千米。——编者注

国已经超过了美国。通过走弱的美元以及美国的"宽松货币－紧缩财政"这一政策组合的传导，经济调整正在进入一个不断升温且更加脆弱的全球流动性周期。美国的国内政策，加上中国的生产力追赶，似乎促成了一个不稳定的金融世界。中国的经济实力与日益供应不足的"安全"储蓄资产——美国国债之间的紧张关系，刺激了越来越危险的金融工程复合形式。全球流动性周期是这些紧张局势的导火线。我们的箴言是：不要忽视流动性，不要低估中国。过去20年的这些潜在信息，现在已经成为对未来的明确警告。

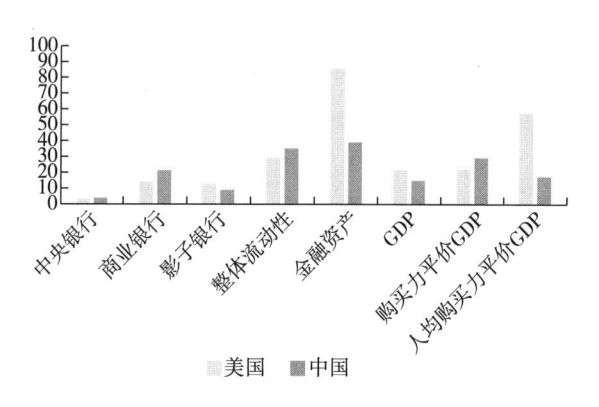

图1.4 2019年中期中国的相对金融实力

注：除人均购买力平价GDP的单位为千美元外，其他指标的单位均为万亿美元。
资料来源：CrossBorder Capital。

在接下来的章节中，第二章作为全书背景将试图对全球流动性进行阐述。在第三章中，我们将追溯变革的关键力量，并总结我们的论点。第四章分析我们的核心方法——资金流量核算经济学。第五章对实际汇率调节机制进行了解释。第六章到第八章更详细地分析了全球流动性的三个主要来源：私人部门融资、中央银行准备金和跨境资本流动。在此，我们还会明确指出公司和机构现金池（CICPs）的兴起。第九章更仔细地研究了中国和新兴市场经济体不成熟的金融体系。第十章对流动性冲击如何传播进行了讨论。第十一章回顾了有关"安全"资产短缺的问题。第十二章讨论了全球化、外国直接投资（FDI）和有关欧洲走向的问题。第十三章阐述了全球流动性指数（GLI）数据的使用。第十四章是本书的总结。

第一章

引言：资本战争

# 第二章

# 全球货币

## 全球流动性的池子有多大？

现代资本主义社会的财富是由股票、债券和短期流动性工具构成的一个庞大集合。这些金融资产中的大多数在过去30年里都经历了大幅增长。全球金融市场截至2019年的上市资产（主要是证券）总额大约为250万亿美元，这大致相当于全球GDP的3.5倍，其中还不包括规模可观的非上市资产池和场外交易[1]工具。如此大的规模意味着，地球上每一个活着的人都对应着超过4万美元的资金。换个比方，也是为了宣传我们的绿色理念，那就是世界上所有国家生长的每棵树都能对应42美元的账面财富。图2.1展示了1950年以来美国家庭的净金融财富（不包括住房）与GDP之间的比率。近年来，这一比率呈现出抛物线式的上升，达到了惊人的4倍。世界上的人均财富从未如此迅速地增长。

自20世纪80年代初以来，全球金融市场规模实现了10倍以上的增长。与此同时，全球流动性也出现了类似规模的爆炸式增长，其中很多资金流动都跨越了国界。这一涵盖了流动性资产的零售和批发的流动性池子，总额就接近 130 万亿美元，比全球 GDP 还多出 2/3（见图 2.2）。与此同时，全球信贷市场变得更加国际化，相互联系也更加紧密，由包括所谓"影子银行"在内的复杂中介连接起来，并通过越来越多地使用基于市场的抵押品获得融资。跨境金融之所以特别重要，是因为它将新兴市场的命运与西方核心经济体的批发货币市场的波动联系在一起。注册在几大主要金融中心的大型全球商业银行，一方面通过回购和商业票据获得美元资金，另一方面向新兴市场的本土银行和区域性银行提供外汇贷款。由于这些贷款通常以新兴市场本币作为抵押借出，因此一旦美元汇率贬值（美元贬值本身又通常与美国货币扩张有关），就会将杠杆放大。最重要的是，新兴市场的政策制定者往往试图将这些资本流入货币化，从而进一步助推全球流动性周期。

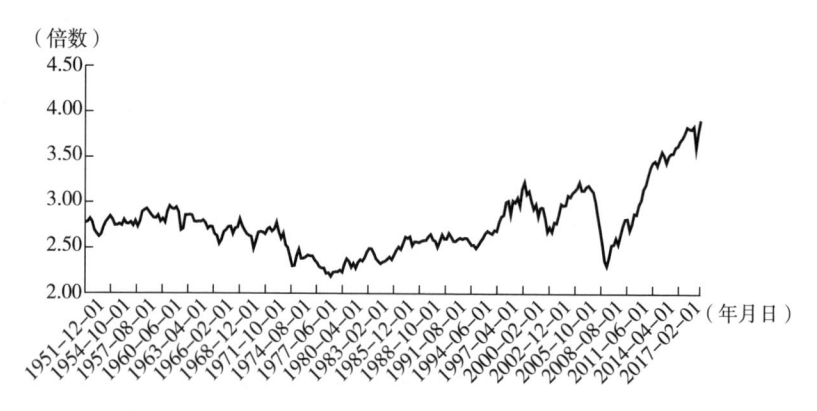

**图 2.1　1950—2019 年美国家庭财富相对于 GDP 的倍数**

注：季度数据；家庭财富为净值，不包括住房。
资料来源：美联储。

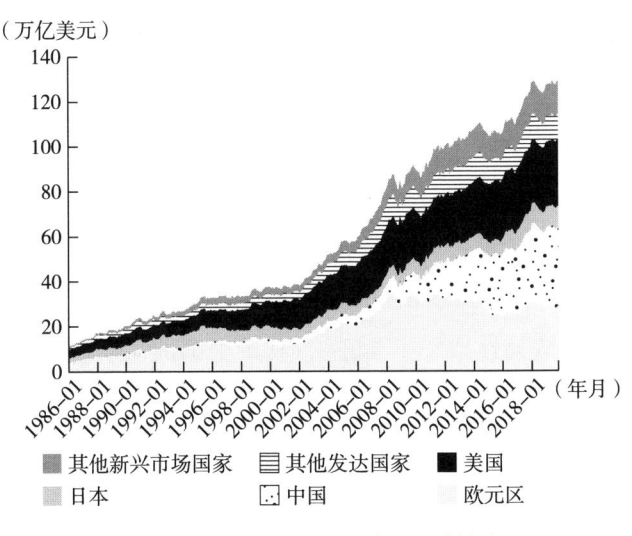

图 2.2　1986—2019 年全球流动性池

资料来源：CrossBorder Capital。

根据国际货币基金组织的报告，全球流动性代表的资金池比全球总储蓄规模要大，图 2.3 展示了两者与 GDP 的百分比。如表 2.1 所示，在全球流动性资金池总额中，新兴市场的流动性规模接近 50 万亿美元，约占总额的 38%。然而，在这一数字中，中国占了近 36 万亿美元，约占新兴市场流动性的 70%。中国贡献了近年来增长中的绝大部分，在不到 20 年的时间里以惊人的速度扩张了近 15 倍。图 2.4 对比了 1990 年以来全球流动性的增长情况与美国流动性的增长情况。相较而言，全球流动性的波动更大，它的年增长率常常出现负值，而且总体上似乎是美国走势的放大，这背后可能是通过一种与美元走势相关的机制来实现的。虽然日本等一些经济体作为主要的金融参与者仅仅是昙花一现，但其他经济体仍在奋力向前，尤其是中国。正如我们将在第九章阐述的那样，1990 年中国仅占全球流动性的 6%，但这一比例已经跃升至近28%。其他新兴市场又另外增加了11%。这个故事可能受人质疑的一点在于，中国举世瞩目的金融足迹仍然在很大程度上是以美元为基础的，它未来面临的挑战是如何推广人民币在国际上的使用。1985年，美国在全球流动性中所占的比例高达39%，如今已降至23%以下，基本与欧元区持平。而日本则从1989年占全球流动性21%的峰值，滑落至7%。自2000年以来，全球流动性增长了240%，其中中国的流动性大幅增长了1 366%，其他新兴市场的流动性增长了374%（见表2.1和图2.4）。

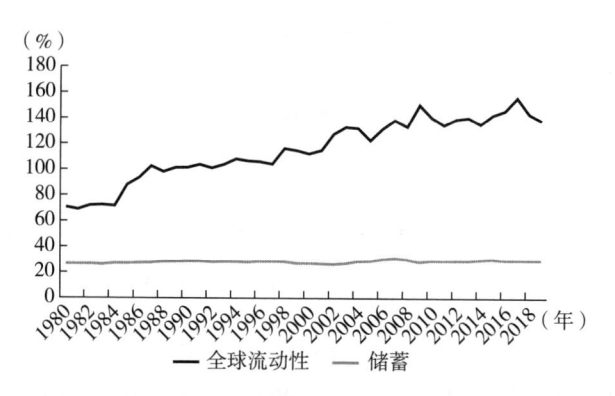

图2.3 1980—2018年全球流动性和全球储蓄占GDP的百分比

资料来源：国际货币基金组织，CrossBorder Capital。

表2.1 2000—2019年（预估）全球流动性的区域分布

单位：万亿美元

| 截至年份 | 世界 | 发达国家 | 新兴市场国家 | 欧元区 | 中国 | 日本 | 美国 |
| --- | --- | --- | --- | --- | --- | --- | --- |
| 2000 | 37.95 | 32.49 | 5.47 | 12.09 | 2.43 | 5.01 | 12.01 |
| 2001 | 38.11 | 32.50 | 5.59 | 11.72 | 2.68 | 4.31 | 13.05 |
| 2002 | 45.03 | 38.68 | 6.32 | 15.42 | 3.03 | 4.72 | 14.26 |
| 2003 | 51.86 | 44.47 | 7.35 | 18.78 | 3.50 | 5.19 | 15.23 |
| 2004 | 57.45 | 48.97 | 8.44 | 21.11 | 3.92 | 5.22 | 16.53 |
| 2005 | 59.96 | 50.09 | 9.82 | 21.16 | 4.63 | 4.63 | 17.83 |

续表

| 截至年份 | 构成 ||||||| 
|---|---|---|---|---|---|---|---|
| | 世界 | 发达国家 | 新兴市场国家 | 欧元区 | 中国 | 日本 | 美国 |
| 2006 | 67.73 | 56.15 | 11.51 | 24.43 | 5.39 | 4.34 | 19.51 |
| 2007 | 81.69 | 66.63 | 14.96 | 31.34 | 7.05 | 4.96 | 20.77 |
| 2008 | 82.40 | 66.22 | 16.08 | 29.77 | 8.67 | 6.08 | 22.47 |
| 2009 | 89.54 | 69.91 | 19.49 | 32.54 | 10.75 | 5.96 | 22.02 |
| 2010 | 93.69 | 69.43 | 24.10 | 31.97 | 13.71 | 6.54 | 21.26 |
| 2011 | 100.12 | 71.90 | 28.05 | 31.78 | 16.80 | 7.26 | 22.21 |
| 2012 | 104.34 | 72.51 | 31.64 | 32.49 | 19.50 | 6.25 | 22.84 |
| 2013 | 107.43 | 71.68 | 35.54 | 30.42 | 23.24 | 6.34 | 24.02 |
| 2014 | 104.77 | 66.71 | 37.85 | 25.17 | 25.91 | 6.23 | 25.25 |
| 2015 | 106.21 | 67.03 | 38.92 | 24.66 | 27.50 | 6.79 | 25.99 |
| 2016 | 112.59 | 70.76 | 41.52 | 25.59 | 29.23 | 8.10 | 26.96 |
| 2017 | 128.67 | 79.58 | 48.74 | 31.02 | 34.59 | 8.84 | 28.00 |
| 2018 | 127.65 | 77.99 | 49.26 | 28.94 | 35.18 | 9.20 | 28.56 |
| 2019E | 128.90 | 78.51 | 49.99 | 28.61 | 35.58 | 9.41 | 29.24 |
| 2000—2019年的变化（%） | 240 | 142 | 835 | 137 | 1 366 | 88 | 143 |

注：E表示预估。

资料来源：CrossBorder Capital。

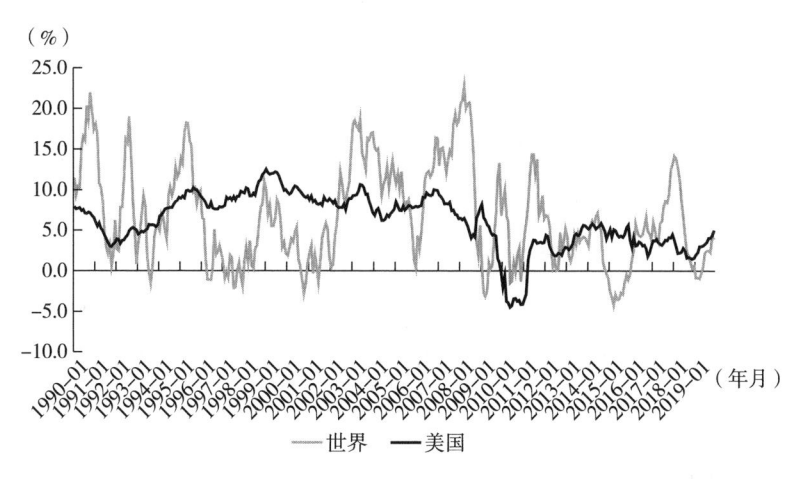

图2.4 1990—2019年全球流动性的增长和美国流动性的增长（同比）

资料来源：CrossBorder Capital。

图2.5显示了全球流动性池的分布情况。相比于图2.6这种更为传统的饼状图，图2.5这种区块图或许能更好地呈现全球流动性的集中度和层次。从图中可以明显看出，中国、美国、欧元区和日本占据着主导地位。英国的面积看起来相对较小，即便相对于法国和德国也是如此，虽然英国的金融影响力比法国和德国要大得多——这既是由于伦敦作为一个国际银行和外汇交易中心具有重要地位，也是由于英国大型国际银行开展了跨境外币借贷业务。瑞士也有类似的情况，其金融影响力大于其在图中所占的比例。图2.7以美元作为计价单位，比较了中国、美国和欧元区的流动性变化趋势。尽管汇率波动可能在一定程度上会影响相对规模的大小，但如下两点事实是突出的：（1）从1999年引入欧元后不久，直到2007—2008年的全球金融危机和2010—2012年的欧元区银行业危机，其间欧元区的流动性规模激增；（2）中国在2001年加入世界贸易组织之后，流动性规模呈指数式增长，而且这种增长态势在全球金融危机之后进一步凸显。欧元区银行业的扩张，主要是通过德国等核心经济体的银行与西班牙、爱尔兰、希腊等欧元区外围经济体的借款人之间跨境贷款的快速增长而实现的。尽管中国在2008年末之后出台了新一轮大规模的宽松政策，但中国的流动性扩张主要是外汇储备积累的结果，中国的政策制定者将外汇储备"货币化"为国内信贷的大幅增加。而外汇储备规模的快速上升主要发生在2001年加入世界贸易组织之后，中国实施了将人民币密切锚定美元的汇率政策，并建立了以美元为基础的地区供应链。中国复杂而广泛的工业基础与其相对不成熟的金融体系之间，形成了鲜明对比。

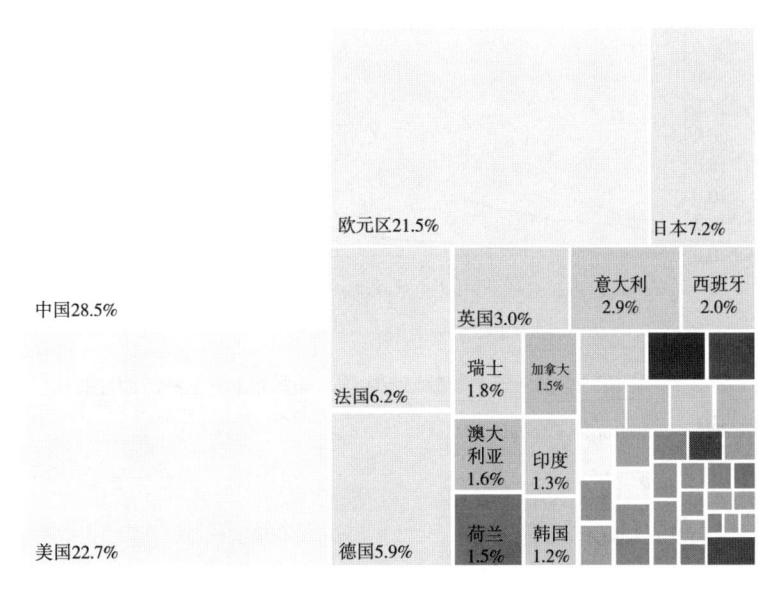

**图 2.5　130 万亿美元的全球流动性是如何分布的？**

注：数据截至 2019 年 7 月底。

资料来源：CrossBorder Capital。

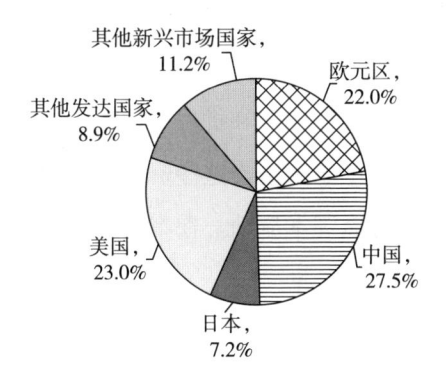

**图 2.6　2019 年全球流动性池**

资料来源：CrossBorder Capital。

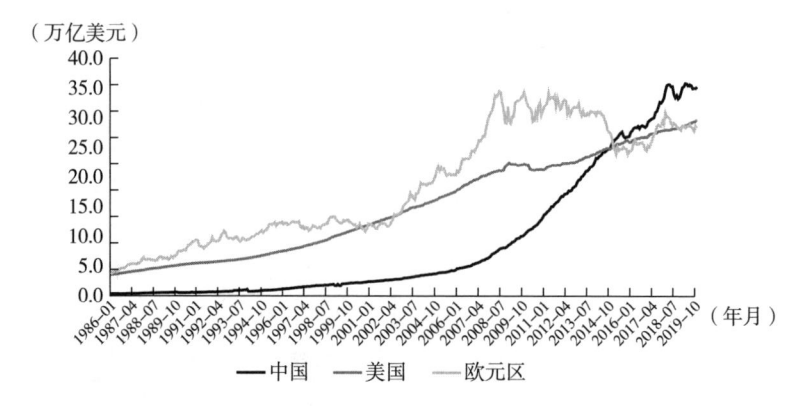

图 2.7　1986—2019 年主要参与者中国、美国和欧元区的流动性变化
资料来源：CrossBorder Capital。

## 什么是全球流动性？

尽管全球流动性本身是一个被广泛讨论的概念，但它的定义有时可能是模糊的，口径也常常难以确定。它并不是指以同一种货币计价、存放在某个秘密离岸司法管辖区里的一堆单纯的货币。它的主要用途也不是方便商品买卖和服务买卖。全球流动性是我们用来统称全球银行体系和批发货币市场中信贷、储蓄及国际资本总规模的一个专业术语，这些资金在世界金融市场上用于形成债务、投资、跨境资本流动。在本书的研究中，我们将分析三种具体的全球流动性来源：

- 国内私人部门资金，如公司、银行、影子银行和其他金融机构（见第六章）；
- 官方货币机构资金，如中央银行（见第七章）；
- 外国投资者和贷款人的跨境资金（见第八章）。

> **全球流动性（定义）**：一种用来衡量通过全球银行体系和抵押批发货币市场产生的信贷与国际资本的总和的指标。它取决于所有信贷提供者的资产负债表能力，代表着私人部门通过储蓄和信贷获取现金的能力。

我们将流动性视为可供私人部门使用的"资金来源"，而不是像传统的"资金用途"视角那样将银行存款定义为一种货币供应。信贷是全球流动性的主导部分，它本质上是国家内部的借据或者国际之间的借据。相较而言，货币储蓄的规模则较小。在现代经济中，货币有时被认为是一种更高形式的、最终由国家背书的信贷。流动性本质上是一个比货币更宽松、更易变的概念，因为它包含了所谓"货币性"的内涵。这种属性，非常类似于信贷（credit）一词的根源——"信用"（credibility）或"相信"（belief，起源于拉丁语），它会随着商业活动顺周期波动，从而赋予流动性更大的弹性。从纯粹的会计术语来看，流动性衡量的是家庭、公司或投资者在任何时间点上偿付其即将到期的负债的能力。[2] 关于流动性的另外一个有参考价值的定义来自兰斯·泰勒[3]："流动性通常被理解为对单个主体、一组主体或整个金融体系的金融灵活度的衡量。它代表着可随时用于资本形成或金融交易的资源。"

拉德克利夫委员会于1959年7月发表的影响深远的《英国货币体系运行情况报告》中也有类似的观点。拉德克利夫委员会的核心观点是："……尽管我们并不认为货币供应量是一个非常重要的指标，我们只把它看作经济中整体流动性结构的一部分……与支出决定相关的是整体流动性状况……"流动资产是指

"……所有可以随时、在短时间内、以相对较小的交易成本转换为货币（或其他流动资产，通常通过货币中介）的资产"。报告的结论是："……消费商品和服务的支出决策，会决定总需求水平，而这些支出决策会受到消费者流动性偏好的影响……支出并非受到现有货币数量的限制，而是与人们认为他们可以通过处置资本资产或借款而获得的货币数量有关。"

在实践中，"流动性"一词既用于描述融资的容易程度（即应对预期负债的现金可得性），或所谓的"资金流动性"；也用于描述交易的便利性（即以当前价格买卖资产和大宗商品的能力），或"市场流动性"。我们认为资金流动性是一个衡量资产负债表能力的指标。它代表了私人部门通过储蓄和信贷获得融资的能力，未来的流动性增长既依赖于传统的银行贷款，也依赖于国际上基于抵押品的批发市场（通常被称为影子银行）提供的信贷。资金流动性与市场流动性密切相关[4]，特别是在基于市场的信贷体系中。它们可以相互作用，产生危险的流动性螺旋下降，这意味着它们既不应当被孤立看待，也不应当被视为独立的。虽然我们对资金流动性本身更感兴趣，但将我们的计算结果与市场流动性相关指标进行交叉检验，也是有意义的。从现在起，我们将交替使用"流动性"和"资金流动性"这两个术语。

市场流动性是指在有限的价格影响下进行大宗交易的能力。它还与低交易成本、及时执行交易等因素有关。金融市场的流动性是市场有效运作的核心。它通过更好地配置资本和风险、更有效地传播和使用信息，促进经济资源的有效配置。低流动性会带来摩擦和成本，因此可能会降低市场效率，妨碍经济增长。即使在正常时期，不同类别资产的市场流动性状况也存在显著差异。

流动性水平较低的金融资产，往往具有较高的流动性风险溢价，投资者在交易这些工具时，通常也面临较高的交易成本和更大的买卖价差。通过充当交易对手方，银行和交易公司等专业做市商扮演了至关重要的提供流动性和承担风险的角色。这通常涉及无法立即进行抵消交易的金融证券的买卖，并因此造成库存的结转和资金的占用。

全球流动性只是表示国际资金流动性的另一种方式，即对全球各经济体进行加总，并纳入跨境资本流动因素。国际清算银行（BIS）对全球流动性进行了多种评估，可以作为我们测算结果的文献参考。[5] 国际清算银行聚焦于我们定义中的跨国界部分，估计这部分资金规模为32.5万亿美元[6]，扣除银行间债权后下降至16万亿美元。国际清算银行的测算未包括以当地货币计价的国内信贷（68.5万亿美元），但包括国内银行发放的外币贷款（5万亿美元）。把这些不同的因素加总在一起，国际清算银行测算结果中与我们的128.2万亿美元全球流动性测算结果最接近的数字是85万亿美元，但还要少了1/3左右。其他一些数据提供商也推出了替代性的全球流动性指标，但测算规模更小。其中两个最流行的指标是：（1）美国基础货币加上外国官方在美联储持有的美国国债（7.4万亿美元）；（2）美国、欧元区、日本、英国和瑞士的基础货币，加上中国的外汇储备，再加上外国官方在美联储持有的美国国债（大约20万亿美元）。

由于全球流动性的强弱部分取决于资产价格和汇率变动，因此全球流动性的走势具有顺周期性。这一点与国内资金流动性很相似。全球流动性分析，不仅需要区分国内和跨境维度，还需要区分私人和公共部分。从规模来看，私人部门流动性的规模超过了公共部门创造的流动性,但从质量来看,财政部和中央银行的作用更为关键,特别是在经济困难和危机时期。诚然,传统的商业银行在金融体系中也拥有独特的地位,因为它们的信用可用于创造存款。由于商业银行的零售存款由国家担保,人们容易产生一种错觉,以为商业银行总是能自我融资并神奇地凭空造钱,仅仅受到中央银行法定准备金要求的限制。然而,现实并非如此。当这些存款被交易时,真正被花掉的是诸如摩根大通、花旗银行、巴克莱银行和汇丰银行的信用。政府在支持这些银行的资产负债表方面发挥了至关重要的作用。存款担保制度能够鼓励存款,并通过官方的最后贷款人安排获得紧急融资,以便立即提供现金。政府的这些支持确保了花旗银行理论上的一美元总能与摩根大通理论上的一美元等值交易,而巴克莱银行理论上的一英镑总能与汇丰银行理论上的一英镑等值交易。如果没有这些支持,商业银行的信贷可能会以某种折扣进行交易,而折扣大小取决于它们被市场感知的信用质量。因此,当国家支持的边界被超越时,例如,当来自公司和机构现金池的大额存款(例如,高于美国存款担保上限规定的25万美元),或影子银行和在国家司法管辖区外经营的外国银行等不受监管的银行要求紧急资金时,融资问题就可能出现。正如2007—2008年全球金融危机所证明的那样,在这种时候,信用风险将会升级。政策制定者在2019年出台的新监管规定就旨在改善银行资本状况,限制银行业务,以降低这些信用风险。

我们可以更深入地研究货币的演变,以加深对流动性运行动态的理解。从历史上看,货币通常有两种形式:一种是商品货币,如黄金和白银;另一种是信用货币,如纸币和贷款。这两种形式分别服务于两种用途：一是作为价值标准，二是作为流通手段。作为价值标准的功能是至关重要的：货币因为有价值而流通，但并不仅仅因为流通而有价值。因此，稳定的货币可以投资更长的时间；贬值的货币转移速度更快，升值的货币则会被囤积起来。经验表明，商品货币的供应往往是逆周期的，这会阻碍贸易；而信用货币通常会被顺周期地创造。商品货币和信用货币还具有不同的弹性，取决于金融化经济体的成长、发展和创新。在一个以商品货币为基础的金融体系中，价格水平的下降，即货币价格的上升，会导致货币供应的扩张，比如黄金产量的增加。这并不能确定在物价下跌的情况下黄金是否会被囤积，但重要的是，由于开采黄金变得更有利可图了，因此新的黄金供应会自动出现。可见，在以商品货币为基础的金融体系中，"流动性"取决于贵金属的生产。这是一种自我平衡机制，因为商品货币的供应会随着其价格的上涨而扩张。相反，在一个基于债务的现代金融体系中，流动性供应需要新增信贷的发行和吸收。这通常取决于当前的物价环境。在通货紧缩或价格下跌时期，货币的价格上升，借款人更不愿意借钱，而贷款人更不愿意放贷，因为当债务的实际价值上升时违约风险会变大。于是，不同于基于商品货币的金融体系，基于债务的金融体系中新增流动性供应是顺周期的，因为在通货紧缩时新增信贷会使债务人的成本上升，而在通货膨胀时新增信贷会变得便宜。因此，当货币的价格上涨时（即物价通货紧缩时），信用货币供应会收缩，而当货币的价格下跌时（即通货膨胀时），信用货币的供应会扩张。美元价值的变动是上述影响在跨境贷款市场的缩影。正如我们将在第八章展示的那样，美元汇率走强（走弱）往往与货币紧缩（宽松）产生同样的影响。这种正反馈会放大最初的货币冲击，因此有助于解释为什么通货膨胀或通货紧缩会导致金融危机，其中通货紧缩尤甚。图2.4已经警告我们，全球流动性往往被证明是脆弱的。自我维持的趋势一旦逆转，就会引发不利的动态影响，就像在金融危机期间经常看到的那样。重要的是，经验表明流动性在危机期间不仅是弥足珍贵的（它可能在瞬间消失），而且不能通过利率水平被恰当地度量。

尽管全球流动性很重要，但当前最引人关注和被讨论最多的货币工具仍然是政策利率。在现代经济中，政策利率通常是一种基于市场的隔夜利率，如美国联邦基金利率。人们普遍认为，政策利率会通过影响投资者和信贷提供者的预期而影响市场，从而影响长期收益率、消费和资本支出、跨境资本流动和汇率（Bernanke，2008）。然而，我们在本书中强调，当经济的背景特征是需要为大额未偿债务再融资，而不是为新的资本项目融资时，资产负债表能力（即流动性）是至关重要的，这时资本成本（即利率）反而居于次要地位。事实上，2007—2008年的全球金融危机及其后续的政策反应证实了，利率并不是货币传导的主要渠道。这一时期的情况清楚地表明，设定短期利率本身是一个不充分的货币政策工具，而所谓的利率"前瞻性指引"[7]、量化宽松和量化紧缩政策，以及针对银行的资本/资产比率监管等政策更为重要。通过使用后面这些政策工具，中央银行和金融监管部门能够通过缓冲或刺激银行资产与负债的扩张来影响货币和信贷的总增长率。纸币和硬币，以及银行存款、贷款和证券都存在于现实世界中，它们的增长率受到这些政策决定的影响。换句话说，所有的货币都必然存在于某个地方。因此，注意力重新集中在其他货币渠道上,例如直接信贷供应和整个资本市场融资条件的数量效应。通过干预资产负债表规模,特别是直接投资和向私人部门提供信贷的金融中介机构的资产负债表规模,政策制定者可以影响风险承担、财富价值以及抵押品价值,进而影响 GDP(Borio and Zhou,2008)。

## 政策制定者落后于形势吗?

毫不奇怪,近年来全球流动性已成为国际上政策辩论和投资者思考问题时关注的一个焦点。在国际清算银行研究人员的许多著作中,全球流动性的中断经常被认为是一种潜在威胁。例如,国际清算银行(2011)的报告指出:"近年来,全球流动性已成为国际政策辩论的一个关键焦点。这反映了一种观点,即全球流动性及其驱动因素对国际金融稳定而言至关重要……在一个资本高度流动的世界里,全球流动性不能再像几十年前那样被看待。全球流动性中既有政府部门的流动性,也有私人部门的流动性……这两个部分都包含一个共同要素,即为融资提供便利。"欧洲央行的观点则更为明确。在《金融稳定评估》(2011年12月)中,欧洲央行警告称:"无论是在充裕时期还是在短缺时期,全球流动性都会对金融稳定产生一系列影响。全球流动性激增可能与资产价格强劲上涨、信贷快速增长,以及投资者在极端情况下过度冒险等现象和行为有关。全球流动性短缺可能会扰乱金融市场运行,在极端情况下还会抑制投资者的风险偏好,导致市场失灵。"欧洲央行(2012)还进一步补充称:"……在积聚金融危机的过程中,全球流动性水平在几个经济区域都是决定资产价格和消费价格变动的一个重要因素……对全球流动性的度量是预测资产价格暴涨或暴跌表现最好的领先指标之一。"美国联邦储备委员会（2012）似乎也同意上述观点："……金融危机是由流动性缺失造成的，而且会因流动性不足而延续……对流动性的担忧会迅速演变为对偿付能力的担忧……传统银行主导的金融体系转变为由错综复杂的抵押贷款主导的金融体系，只会徒增流动性的影响力。"此外，法兰西银行（2018）明确承认流动性规模的作用："量化宽松政策可能发挥作用的大部分渠道……完全独立于名义利率水平。"

在这种情况下，现代工业经济体通常由资本支出周期所主导。经济增长依赖于资本积累，而积累资本就必须得到融资。资本主义的一个关键特征是，投资的资金来源不仅是储蓄，还包括流动性。资本需要几年的时间来筹集，在项目的整个生命周期中可能涉及多轮再融资。鉴于全球范围内需要不断进行再融资的大额未偿债务，如今上述情况比以往任何时候都更加凸显。我们知道，脆弱点往往存在于再融资过程之中："……商业周期的根源……似乎在于资本被用于长期投资和短期投资的比例，而这一比例是不断变化的。"[8]资产和负债之间的错配，可能发生在投资项目从初始到结束的各个时间点，导致现金收入不足以满足现金支出，从而威胁到短期流动性，即便投资项目从长期来看是有利可图的。因此，正如经济学家海曼·明斯基所提出的那样，可以预见金融稳定状态和金融非稳定状态的存在。换句话说，现代商业周期已经不再仅仅被经济增长速度这一基本面因素的变化所主导，而是越来越多地被广义资本结构的变化所主导。由于其复杂而高耸的资本结构，现代资本主义已经成为一个"再融资系统"，而不是一个"新增融资系统"。

正如我们将在第六章中所指出的那样，问题在于，过去20年间，全球金融体系已经从基于零售银行的信贷供应转变为基于批发市场的信贷供应，在这种情况下，流动性的来源主要是回购协议，而非银行存款，相对于净增信贷和新增融资而言，包括再融资和债务展期在内的资金总额变得更为重要。回购需要一个稳定的抵押品基础。传统上，抵押品是由政府债券这一"安全"资产来充当的。然而，在全球债务水平不断上升的背景下，需要更大的资产负债表能力才能实现债务展期，一些西方国家政府普遍推行财政紧缩政策，而且往往得到了国际货币基金组织的支持，这限制了政府债券这类安全资产的新增供应。因此，质量较低的私人部门证券正在被用作抵押品的替代来源。但是，当不稳定的私人部门债务资产在抵押品池占据更高的份额时，流动性就会具有顺周期性，而且可能很脆弱。解决方案就是发行更多的政府债券，以及（或者）增加中央银行的流动性供应，从而为市场大量注入安全资产。但这些还没有发生。事实上，近年我们遭遇的情况恰恰相反。信贷机制已经破灭，而且具有讽刺意味的是，尽管决策者明白全球流动性的重要性，但他们似乎并不知道如何解决问题，甚至在某些情况下反而让情况变得更糟。

## "新的"全球流动性冲击

20世纪60年代，实体经济的混乱主要表现为工资或劳动力成本冲击。到20世纪70年代，实体经济的混乱主要表现为石油价格冲击和大宗商品价格冲击。而现在，我们面临的是一种完全不同的状态,其特征是反复发生的金融冲击。这种国际金融不稳定往往是由全球流动性难以控制的波动造成的。巴里·赖利作为市场从业者,1990年在《金融时报》上撰文,生动地捕捉到了这一点:"存在一个庞大的流动性池支撑着股票价格,伺机而动。流动性池中的很大一部分是借来的。只有当信贷市场被打乱时……购买力才会被削弱。基本面现在在投资中几乎起不到什么作用……"传奇的美国投资者斯坦利·德鲁肯米勒1988年在《巴伦周刊》的采访中非常清晰地总结了这一点:"……流动性是我们关注的主要因素……看看20世纪的大牛市,最好的环境就是经济非常沉闷、低迷,而美联储正在努力试图推动它。"

根据我们的经验,驱动全球流动性的两个主要独立来源分别是美联储和越来越重要的中国人民银行。中国人民银行是中国负责货币管理的主要机构。从资产负债表的规模来看,中国人民银行已经比美联储大了1/5。庞大的资产负债表规模有助于中国人民银行稳定以美元为基础的国际体系,正如我们将在第九章中所展示的那样,中国近年已经成为美元的一个主要使用国。此外,在这两个经济体中,私人部门的流动性都越来越以抵押品为基础,而不是以银行为基础。它在很大程度上受到人们风险偏好态度的影响,以及有时候也会受到人们对什么是"安全"资产这一模糊认识的影响。非传统银行,或者说现在所谓的"影子银行",崛起为新的资金提供者,削弱了既有货币控制工具的效果。换句话说,融资链长度的增长速度快于数量的增长速度。这些影子银行是由近年来快速增长的公司和机构现金池提供资金的,而这些现金池的存在很大程度上要归功于过去25年来的地缘政治发展、人口变化以及金融放松管制。

新兴产业技术被这些快速流动的全球流动性迅速利用和传播。这导致经济学教科书和经济实践运行之间越来越脱节。经济学教科书中的一些理论假设[9]可能并不实际，而这些假设对于生产者和消费者之间的市场均衡又至关重要。供给与需求之间的独立性也不断被质疑，而这种独立性又是经济学教科书中对于经济稳定和构建支持自由市场资本主义至关重要的理论依据。此外，通货膨胀与失业之间的"菲利普斯曲线"等传统政策工具所依赖的理论，似乎也不再有效。1989年柏林墙倒塌后，技术创新的广泛传播以及许多经济体的追赶式增长，推动了生产收益率的增长，并促进了"免费"网络产品无限量扩张。这些力量使西方经济体向服务业倾斜，但与此同时，它们也加剧了债务的使用，扩大了贸易赤字，改变了收入分配和储蓄模式。这些现象可能有助于解释为什么资本市场的特征从本质上看已经从融资机制更多地转变为再融资和资本再分配机制，而后者主要被全球流动性的快速转移所主导。

我们的核心论点是，金融体系在过去30年里发生了根本性变化。来自新兴市场的新参与者，以及来自传统银行之外的新参与者，从根本上改变了金融循环。更具弹性的流动性供给背后的驱动因素是金融创新。在此前银行主导的金融世界里，广义货币供应量M2（被定义为纸币、硬币以及银行存款的总和）[10]，是衡量杠杆贷款机构资产负债表规模的一个不错的指标。然而，如今这一指标忽略了日益重要的基于市场的负债，例如有担保回购协议、商业票据以及大额企业存单等。世界正在发生转变，这种转变包括由无担保融资转向有担保融资。全球流动性的计价单位进一步转向美元，目前美元的很大一部分是在美国以外的地区进行交易的。全球美元融资的基准利率从欧洲美元市场的基于银行体系的伦敦同业拆出利息率（LIBOR），转向基于抵押品的美国回购利率。信贷供应也从全球银行的资产负债表转向资产管理公司和经纪自营商的资产负债表。同时，世界还在朝着比特币、瑞波币、以太坊和其他加密货币等另类货币资产，以及新近提出的"人民的量化宽松"[11]等另类政策转向。这些转向表明，我们对全球银行和各国中央银行维持金融偿付的能力和促进未来经济增长的能力越来越不信任。

不幸的是，政策制定者和许多专家未能跟上这些转变。我们可以从现代经济的四个关键特征来更好地理解这些挑战：（1）产业资本的高生产率；（2）不断增强的金融弹性；（3）投资周期的持续不稳定；（4）中国等新兴市场经济体的经济"追赶"。这四个特征对于今天的金融市场都很重要。令人担忧的是，不稳定正变得越来越频繁、越来越广泛、越来越深刻。这些危机是系统性的，而不是个体性的。它们的根源在于，相对于中国和其他新兴市场的金融不发达，西方资本主义逐渐成熟，尤其是从以融资为主的金融体系转向以资本分配为主的金融体系。这激励了富有创造力的银行家和贪婪的投机者，而不是经济学家约瑟夫·熊彼特所强调的产业型的创新企业家。监管加强时期与监管放松时期之间的周期性波动，进一步增加了上述现象的复杂性。

## 学术界对此怎么看？

直到最近，传统的经济学和金融学理论要么完全忽视这些流动性因素，要么勉强将其视为恼人的摩擦性因素。例如，标准的新凯恩斯主义经济学教科书（Woodford，2003；Galí，2008）认为，产出在短期内是由需求决定的，货币政策刺激总消费和总投资。在这个狭隘的经济理论世界里，利差和风险溢价等金融市场中的重要因素都不起作用。相反，完全同质化的个体自私地、相互独立地各自行动，不会犯任何明显的错误。这些人被赋予了独特但未经深思熟虑的假设——他们会永远活着，似乎知道未来每一个可能发生的结果！换句话说，这些"假设"消除了所有经济学应该感兴趣的现象，例如数量配给、深度不确定性、非自愿失业、刚性或"黏性"价格和资产负债表。（既然生活在这个世界中，为什么要持有资产或者被要求管理资产和负债久期呢？）

在传统文献中，流动性被回避的一个看似合理的原因是，它既难以被衡量，也难以被定义。但是，不应仅仅因为一项任务具有挑战性，就不去尝试。经济学经常把那些容易衡量的因素抬高到很重要的高度，这是一种错误。醉汉在路灯下寻找丢失的钥匙的故事，可以生动地类比这种谬论：不是因为路灯下是钥匙丢失的地方，而是因为路灯下的光线更好！经济真相往往隐藏在那些难以看清的阴影中。现实世界中一个引人注目的例子是经济学家对外贸和经常账户余额的崇拜。既然总贸易规模决定着劳动分工，经济福利更多地取决于进出口总额而不是它们之间的差额，那么为什么还要如此关注贸易失衡呢？此外，许多专家简单地断言资本流动会被动地调整，以平衡相应的贸易顺差或逆差。从定义来看，国际收支平衡表当然是"平衡"的，但是在实践中，不仅经常账户的规模往往被迫根据资本流动调整，而且净资本流动会掩盖总资本流动中更为丰富和广泛的网络信息，其中涉及买卖不同资产和大规模借贷，既涉及外国人，也涉及国内居民。

理论上的这种结构性不足，使经济学很少关注资产负债表分析。然而，深入研究国际资产负债表所包含的细节就会发现，大部分跨境资本流动是投机性投资组合流动和银行融资流动，而不是外国直接投资。而且，尽管资本看上去是从高储蓄的新兴市场经济体出口到一些国内需求增长相对缓慢的发达经济体，但正如我们将在第八章中解释的那样，现实情况并非如此。资产负债表的总体分析显示，大量银行和投资组合资金流入高风险的新兴市场经济体，而更多的资金抱着寻找"安全"资产的目的回流到位于纽约、伦敦和法兰克福等大型货币中心的更深层次的资本市场。换句话说，寻求风险的资本进入，而规避风险的资本离开。更重要的是，前者在本质上比后者更具有长期性。现代经济学也忽略了总融资的重要性，因为它把每一笔信贷都当作债务，把每一笔债务都当作信贷。于是，资产和负债必然匹配，而经济系统的头寸余额总能相抵——定义使然。这样便造成对总资本流动的性质和规模都缺乏足够的认识：无论系统中有多少信贷或债务，净数字总是相同的。但是知道这一事实就宛如爬上世界最长的梯子，并承诺永远不会掉下来一样！

当流动性在学术著作中出现时，通常具有以下三种含义：

- 市场深度[12]：描述单个投资头寸的"流动性"，表示在不影响其"价格"的情况下，在短期内成规模卖出（或买入）证券的容易程度。
- "货币+"：一个更精练的术语，用于描述经济中的全部货币存量或货币特征，如广义信贷或高能货币（例如1959年英国拉德克利夫委员会发布的报告）。

- 风险：衡量金融部门资产负债表稳健性的指标，或"……立即清偿债务的能力。因此，如果一家银行不能及时清偿债务，它的流动性就是不足的"（欧洲央行，WP#1024，2009年3月）。巴塞尔委员会对流动性的定义与此类似，并补充称银行还必须"……在到期时平仓或结算头寸"。

针对流动性的上述单独定义存在不足之处，并引发了一些不满。这些不满催生了一系列以不同形式组合的混合定义。例如，布伦内迈耶和佩德森（2009）在他们的"市场流动性"概念中纳入了"市场深度"的含义，他们将市场流动性定义为证券的交易价格与其基础价值之间的差异。他们还将我们所称的流动性"风险"定义与"货币+"概念结合起来，以描述他们的"资金流动性"概念。当自营银行的净资本减少、短期借款的可得性降低、保证金要求增加时，资金流动性风险就会出现，从而扰乱现金流。布伦内迈耶和佩德森认为，这两个概念可能发生负向作用，从而导致所谓的流动性螺旋下降。例如，更大的资产价格波动造成的市场风险加剧，会导致更高的保证金要求，从而导致资金流动性收紧，而这反之又会降低市场深度，进一步削弱市场流动性。类似的混合指标还包括基于经验的风险统计数据，如英格兰银行发布的"金融市场流动性指数"和美国金融研究办公室发布的"金融压力指数"。[13] 这些指数结合了衡量流动性的"市场深度"指标，如英国国债回购市场的买卖价差和伦敦同业拆出利息率与隔夜指数掉期（LIBOR-OIS）价差，以及衡量"风险"的指标，如商业银行融资数据和衡量美国股市的主要指数——标准普尔 500 指数隐含波动率的 CBOE VIX 指数（芝加哥期权交易所波动率指数）。

毫不奇怪的是，在 2007—2008 年全球金融危机之后，认为金融部门遭受冲击事关实体经济的观点引起了人们极大的关注。有大量学术文献支持这种联系，并且其数量仍在不断上升。很多研究证据表明，金融周期以及更为具体的信贷和资产价格周期，是预兆金融危机的领先指标（Borio and Drehmann, 2009；Schularick and Taylor, 2012；Detken et al., 2014）。正如约尔达等人（2018）和阿德里安等人（2014）的研究所表明的，金融危机通常会导致深度且漫长的经济衰退。一些研究还表明，信贷繁荣削弱了中期工业产出（Mian et al., 2017；Lombardi et al., 2017；Borio and Zabai, 2016）。这些工作主要集中在收益率曲线上，即长期和短期国债收益率之间的利差。正如我们在其他地方已经证明的那样（Howell, 2017），这些结论是不可靠的，更有可能涉及其他隐藏的变量。令人耳目一新的是，博里奥等人（2019）的新研究表明，金融流动具有更强的预测能力。他们将收益率曲线的信号强度与 1985—2017 年美国以及其他 16 个发达经济体和 9 个新兴市场经济体的金融周期指标进行了比较。

格德斯迈耶等人（2010）在研究中进行了广泛的文献综述，得出结论称："……不同研究中得出的一个具有稳健性的结论是，衡量信贷过度创造的指标是衡量经济中金融失衡加剧的良好指标……"货币过度创造被证明不如信贷指标更具有决定性。阿莱西和德特肯（2011）比较了大量全球和国内变量（包括实体经济变量和金融变量）作为（复合）资产价格上涨早期预警指标的表现。他们发现，全球流动性指标（基于 18 个经合组织国家的总和），特别是全球私人信贷缺口或全球 M1（狭义货币供应量）缺口（定义为与 GDP 比率的去趋势值）是最有效的早期预警指标。博里奥和洛（2002）使用一种噪声信号方法对 34 个国家的样本进行研究，发现相比于国内资产价格缺口、国内投资缺口等指标，国内信贷缺口是更好的预警金融危机的早期指标（缺口均被定义为与 GDP 比率的去趋势值）。德雷曼等人（2011）利用 36 个国家的数据进行研究，结果表明，相对于其他 14 个指标（包括基于 GDP、M2、房地产价格和股票价格的指标），国内信贷缺口在预测银行危机方面的噪声信号比最低。

贝鲁特（2013）的研究表明，在作为资产价格上涨的早期预警指标方面，全球流动性指标优于国内指标。这项研究证实了全球金融体系委员会（CGFS，2011）的结论，即数量指标更适合捕捉潜在风险的累积。它指出，证据表明《巴塞尔协议Ⅲ》的资本金、杠杆率和流动性规定可能会减少传统的基于银行的中介活动，而有利于非银行金融机构。这意味着，未来可能需要扩大流动性数量指标的范围，纳入非银行金融机构，从而更好地发挥早期预警功能。阿德里安和希恩（2007）是最早详细阐述嵌入现代金融结构中的顺周期放大机制的研究者。米兰达-阿格里皮诺和雷伊（2019）在平行研究中发现，一个单一的全球因素可以解释多达 1/4 的世界风险资产价格变化。约尔达等人（2018）的研究也证实了这一点。他们对过去 150 年 17 个发达经济体的金融周期进行了研究，发现信贷、房价和股市之间的走势相关性在过去 30 年达到了历史高点。这两组研究都强调了全球流动性周期这一概念的重要性。巴克斯和克雷默（1999）的研究发现，全球流动性与利率负相关，与股票收益正相关。国际货币基金组织

(2010)研究了全球流动性扩张、资产价格和新兴经济体资本流入三者之间的联系,这项研究发现,在34个"流动性接收"经济体中,全球流动性上升伴随着股票收益率上升和实际利率下降。布鲁诺和希恩(2015)的研究表明,强势美元与全球信贷环境收紧相关,并强调了美国货币政策在推动全球风险溢价方面的关键作用。雷伊(2013)的研究也表明,美国货币政策甚至会影响汇率完全浮动的经济体的融资条件,如加拿大、日本、欧元区和英国。这就对浮动汇率能够为新兴市场提供一个有效的屏障[14],从而防范全球资本日益增强的观点提出了强烈质疑。

对于究竟是什么构成了流动性传导渠道,学术界仍有激烈争论。如果将资本市场摩擦和资产负债表考虑在内,扩张性货币政策应该会导致借款人和投资者净资产的增加。这一特征有助于解释随后贷款和总需求的扩张,即所谓货币政策的"信用渠道"(Bernanke and Gertler, 1995)。其他研究者则强调货币政策的"风险承担渠道"(Borio and Zhou, 2008; Bruno and Shin, 2015; Coimbra and Rey, 2019)。在风险承担渠道中,金融中介发挥着关键作用,系统性的货币扩张放松了杠杆限制,鼓励贷款人承担额外的信用风险。这两种渠道可以互相补充和加强。事实上,信贷的重要性及其在金融不稳定中的作用被反复强调,如阿莱西和德特肯(2011)认为,"……全球货币流动性指标……比实际经济变量更能预测繁荣与萧条周期",再如舒拉里克和泰勒(2012)认为,"……对于危机,我们分析的结果是明确的:关键在于信贷,而不是货币……历史上的金融危机都可以被视为'信贷扩张出了问题'……过去的信贷增长是未来金融不稳定的最佳预测指标"。

近年来，有人认为中央银行的量化宽松政策通过流动性渠道减少了交易摩擦，因为对于量化宽松操作标的证券的卖方而言，机会增加了。证据来自几项所谓的事件研究，比如美联储的第二轮量化宽松计划，该计划降低了通胀保值债券（TIPS）收益率和通胀互换利率之间的流动性溢价，这意味着量化宽松改善了市场流动性。市场流动性是衍生的，而资金流动性则更为基础。在这方面，在岸和离岸批发货币市场已成为资金流动性供应的核心。与此相一致的是对"安全"资产的需求。安全短期债务的供应需要抵押品作为后盾。我们已经指出，这里的抵押品可以是国债，也可以是私人生产的安全债券。霍尔姆斯特伦和蒂罗尔（2001）[15]提出了一个包含流动性需求因素的资产定价模型。在他们的模型中，风险中性的公司愿意为"安全"资产支付溢价，当流动性稀缺时，这些资产会带来收益。这种溢价持续存在，因为可抵押资产被认为是短缺的。戈顿等人（2012）的研究发现，总资产中大约1/3的部分是"安全的"，而其中大约1/3是政府证券。我们将在第六章中说明，私人部门金融中介机构能够生产额外的安全资产，并通过这一渠道影响资产价格。何和克里希纳穆尔蒂（2012）、阿德里安等人（2014）、布伦内迈耶和桑尼科夫（2014）、莫雷拉和萨沃夫（2017）的研究，都强调了这种供应侧渠道。我们将在第十一章中提出警示，在这个新世界，经济中抵押品质量的组合对流动性供应变得至关重要。未偿付国债存量过低，会导致私人部门提供的抵押品增加和信贷繁荣，这可能会增加金融脆弱性。在之前以零售为基础的市场中，这一点不那么令人担心，因为安全债务的主要形式——活期存款是由国家担保的。然而，私人部门"安全"资产的构成自那以后发生了变化，其中银行存款的占比从20世纪50年代的80%降至30%。我们所处的情况已经与以往大不相同了。

## 关键所在：资金流量分析

许多文献将"风险"和"货币+"的定义结合在一起。还有一些文献研究资金流动性如何影响整个系统的流动性，通常使用的是资金流量分析法。我们强烈赞成资金流量分析法。它由莫里斯·科普兰[16]在1952年率先提出，并最早在美国得到发展，美联储自1951年以来定期公布资金流量表情况。亨利·考夫曼在20世纪70年代和80年代推广了该方法，作为一种理解信贷创造过程和利率收益率曲线在信贷周期中变化的途径。雷蒙德·戈德史密斯在1985年发表的《比较国家资产负债表：针对20个国家的研究（1688—1978）》是当代国际上的一项重要贡献。资金流量表是至关重要的分析工具，因为在标准的国民收入核算中，收入总是等同于支出，但金融资产和债务及其与经常账户和资本账户的关系都被忽略了。这一点可能有助于解释为什么金融市场未能被整合到传统的经济分析之中。传统的经济分析中，金融的重要性被明显低估了。与之相反，资金流量核算将收入和支出流量与资产和负债存量的相应变动联系了起来。资金流量核算有效地确保了任何地方的任何一笔资金都在某个账户上得到记录，确保了存量和流量之间的一致性、不同经济部门之间的一致性，以及国内经济和国际经济之间的一致性。在资金流量核算中，资金流量的存量后果得以被纳入。例如，政府预算约束和政府债务失控的后果均能得到体现。根据考夫曼[17]的说法，资金流量数据捕捉了经济中各部门的金融交易和金融头寸状况，"……它就像复式簿记那样提供了一张透视图，包含了防止逻辑错误的内置功能……资金供给数量必须等于资金需求数量，因为除非有人借钱，否则就不可能放贷……利率的功能是将贷款方提供的资金配置给那些想要借款的人"。

德国央行为资金流量核算提供了强有力的支持，并描述了它是如何被用于编制德国国民金融账户的："国民经济核算是一个对宏观经济进行完整统计的账户体系，金融账户是国民经济核算的一部分……出于数据可得性原因，金融账户通常由中央银行来编制。在统计当局编制的聚焦于实体经济的国民账户的基础上，金融账户提供了一种补充，在实体经济交易的图景之外增添了与之并行的金融交易。金融账户体现了在一个经济体中，谁在提供或吸取资金，以何种形式提供或吸取资金，提供或吸取了多少资金，以及资金流中涉及的金融中介。它既体现了经济体中金融流量的基本结构（例如国内金融投资渠道和外部举债渠道），也体现了住户和企业的金融行为……此外，它可以用于分析住户和企业的投融资行为，进而提供与货币政策传导过程有关的信息。例如，这些分析集中于研究金融结构的变迁，以及国内银行放贷与其他融资来源（如资本市场和外国贷款人）之间的关系……"（德意志联邦银行，2013。）

杰利和肖的《金融理论中的货币》(1960)，使我们对资金流量影响的认识有了一个重大飞跃。他们认为，按照流动性的不同，存在一系列连续的金融资产和金融机构。这类似于凯恩斯使用"流动性偏好"一词来描述货币的属性。杰利和肖认为，非银行金融机构的资产和银行资产之间的差别不大。简言之，某些非银行金融机构（或者是现在所谓的影子银行）也能够创造流动性。

事实证明，资金流量分析在剖析金融市场日益复杂的本质方面是有用的。金融危机之所以出现，往往是由于资金流动性突然"停止"，从而阻断了关键项目和资产持有的再融资。相反，传统经济学几乎只关注资金的使用，而忽略了资金来源的波动。因此，政府支出、零售销售和货币供应这三种经济类别各自代表着不同的资金用途。由于资金流量数据凸显了部门间的不平衡以及资产负债表错配，因此它在评估金融稳定方面是一个更为重要的工具。它为考夫曼（1986）提供了洞察，让其能够预见即将到来的金融动荡，而这种动荡源自机构货币的增长。因此，考夫曼能够早在20世纪80年代中期就警告称："通信技术和金融技术的巨大进步，已经不仅使美国信贷市场内部更加紧凑，也使其与海外市场建立起了密切联系。各类机构之间的区别已经变得如此模糊，以至于不可能再把它们放在一起同等对待。我们需要在实施合理监管放松的同时，加强合理的监管保障。总的来说，这需要在债务创造过程中注入一些摩擦力——而不是更多润滑剂。"

## 投资需要更多新思想？

有必要将上述关于"流动性"的思想置于一个更广泛的背景之下。2019年，投资评论家约翰·奥瑟斯[18]对彼得·伯恩斯坦1992年出版的著作《投资革命》的影响进行了反思。这本著作对金融学术研究方面的成就进行了综述。虽然它更多地关注股票而不是债券和货币，但该书提供了一个很好的衡量标准。然而，出于应有的谦逊和"事后诸葛"的视角，四个关键概念在其中似乎被忽略了：

1. 资本市场和储蓄的制度理论未被涵盖（包括国家铸币税和中央银行政策的重要性），相反，书中贯穿了"融资结构无关紧要"这样的莫迪利安尼和米勒式观点。
2. 通货膨胀或通货紧缩的威胁，似乎在资产配置决策中没有体现出明确的作用。
3. 利率期限结构对资产负债定价的影响被完全忽略了。
4. 风险被错误地仅仅等同于资产价格波动。

可以说，上述四点中的每一点都包含了我们在本书中重点关注的主题，如负债管理、久期、全球流动性等。这一领域的开拓者是马蒂·莱博维茨。彼得·伯恩斯坦在书中提及了他，但显然还不够，他至少值得作者用一章的篇幅来描写。此外，亨利·考夫曼对资金流量分析的开创性贡献，以及他对未来金融不稳定的先见之明的警告，也需要加以着墨。实践经验还在很大程度上证实了地缘政治经常在金融领域发挥关键作用，这并不奇怪，因为资产是以国家货币计价的，而政策制定者对货币拥有法律管辖权和一定的控制权。

当负债不能被合理地对冲时，风险问题就变得很重要。而这反过来会激发更多对"安全"资产的需求。当时，我们向彼得提出，波动性作为一种风险衡量标准是失败的。但是他认为这是最实际的定义。许多从业者至今也这样认为。然而，随后的几十年无情地开启了更多的风险维度，其中大部分出现在债务没有恰当匹配的情况下。在纳西姆·塔勒布的《黑天鹅》和贝努瓦·曼德尔布罗特的《市场的（错误）行为》等随后出版的一些著作中，对用波动性来度量风险的做法提出了质疑，并强调使用高斯正态概率分布（或钟形曲线）来建模风险事件是荒谬的。[19]

此外，现代投资组合理论和有效市场假说关注的是单个证券，而非投资群体的行为或中央银行等货币机构的行为。然而，尽管极端非理性在个体中很少见，但正如尼采等哲学家告诉我们的那样，这种非理性在群体中确实会成为常态。群体之所以会产生非理性行为，是因为不确定性或无法量化的风险作为金融市场的根本特征，迫使人们求助于经验法则和共识思维。人群关于金钱的行为尤其不稳定，他们在很大程度上解释了金融市场在贪婪和恐惧两个极端之间的过山车式波动。因此，与教科书相反，我们认为投资从根本上讲是关于风险、收益和流动性的行为。

令人沮丧的是，各个因素的相对重要性会随着时间的推移而变化。在第二次世界大战之前到战后初期的大部分时间里，市场的关注点集中在收益上。投资者关心的主要是增长、价值和股息。到了20世纪80年代，风险管理开始流行起来，与之并行的是寻求对风险含义的更深入理解。特别是随着放松管制、人口结构变化、通胀回落以及储蓄市场的其他结构性变化，包括2007—2008年全球金融危机之后中央银行大规模资产购买（LSAP）——也就是人们所称的量化宽松——的出现，市场关注的重点也已转向了流动性。

# 第三章
# 概要：一个更大、更动荡的世界

## 经济地震

随着投资领域变得越来越大，它也变得越来越不稳定。金融危机似乎每隔8~10年就会爆发一次。引爆金融危机的背景因素往往是国家资本之间的霸权之争，快速流动的资金流就仿佛是当代的突击队。然而，一旦传统模式被打破，新的世界就会出现。1989年柏林墙的倒塌象征着巨大的地缘政治转变，释放出推动全球流动性浪潮的新经济力量，有效地扭转了世界金融体系的"极性"。通过让20亿~30亿新的"生产者"（而不是广告牌上承诺的"消费者"）进入全球劳动力市场，国际供应链得以促成生产的"全球化"[1]，它最初由美国、德国和日本主导，但现在越来越多地由中国的制造商和物流公司主导。之后10年，原有的世界经济体系遇到了第二次冲击。2001年12月11日，中国加入世界贸易组织。仅在接下来的10年里，就有超过2亿的中国工人从农村转移到快速扩张的、主导着中国出口经济的东部沿海城市。

这一规模大致相当于整个欧盟的劳动力人数。当然,中国和西方以前就有贸易往来,但在中国加入世界贸易组织后,它们之间的跨境贸易无论在规模上还是在深度上都有了很大的提升。2001年对中国来说还是一个具有其他标志性意义的年份,因为在这一年它赢得了2008年奥运会的主办权。这场信心之旅最终于2008年8月在北京达到仪式性的完美高潮,中国被正式欢迎加入世界经济,但正如我们解释的那样,故事的重点在于中国的经济"追赶"受到金融发展不平衡的阻碍。

资本流动和投资重组最终会使各经济体的资本收益率趋于相等。实际利率的长期变动将储蓄和投资行为的变化与国债等安全资产的安全性和流动性的波动结合在一起。我们认为,产业盈利能力下降以及相关安全资产的结构性短缺,都是全球利率长期下滑背后的关键因素。金融通过总流动性和金融部门整体资产负债表规模影响风险溢价。三张图凸显了中国对西方资本主义的明显影响。图3.1显示了美国、中国和德国的产业资本新增投资收益在较长时期内的下降。边际收益率的普遍下降是显而易见的,但这种下降在美国和德国开始得更早,而中国资本在21世纪初仍获得了一定增长。于是,中国和美国之间边际盈利能力的差距,从2000年尚不明显的2.3%,扩大到了2009年惊人的8.9%。随着新的投资项目变得不那么具有吸引力,西方产业界转向了一种激进的模式,即大幅削减现有资本的成本,以便维持公布的利润。提高利润既可以通过新增高收益项目投资来实现,也可以通过更好地管理现有业务来实现。在股票期权计划的激励下,管理层找到了试图削减成本的新途径。这迫使工厂关闭,并导致大量工作岗位流失,但提高了美国资本的平均收益率。图3.2中平均收益率的上升证实了这一点。1984—2001年,也就是中国加入世界贸易组织之前,美国资本的实际收益率平均为3.5%,但在2001年后,美国资本的平均收益率达到了4.1%。由于中国竞争的影响拉低了边际收益,而国内成本重置推高了平均收益,边际收益与平均收益之间的差距显著缩小。正如图3.3所示,这种不断缩小的差距可以解释美国资本支出为何暴跌至如今几乎无法弥补其损耗的水平。现金流因此出现反弹,但企业要么将这些现金囤积起来,要么将其用于股票回购或并购,而不会将其投资于实体经济。苹果公司等赢家的账户上坐拥超过2 000亿美元,微软和谷歌持有约1 250亿美元,而脸书、亚马逊和IBM(国际商业机器公司)持有近500亿美元。仅这六家美国公司就拥有超过6 000亿美元的现金储备,高达美国GDP的3%。那么,这些现金都到哪里去了?

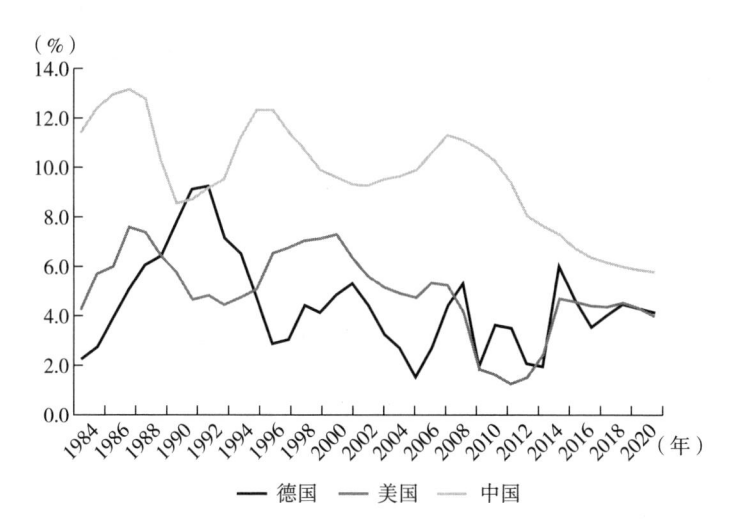

图3.1 1984—2019年美国、中国和德国产业资本的实际边际收益率

资料来源:CrossBorder Capital。

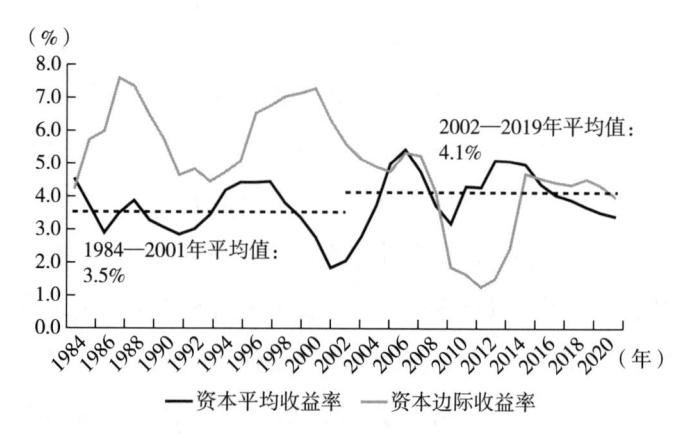

图 3.2　1984—2019 年美国产业资本的边际收益率与平均收益率

资料来源：CrossBorder Capital。

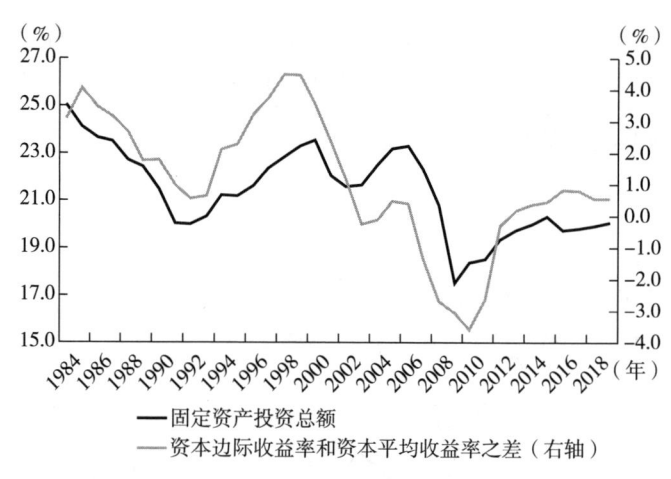

图 3.3　1984—2019 年美国资本的边际收益率和平均收益率之差与美国固定投资支出总额（占 GDP 的百分比）

资料来源：CrossBorder Capital。

## 金融加速器

随着产业经济的失利，金融市场开始胜出。现金大量涌入批发货币市场，在那里被贪婪的银行家攫取并重新包装。现金流的大规模重新分配，迫使世界上很大一部分产业进行重组，既包括地理位置上的重组，也包括产业内的重组：在许多新项目上压低投资收益，催生出"轻资产"商业模式和巨大的债务累积，并鼓励美国实行近乎永久性的宽松货币政策。在我们接下来所说的庞大且快速增长的"影子基础货币"的推动下，金融市场承担了相当大一部分经济调整负担。这种传导的原因在于，新的供应链限制了成本的变动，而且由于主要以美元为基础，新的供应链也要求经济体之间保持稳定的交叉汇率。制造业和主要消费品牌的全球化，有效地限制了工资和价格的灵活性。它还造成了西方经济体内部的结构性失业和日益加剧的财富分化，最终迫使经济增长越来越多地依赖于巨额债务维持的消费支出。与传统的资本投资不同，这些支出大部分是非生产性的，所以并不容易收回。因此，这些膨胀的债务负担需要再融资。违约的发生并不一定是因为资不抵债，而是因为流动性不足。正如我们将继续强调的那样，这种再融资压力使资产负债表的规模以及流动性的流入比利率水平显得更为重要。然而，当这种流动性扩张变得依赖于不确定的安全资产供应时，融资突然停止就可能加剧系统性风险。现代金融体系已从一个"新增融资体系"转变为"再融资体系"，该体系比以往任何时候都更依赖于潜在的脆弱安全资产的供应，以帮助对同样日益脆弱的债务进行展期。这一事实造成了一种负反馈，凸显出信贷市场的内在风险。

在以全球供应链为特征的世界经济中，金融市场已成为经济调整机制不可分割的一个组成部分，导致全球流动性周期加剧，以及传统上描述国内通胀与失业之间权衡取舍关系的菲利普斯曲线失效。如图 3.4 所示，全球流动性冲击是通过汇率而非利率的变化来传导的。私人部门流动性和跨境流动在很大程度上影响着实际汇率，而中央银行流动性则更多地影响名义汇率。

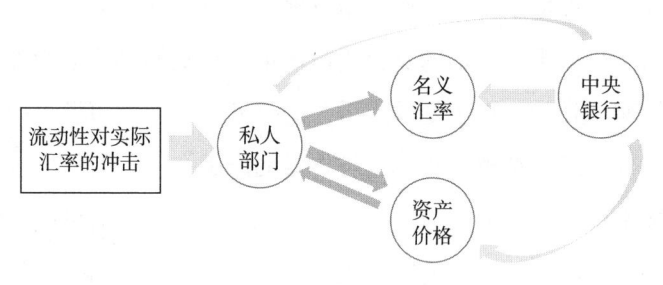

图 3.4 全球流动性的传导示意

美国宽松的货币政策通过跨境资金流动溢出，流入许多货币环境同样宽松的新兴市场经济体，使资金得以在离岸欧洲美元市场积累。中国和其他几个新兴市场经济体的金融不成熟，放大了这些跨境流动资金对全球流动性的国内和国际影响。再加上人口老龄化和"新富阶层"带来的强劲储蓄流，这些因素助长了对"安全"资产（主要以美元计价）结构性的过度需求。大型公司和机构现金池日益主导着全球过剩储蓄的循环，它们需要安全的、有抵押品支持的短期工具。在提供至关重要的资金方面，步伐迅速的批发货币市场如今常常超过传统的、受到过度监管的商业银行。换句话说，机构回购现在已超过家庭银行储蓄账户，成为最受欢迎的金融工具。但近年来政府的财政紧缩政策和中央银行的收紧政策导致缺乏对于回购协议至关重要的优质抵押品，扰乱了全球流动性，这意味着没有足够的资产负债表能力对高达 250 万亿美元的债务进行展期和再融资。这样一来，违约风险就会增加，出现系统性风险的可能性也相应增大，这就会鼓励人们囤积宝贵的"安全"资产，从而进一步加剧了抵押品的短缺（见图 3.5）。

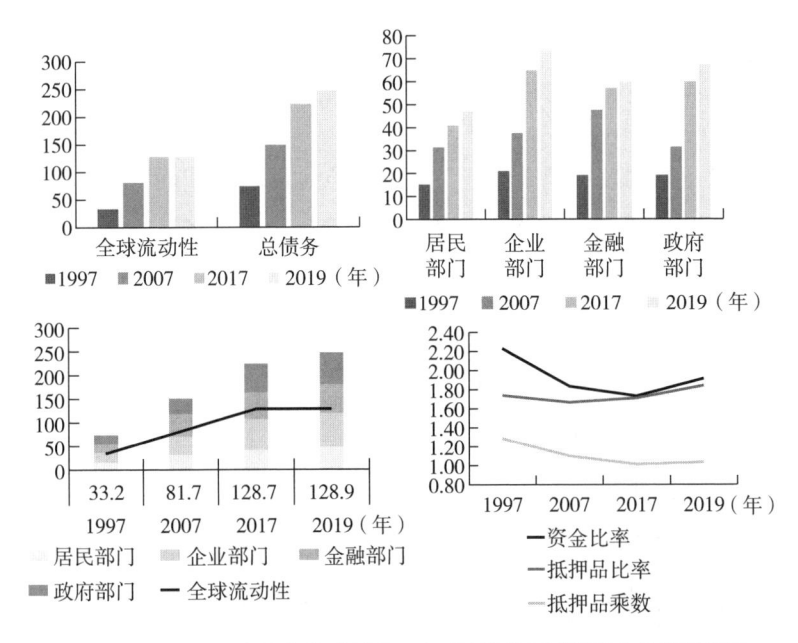

图 3.5 1997—2019 年全球债务、全球流动性和融资能力的衡量指标

资料来源：CrossBorder Capital。

## 错误的政策反应？

各国政府都没有认识到，债务也有"质量"方面的问题。政府的财政紧缩政策往往是为了平衡量化宽松和超低政策利率，使市场失去了至关重要的"安全"资产。通过减少国债发行，它们迫使私人部门中介机构寻找新的投资者，并发行更多低质量债券，作为劣质的替代抵押品，从而导致债务错配，并需要更频繁地再融资。简言之，试图避免"挤出"私人部门经济活动的财政紧缩政策，最终只"挤入"了质量较差的私人部门债务。于是，世界上规模巨大的未清偿债务的周转变得更为困难，并面临潜在危险（如图 3.5 所示）。具有讽刺意味的是，关键的挑战并不在于新投资项目的失败，而在于我们无力为旧投资项目再融资。它是一个金融问题，而不是一个经济问题。通过扩大中央银行的资产负债表，量化宽松填补了一个重要的资金缺口。如前所述，过去30年发生的大规模结构性变化，已使全球金融市场从一个新增融资体系转变为一个资本分配和再融资体系。我们也可以用金融极性的逆转来描述这一点，因为许多以前的放款人变成了借款人，而许多以前的借款人也变成了放款人。因此，这个混乱的金融世界变得更加难以解读。

  再融资体系跳动的心脏，是一个有助于促进债务展期的庞大而灵活的资产负债表。事实上，这正是旧金融体系淡出的原因！在这里，关键在于融资能力，即流动性；而不在于资本的成本，即利率。例如，当住宅抵押贷款到期无法轻易获得再融资时，许多人选择支付更高的利率来确保延期，而不是面临被驱逐的风险。资产负债表能力取决于是否存在足够多的安全资产，以充当所需流动性的抵押品。利率在其中影响不大。因此，我们严重质疑中央银行执着于锚定利率水平的做法。而且更重要的是，当利率降至非常低（甚至为负）时，新流动性的供应本身就有可能遭到破坏。

  因此，在 2007—2008 年全球金融危机爆发后，随着债务负担的加重和私人部门资产负债表能力的显著下降，各国中央银行更有必要扩大资产负债表规模，以填补这一缺口。在几轮量化宽松计划之后，流动性供应因此大幅增加，这让许多人感到担忧。

然而，它不应被视为一种更宽松的货币政策，而应被视为金融稳定政策的必要保障——毕竟，当金融在整个 19 世纪经历了动荡不安的岁月之后，白芝浩为危机管理开出的著名药方就是，以优质抵押品自由放贷，但始终保持高利率。因此，与流动性规模和资产负债表规模相比，利率水平的重要性要小得多。如今，国际金融体系更加顺周期、更加脆弱，货币权力更集中于美联储和中国人民银行的手中，金融也变得与其 19 世纪动荡的前身非常相似。政策制定者似乎并不理解这些变化。他们被迫采取非常规政策，在应对这些不断加剧的紧张局势时，不可避免地会变成被动反应，而不是先发制人。

我们论证的四个阶段可以通过图 3.6 来追溯：

- 生产率追赶——1989 年柏林墙的倒塌和 20 亿~30 亿生产者的经济自由化，导致新兴市场经济体的经济"追赶"以及美元的更多使用。
- 生产的全球化——中国 2001 年加入世界贸易组织，供应链推动金融市场的调整，并迫使美国实行宽松的货币政策。
- 新兴市场金融部门——美国的宽松政策波及新兴市场和中国（美元的使用者），并刺激了公司和机构现金池的现金需求。
- 缺乏安全资产——美国为平衡宽松货币政策而采取的紧缩财政政策，限制了"安全资产"的供应，使世界金融体系变得越来越顺周期且脆弱。

**全球流动性**

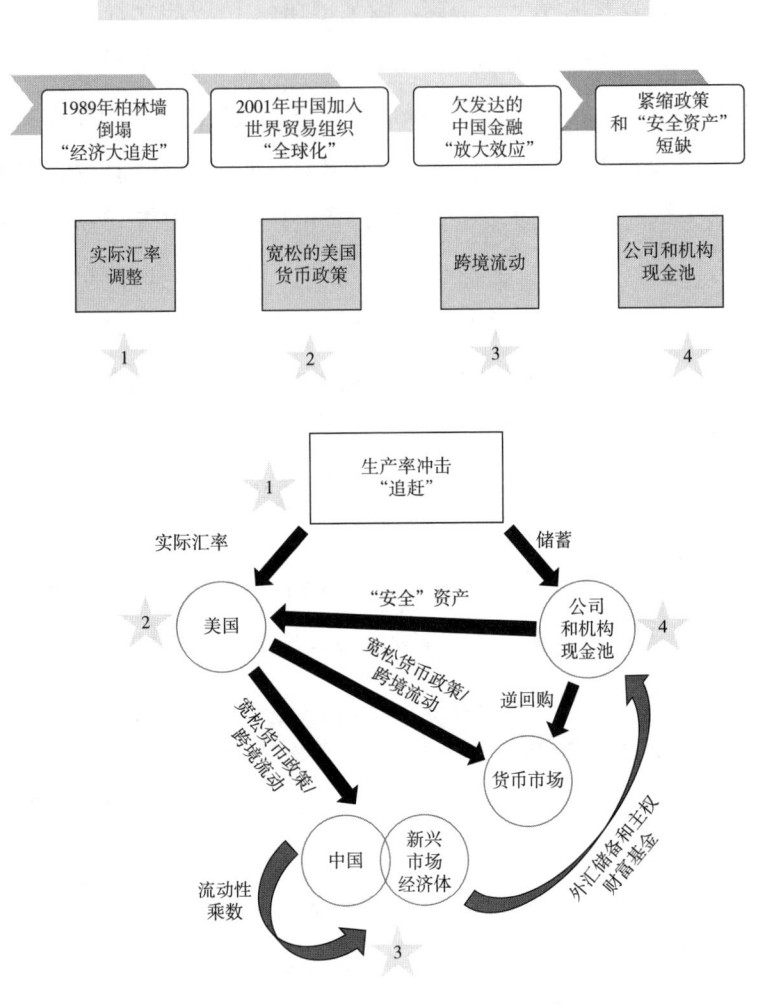

| 1989年柏林墙倒塌"经济大追赶" | 2001年中国加入世界贸易组织"全球化" | 欠发达的中国金融"放大效应" | 紧缩政策和"安全资产"短缺 |

| 实际汇率调整 | 宽松的美国货币政策 | 跨境流动 | 公司和机构现金池 |
| 1 | 2 | 3 | 4 |

图 3.6 全球流动性——主要问题示意

# 第四章
# 流动性模型

## 资金流量的分析框架

根据资金流量分析框架的原则，我们可以用代数的方法来表示流动性。标准的预算约束使我们能够量化私人部门的融资决策。从技术意义上讲，私人部门总是处于平衡状态，因为它既可以吸收金融资产，也可以发行金融负债。换句话说，收入要么用于消费，要么用于积累净储蓄金融工具：

$$\text{收入} = \text{支出} + \text{金融资产的净获得额}$$
$$Y_t = C_t + I_t + \text{NAFA}_t = C_t + I_t + \Delta\text{FA}_t - \Delta\text{FL}_t$$

此处，$\text{NAFA}_t$ 表示金融资产的净获得额，$\text{FA}_t$ 表示金融资产，$\text{FL}_t$ 表示金融负债，$Y_t$ 表示收入，$C_t$ 和 $I_t$ 分别表示消费支出和投资支出。$\Delta$ 是在时间 t 期的差分算子。

根据定义，金融资产的净获得额 $\text{NAFA}_t$ 等于金融资产的总获

得额 $FA_t$ 减去金融负债的总获得额 $FL_t$。因此，我们可以通过将金融负债（即借款和债务发行）移到表达式的左侧，来重新表达预算约束。等式如下：

收入 + 金融负债的总获得额 = 支出 + 金融资产的总获得额
$$Y_t + \Delta FL_t = C_t + I_t + \Delta FA_t$$

因为储蓄的定义是收入减去消费，于是从上式等号两边同时减去消费支出 $C_t$，得到：

储蓄 + 金融负债的总获得额 = 固定投资 + 金融资产的总获得额
$$S_t + \Delta FL_t = I_t + \Delta FA_t$$

我们可以将流动性定义为储蓄和"流动性"金融负债之和。为方便起见，我们暂时忽略"非流动性"负债：

流动性 = 固定投资 + 金融资产的总获得额
$$L_t = S_t + \Delta FL_t = I_t + \Delta FA_t \tag{4.1}$$

现在，资金流量的预算约束已经从资金来源和使用的角度得到重新表达，其中 $L_t$ 表示"流动性"。这个等式表明，流动性的流量可以独立于储蓄而变动，而且它与货币不是一回事。定义为银行存款的货币，在上式中出现在等号的右边，被归为金融资产。此外，由于信贷在流动性中的成分往往很大，而且依赖于抵押品，因此流动性既是内生的，也是高度顺周期性的。

进一步地，金融负债和金融资产的变化可以分解为它们的几个组成部分：

$$\Delta FL_t = \Delta MB_t + \Delta BSC_t$$
$$\Delta FA_t = A_t \cdot \Delta P_t + \Delta CH_t = I_{f,t} + \Delta CH_t$$

此处 $MB_t$ 表示中央银行货币，但它也可以包括我们所说的影子基础货币，$BSC_t$ 代表银行信贷及影子银行信贷，$CH_t$ 表示持有的现金，包括银行存款，$S_t$ 表示家庭、公司、外国主体的总储蓄，$A_t$ 表示现有证券或资产的数量。

对实际投资（$I_t$）和金融投资（$I_{f,t}$）的定义如下：

$$I_t = P_t \cdot \Delta A_t$$
$$I_{f,t} = A_t \cdot \Delta P_t$$

现在，我们可以将式 4.1 这一基本关系重写为：

$$L_t = S_t + \Delta MB_t + \Delta BSC_t = \Delta(P_{f,t} \cdot A_t) + \Delta CH_t = I_t + I_{f,t} + \Delta CH_t \quad (4.2)$$

式 4.2 的左边是资金的来源，最右边是资金的用途。中间的表达式代表了财富的总体变化。换句话说，流动性（即信贷和储蓄）的增加，为财富增长提供了资金，而财富增长又包括实际投资的变化以及金融投资和现金存款的变化。

更进一步，我们可以将这些流动性来源细分为公共部门流动性和私人部门流动性。公共部门流动性是指中央银行基础货币的变化（CBL=ΔMB），私人部门流动性是指储蓄加上银行和影子银行发放的新信贷（PSL=S+ΔBSC）。这些划分类似于文献中对"外部货币"和"内部货币"的概念划分。我们将在后面解释为什么这种区分是重要的，但作为一个简要介绍，让我们初步假设公共部门流动性与政策利率走势反向变动，而私人部门流动性与产业资本的盈利能力（R）同向变动。前者意味着，政策制定者增加基础货币的供应以降低短期利率（r），使短期利率接近政策利率目标。后者意味着，储蓄随着经济活动和利润池的扩大而扩大，而且当盈利能力良好时，信贷提供者更愿意发放新的贷款。外汇市场受平均收益率激励，因此，外汇市场遵循私人部门流动性减去央行流动性（R+r）的变动路径，换言之，即流动性的组合（PSL−CBL）。此外，国内金融市场受期限溢价和信用溢价（R−r）的影响，因此国内金融市场更多受到中央银行和私人部门流动性总量（CBL+PSL）的影响。简言之，风险溢价取决于流动性的总量，而汇率（以及信用溢价）取决于流动性的质量组合。

## 另一种分解方法

我们也可以用标准的货币数量论方程来推导流动性分析框架。我们经常把流动性分析称为"质量理论"，这是因为货币流通速度总是处于变化之中，要么是因为监管或创新，要么是因为货币价值的变化。高能货币（MB）乘以其流通速度（v）必须等于交易价值，即价格（P）乘以交易量（T）：

$$MB_t \cdot v_t = P_t \cdot T_t$$

转化为跨期变动的表达形式，即为：

$$\Delta(\mathrm{MB}_t \cdot v_t) = \Delta(P_t \cdot T_t)$$

展开等式右边，得到：

$$\Delta(P_t \cdot T_t) = \Delta \mathrm{GDP}_t + A_t \cdot \Delta P_{f,t} + \Delta \mathrm{BD}_t$$

此处，GDP 表示经济活动，$A$ 表示资产存量，$P_f$ 表示资产价格，BD 表示银行存款。因为我们可以定义 $\Delta \mathrm{GDP} = I - S$，其中 $I$ 表示资本支出，$S$ 表示储蓄，所以上式可以改写为：

$$\Delta(P_t \cdot T_t) = I_t - S_t + A_t \cdot \Delta P_{f,t} + \Delta \mathrm{BD}_t$$

等式左边可以展开为：

$$\Delta(\mathrm{MB}_t \cdot v_t) = v_t \cdot \Delta \mathrm{MB}_t + \mathrm{MB}_t \cdot \Delta v_t$$

重新排列这个表达式给出了我们对流动性（$L$）的定义：

$$L_t = S_t + v_t \cdot \Delta \mathrm{MB}_t + \mathrm{MB}_t \cdot \Delta v_t = I_t + A_t \cdot \Delta P_{f,t} + \Delta \mathrm{BD}_t$$

我们也可以用左边的（$L$）减去实际投资（$I$）来衡量"金融流动性"。这衡量了进入金融资产中的资金流量。它包括私人部门储蓄（例如家庭储蓄和企业利润）、高能货币供应的变化，以及高能货币流通速度的变化。流通速度的变化可以有效地衡量信贷的影响。流通速度不是恒定的，相反，它在整个商业周期中波动很大。而且由于金融创新，货币流通速度通常还会随着时间的推移而出现强劲的上升趋势。资产往往会吸收并缓冲流动性的大部分波动。

# 第五章
实际汇率调整

## 货币的产业与金融循环

传统经济学主要关注约翰·梅纳德·凯恩斯在《货币论》（1930）中所描述的货币的产业循环。换句话说，就是所谓的实体经济。虽然将金融经济[1]与实体经济区分开来很重要，但是我们不可能永远将两者割裂开来。它们之间有着复杂的联系，两者之间相互影响。不过，金融在扮演着越来越重要的角色。亨利·桑顿在他具有先见之明的《票据信用》（1802）一文中指出了这种紧密联系："硬币、票据信用、商业平衡和贸易等话题……是密切相连的。"

标准的教科书模型假设利率可以分为实际利率部分和通货膨胀部分，以及短期利率和长期利率。实际利率被认为是由实体经济中的储蓄－投资缺口决定的，而通货膨胀则是由过量的货币创造造成的。投资（$I$）和储蓄（$S$）之间的不平衡，如 $S > I$，能够通过利率变动得到纠正。在利率较低的情况下，会刺激更多的资本支出。短期利率由中央银行制定，而中央银行又可以通过适当的"前瞻性指引"政策来控制长期利率。然而，从我们的市场经验来看，这一传统范式似乎在每个方面都是错误的。

正如我们所知，凯恩斯提出了不同的观点。他认为，均衡可以通过改变收入（而非利率）得以恢复，但不一定是在充分就业的水平上实现。换句话说，过度储蓄会减少收入，而收入减少又会反过来降低未来的储蓄，直到它们与给定的投资支出率相匹配。因此，现代宏观经济学可以被视为一场关于利率作为一种调节机制为何会失效的漫长辩论。这听上去或许有点讽刺。首先，名义利率受到风险溢价和期限溢价的强烈影响，而风险溢价和期限溢价又受未来预期和当前信念的控制[2]，以及受到流动性可得性的影响，流动性是一个总流量概念或资产负债表概念。在金融市场上，利率以及其他金融资产的价格是由总量决定的，而不是由净量决定的。正如我们在第四章中所指出的那样，这是因为在现代资本主义经济中，投资取决于流动性的总量，而不仅仅是储蓄。换句话说，从资金流量的角度来看，净储蓄（即储蓄减去资本支出，S-I）代表金融资产的净获得，它只是整体资金（即流动性）的一小部分。金融资产的净获得，又包括金融资产持有量变动以及金融负债增减之间的差额。显然，有许多方法可以得出任何给定的净变化：大幅增加资产，大幅减少负债，以及通过这两者的某种中间组合，甚至通过在金融资产大幅增长的同时相对小幅地增加金融负债。这些总资产负债表的变化与净储蓄状况无关，也不依赖于实体经济中发生的情况。雷蒙德·戈德史密斯（1985）曾将这种情况描述为"金融深化"，他认为"金融关联比率"随着时间的推移而上升。同样的观察也适用于经常账户余额以及资本流入和流出总额的变动。如果只狭隘地关注净失衡，很容易得出这样的结论：新兴市场经济体通常拥有净储蓄盈余，从而推动了全球流动性。所谓的"储蓄过剩"理论就讲述了这样的故事。然而，更广泛的总量概念则表明，更重要的故事是，主要发达国家以安全资产的形式大幅增加外债，并且对外发放信贷。在全球金融危机之前，位于金融中心的银行竞相增加信贷，来自新兴市场经济体的投资者竞相涌入美国国债市场。这也表明，每种资产/负债组合可能对金融资产价格产生不同的影响。与此同时，全球化强化了这样一种观点：通货膨胀在很大程度上是由成本而非货币因素驱动的。因此，根据定义，实际利率也必然同样受到这些货币变动以及风险溢价和期限溢价隐含波动的影响。金融史表明，短期政策利率跟随而不是引领长期利率，反之，政策利率通常领先于通货膨胀[3]，而且更重要的是，它们的作用方向通常是一致的。

与资金流量数据相比，更广泛使用的国民收入账户显示的是宏观经济总量指标，如 GDP 和消费者支出等。这里的支出衡量指标能够跟踪捕捉资金是如何使用的，但它们没有解释支出行为是如何获得融资的，因此它们无法展示支出是否可持续。正如我们在第二章中所论述的那样，资金流量统计数据通过衡量每个经济部门对金融资产的净获得，提供了对金融活动更为全面的刻画。支出流量一旦发生就消失无踪，与之不同的是，金融流量会进行累积，最终反映在部门资产负债表不断扩张的金融资产存量和负债存量上。如此之高的债务和杠杆率，可能会进一步抑制新的资金流量。可持续性取决于未来能否获得流动性，而如今，流动性在很大程度上依赖于传统银行体系之外的金融中介。

第五章
实际汇率调整

因为投资支出取决于流动性，而不仅仅取决于储蓄，这意味着，我们需要在分析中引入信贷、金融负债和金融资产，并从资金流量的角度进行更广泛的思考。这要求我们在经济模型中加入货币的金融循环，并考虑如何维持和恢复资金总来源与总支出之间的平衡。更重要的是，它告诉我们，利率和其他金融资产的价格更多地取决于总流量，即整个金融部门的资产负债表变化，而不仅仅取决于净流量。尽管任何货币失衡都会通过货币价格的波动表现出来，但与传统思维相反，这里所指的并不是利率。像其他所有的"价格"一样，它应该能够衡量货币可以买到什么，换句话说，它是一种贸易条件或汇率。利率可以更多地被理解为借款时支付的溢价，这些溢价会根据时间期限和借款人风险的不同而变化，而这些又再次取决于资产负债表因素。

鉴于流动性是储蓄和信贷的总和，当出现正面流动性冲击后，可能产生四种调整结果：

- 实际投资增加（包括最终被证实为能够产生收益的投资，以及未能产生收益的投资）；
- 金融资产价值上升；
- 金融负债价值下降；
- 国民储蓄下降。

对于一个拥有丰富的投资机会，但国内储蓄相对不足的新兴市场经济体而言，上述第一种调整是最有可能出现的。然而，对于成熟的西方经济体而言，这种调整的可能性不大，更多的流动性更倾向于抬高资产价值。这有可能最终导致金融泡沫的出现，进而引起债务冲销，即形成更低的金融负债和更低的储蓄，可能就像凯恩斯所预见的那样，最终通过降低收入和就业水平而实现。然而，由于牵扯到金融市场，这些调整不仅比传统叙事中提到的情况更为复杂，而且调整能否使平衡得到恢复，以及调整能否较快实现等问题，都还远没有得到解决。例如，当流动性超过资本支出（$L>I$）时，私人部门可以积累金融资产。换句话说，这可能意味着私人部门金融资产价值的变化会超过金融负债价值的变化。在一个抵押品对新增信贷供给发挥关键支持作用的世界里，金融资产价值的净增长反过来可能导致金融负债（即信贷）的进一步扩张。也就是说，最初的冲击会被金融失衡放大，从而可能需要数年时间才能恢复均衡。

从另一个角度来看，纳入金融循环后，经济活动的调整变得更为复杂，这在很大程度上是因为流动性有两个维度——定量维度和定性维度。在第二章中，我们指出流动性的定性维度可以被认为是"货币性"，它倾向于以顺周期的方式提高流动性的有效数量。换句话说，在经济周期变化的过程中，随着更多的资产被用作货币，流动性的有效供给会自然扩大。同理，反之亦然。这可以看作风险偏好改善（从而允许更高的杠杆率）和抵押品价值提高（从而增加了高能货币的存量）的结果。我们稍后会说明，高能货币是可以杠杆化的资产，它们既包括在中央银行账户上持有的传统储备，也包括可用于从货币市场借款的抵押品，以及可从离岸货币市场借款的额外现金。高能货币的有效存量，包括传统的中央银行储备货币，加上我们所说的影子基础货币。反之，欧洲美元市场以及质量较差的私人部门抵押品越来越多地替代质量较高的政府债券，也助长了这种趋势。有一段时间，这些真正的"安全"资产的供应受到财政紧缩政策的限制。因此，由于上述定性维度的变化，全球流动性的总量日益呈现出顺周期和具有潜在脆弱性的特点，导致世界金融体系在不断扩大的同时也更加动荡。

进一步深入探究会发现，随着额外的流动性进入金融循环，违约[4]风险下降，风险溢价收窄，"安全"资产的期限溢价随着需求的减少而增加。这会提振股市，从而改善融资环境，助长冒险行为。而且，由于存款利率收益率曲线变陡，银行利润率会相应上升，从而刺激银行放贷。流动性的定性维度再次成为关键。在经济繁荣或经济上升周期借入的钱，与在经济衰退或经济下行周期借入的钱，在性质上是不同的：前者多为购买手段，用于扩大货币循环；而后者则多为法定货币或结算手段，用于收缩货币循环。中央银行货币是独特的，因为它总是可以采取两种形式。私人部门流动性在规模上出现波动，部分原因就在于其"货币性"发生了变化，即其作为结算手段的能力发生了变化。在这种情况下，流动性总量的扩张主要依赖于更多的中央银行货币。虽然这是国家法定货币，但不是国际法定货币，因此额外的中央银行货币供应又可能导致汇率贬值。

这有助于解释为什么私人部门流动性和中央银行流动性的增加都会导致国家风险溢价收窄（因此，相对"安全"资产的溢价在理论上会扩大），而私人部门流动性和中央银行流动性的差异变化会导致汇率波动。因此，强（弱）私人部门流动性和弱（强）中央银行流动性，都可以增强（削弱）一个国家的货币。这背后的直觉来源于对产业资本收益率和政策利率的思考。让我们假设私人部门现金流与产业资本的基本收益率（$R$）正相关，中央银行流动性与政策利率（$r$）负相关。然后，收益率曲线的斜率应该由产业资本收益率[5]与短期利率之间的息差（即 $R-r$）来决定。类似地，汇率与产业和货币市场的平均收益大小（即 $R+r$）相关。上述汇率渠道值得进一步研究。

## 汇率渠道

一般认为，汇率发挥着促进恢复外部平衡的功能，因为一个经济体在经历货币升值时，净出口理论上会出现下降。但根据我们的经验，情况很少如此直接，尤其是对于新兴市场经济体而言。货币强势升值的时期，往往伴随着同样强劲的跨境资本流入和活跃的商业活动，而不是抑制经济活动。在实际情况中，汇率通过实体渠道和金融渠道同时影响经济。净出口渠道已经被嵌入标准的开放经济宏观模型之中[6]，但是汇率波动和跨境资本流动也会影响经济，要么通过改变外部资产负债表的构成和规模，要么通过所谓的估值调整渠道。[7]这些金融渠道与标准教科书中的贸易渠道一起，共同实现外部平衡。古兰沙等人（2019）的研究发现，多达 1/3 的调整来自估值效应，相较而言，来自贸易渠道的部分占到 41%。

为了更好地理解金融传导，我们再次进行资金流量分析。资金流动的紊乱最终会通过所谓的实际汇率影响实体经济。实际汇率表示实际购买力。可以认为这是由两个经济体的相对生产力表现决定的。因此，增长较快的经济体应该拥有更强劲的实际汇率。在自由贸易、资本流动和技术转让的帮助下，中国等其他新兴工业化经济体的生产率增长相对快于美国。[8]在 1981—2019

年，美国的实际生产率平均每年增长1.5%，日本为1.4%，韩国为4.3%，而中国为7.3%。[9] 自2010年以来，各地的生产率增长率都在下降。在美国，平均每年增长1.0%，日本为0.7%，韩国为2.0%，中国为6.1%。根据国际清算银行的数据，图5.1突出显示了美元实际贸易加权汇率的长期下降。

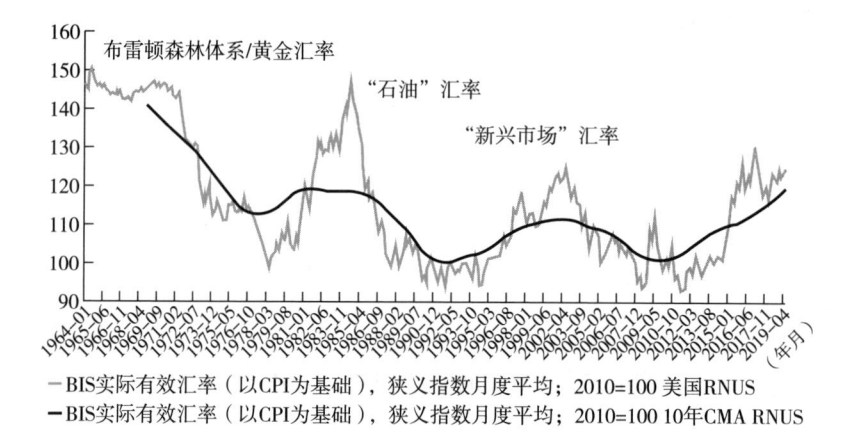

图5.1 1964—2019年美元实际贸易加权汇率指数10年趋势和政策机制

注：CPI指消费价格指数，RNUS指美元实际狭义有效汇率指数，CMA指资本市场假设。
资料来源：BIS，CrossBorder Capital。

将2016年之前的数据进行拟合得到的趋势线显示，美元的实际价值每10年下降约10个指数点，或者说下降8%。我们添加了注释来描述三个时期（在第一章中已有解释）。在这三个时期中，对美元的更大需求阻止了这种美元实际价值的下滑，并使美国的贸易条件暂时得到改善，有时甚至比其下降趋势高出20%。有观点认为，相对生产率表现的长期下降趋势可能已经结束。2016年以来的最新数据支持了这种观点。尽管这是可能的，但反对者指出，中国与美国之间的绝对生产率差距仍然明显。

通过相对价格变动调整名义汇率，可以计算出实际汇率，但这些一篮子价格的具体构成并不那么简单。我们采用广义的定义，即包括可贸易品和不可贸易品价格、工资以及资产价格。这些不同的价格类型所表现出的灵活性差别很大。在一个由大型全球企业主导的世界经济中，资产价格看上去属于最灵活之列，而可贸易商品和服务的价格则属于最不灵活之列。有文献研究过各种货币计价的价格黏性程度（Gopinath et al., 2018）。研究发现，计价货币的选择决定了出口和进口价格对汇率变动的响应。因此，在贸易计价和贸易结算中更广泛地使用美元，会改变商业活动对美国汇率变化的敏感性。全球价值链（GVC）广泛地使用美元为其库存进行融资，随着供应链的延长，其美元需求不成比例地增多。这意味着，美元更广泛地被用于计价工具，将导致价格灵活性降低，相应地，利润率、供应量和贸易量的调整变得更大。根据戈皮纳特等人（2018）的研究，美元升值1%将导致全球贸易总额在一年内下降0.6%~0.8%。一个必然的结果是，国内银行存款更深层次的美元化，迫使各国中央银行增加预防性的美元储备，以保护自身金融体系免受外部冲击。

无论是来自外部净资本流入的流动性冲击，还是来自内部生产率更快增长导致利润上升产生的流动性冲击，最初都会影响私人部门的流动性，从而触发实际汇率的变化。有利的流动性冲击往往会增加私人部门流动性的活跃程度，而这反过来会导致实际汇率升值。名义汇率变动与相对价格变动两者之间的具体分配目前尚不清晰，但通过或多或少地注入流动性，政策制定者可以影响这种分配。换句话说，如果实际汇率调整最初是通过更强劲的名义汇率产生的，那么中央银行注入更多的资金将减缓这种升值,并可能迫使商品价格和工资做出更多调整。回到我们之前关于不同价格类型响应程度差异的讨论,可以得出这样的结论:当其他价格具有黏性时,这一政策行动最终会助长金融资产价格的上涨。

的确,这就是我们在新兴市场投资后总结出的经验。各国中央银行为抑制其名义汇率(通常是兑美元汇率)的上行压力而进行的干预,往往会导致其国内房地产和股票市场的价格繁荣。20世纪80年代末的日本是另一个明显的例子。尽管在之前的10年里,日元兑美元汇率大幅上升,但升幅并未达到足以消除日本显著生产力优势的程度。日本令人瞩目的出口奇迹,造成了流动性的积聚,而不受监管和杠杆化的财团金融产品进一步助推了流动性扩张,从而催生出一个巨大的资产泡沫。资产泡沫最终在1989年12月破灭。日本金融市场价格暴跌,股价自那以后再也没能回到此前令人眩晕的高点。

我们相信,在当前的全球化体制下,政策制定者可以有效地在资产价格水平和名义汇率水平之间做出选择。新兴市场经济体,以及日本、德国和中国等出口依赖型经济体,往往倾向于保持本币相对于美元汇率的稳定。与之相反,美国和英国等由大型银行部门和深度金融市场主导的经济体的政策制定者,却把目标放在了维持甚至提升国内资产的抵押价值上,因此它们更愿意接受名义汇率走弱。这或许可以解释为什么英国和美国在困难时期往往乐于牺牲汇率,这可能也有助于解释为什么失业率和通胀率之间的传统菲利普斯曲线的权衡取舍关系似乎不再起作用。美国的名义贬值政策有着悠久的历史,这一政策曾经成功地将美国经济从20世纪30年代的大萧条中拯救出来。20世纪30年代,农业对美国经济的重要性远大于今天，因此，货币贬值的对象主要是大宗商品，而非资产。近一个世纪过去了，以信贷为基础的现代经济更需要维持抵押品的价值。乔治·F. 沃伦是两次世界大战期间一位重要的政策顾问，他在1933年4月24日给罗斯福总统的一封信中写道：

> 提高商品价格水平有且只有一个办法，那就是减少黄金在美元中的含量。本周基本大宗商品价格的上涨，与美元在外汇市场上的贬值直接相关……[10]

美国向世界其他地区"出口"美元，尽管这不会自动迫使美国出现贸易赤字或经常账户赤字[11]，但确实有可能产生这样的后果。这或许可以解释美国制造业正在进行的"去工业化"[12]，因为相比服务业而言，商品流动更容易适应国际冲击。制造业部门至关重要，因为它是未来生产率增长的重要来源。这也意味着，工业基础的收缩可能会进一步压低美国实际汇率。而由此导致的实际汇率下滑，可能反过来促使美国当局采取近乎永久性的宽松货币政策来支撑抵押品价值，然后又用紧缩的财政政策立场加以平衡。这一政策组合在导致名义汇率走弱的同时，试图确保国内金融市场稳定。然而，在此过程中，美国通过跨境资本流动慷慨地输出它的货币，并被放大为全球流动性的更大波动。理论上，浮动汇率制度的广泛采用应该可以防止这些国家的流动性冲击扩散到其他地方，但正如雷伊（2015）所表明的，实际情况往往并非如此。

图5.2描绘了这种金融调整机制。在图的左侧，最初的正向

流动性冲击增强了私人部门的流动性，这对名义汇率和资产价格都造成了上行压力。再看图的右侧，汇率变化和资产价格变化之间的精确分配取决于中央银行随后进行干预的规模。中央银行通过改变其资产负债表规模的大小来进一步助长私人部门流动性，要么直接通过放宽融资条款，要么间接通过增强抵押品价值从而提升信贷提供者的放贷意愿。该图包含了许多可以解释流动性周期和资产泡沫的正反馈效应。

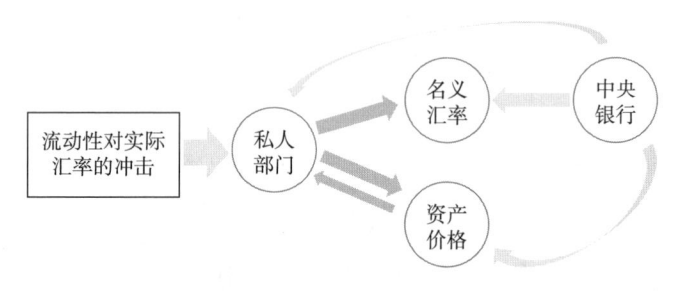

图 5.2 实际汇率调整的示意

当生产率提升以及资本流入给一个经济体的实际汇率带来上行压力时，这种精确的传导始于图 5.2 的左侧。在目标名义汇率制度下（如图中较低的路径所示），假设可贸易商品的价格水平由国际市场决定并因而具有"黏性"，那么大部分经济调整将来自服务部门的价格变动，以及尤为重要的资产价格变动。因此，生产率增长强劲、资本净流入强劲的经济体往往享受着资产价格的上涨，尤其是在其名义汇率相对稳定的情况下。此外，由于不断升值的资产价格往往会吸引更多投资者，进一步的资本流入往往会放大上述趋势，从而推动资产价格螺旋上升。

当把美国和中国放入这张图中并重新绘制时，可以发现一个重要的联系。在这种联合模式下，当美国受到一个负向生产力冲击时——可能是由于市场份额向中国企业转移——会造成对美国实际汇率的下行压力。(人民币实际汇率会面临上行压力。)在这种情况下,美联储可能会采取更宽松的货币政策,以确保资产价格基本不受影响,从而维持贷款抵押品的价值。美国国内银行业游说团体的力量可以解释其中的原因。尽管如此,结果仍是美元走弱。随着美国名义汇率贬值,过剩的流动性溢出到离岸融资和投资市场。此外,美元走弱本身既会鼓励更多的跨境放贷,也会推高全球资产价格。总之,这两种效应往往会鼓励更多的跨境资本流动。

与此同时,中国可能会将资本流入和新增出口顺差"货币化",以此应对美元对人民币名义汇率的下行压力(即人民币的升值压力)。由此产生的流动性注入支撑了不断上涨的中国国内资产价格,并可能影响到其他状况类似的新兴市场经济体。这些经济体随后迅速效仿,将外资流入货币化。于是,在各国迥然不同的政策目标下,美国最初的宽松货币政策在全球范围内被迅速放大。

由此可见,对全球流动性周期的理解,可以简单地归结为理解两个关键中央银行——美联储和中国人民银行——的动机和行动,以及美元走势对促进跨境资本流动的单独影响。这两家中央银行还间接地对这些资本流动形成控制。首先,因为名义美元走势在很大程度上取决于两家中央银行的政策行为。其次,跨境资本流动的最终方向本身往往由中国经济的节奏决定(见第九章),而中国经济的节奏又在很大程度上受到中国人民银行货币政策的影响。通过这一机制,每当中国人民银行采取相应行动时,美联储就能对全球流动性状况产生巨大的杠杆作用。

# 第五章
## 实际汇率调整

## 用数据来检验模型：美元和新兴市场货币

图 5.3 中报告的数据来自跨境资本公司数据库，展示了美联储和美国私人部门流动性扩张经过标准化之后的指数。遵循分解方法将流动性划分为若干部分，指数就是由这些部分构成的，如将银行信贷与影子银行信贷分离，并分别使用主成分进行加权。这些指数在第十三章中有更详细的解释。在更常见的货币分析中，简单地把整个货币存量作为一种无形的整体，与此不同的是，这里的分解允许我们将"质量维度"纳入讨论。由于此前已经提到过的许多原因，更多的私人部门流动性是"好的"，对汇率具有增强作用，而中央银行流动性供应是"坏的"，可能削弱汇率。图 5.3 报告了这两个指数，图 5.4 利用它们之间的差异（私人部门流动性减去中央银行流动性）来创建所谓的外汇风险指数，然后将其与美元贸易加权汇率（即有效汇率）进行比较。其中，外汇风险指数前置了 12 个月，美元有效汇率指数以偏离 3 年趋势的百分比表示。

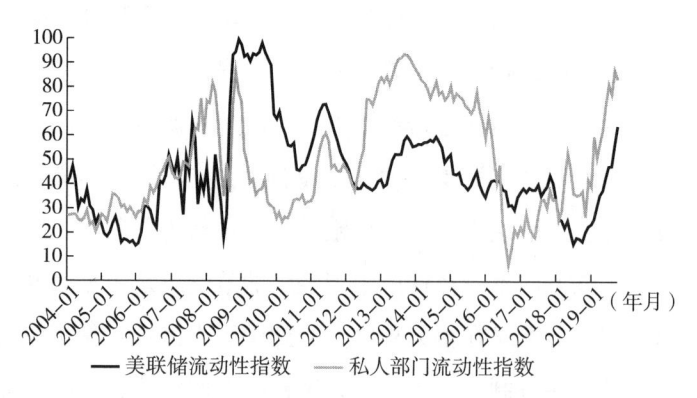

图 5.3 2004—2019 年美国私人部门流动性指数和美联储流动性指数

资料来源：CrossBorder Capital。

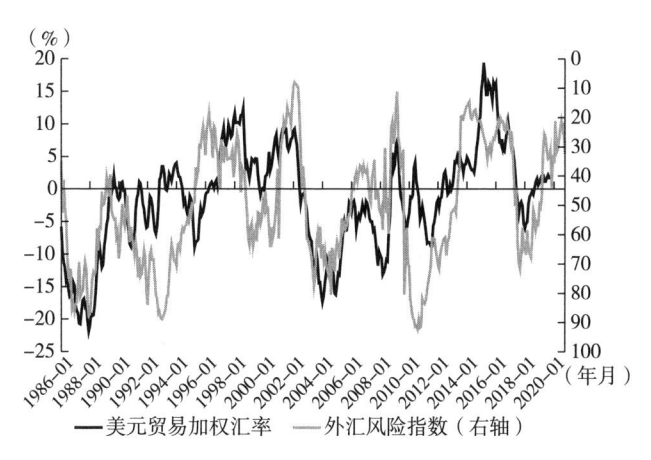

图 5.4　1986—2019 年美国外汇风险指数（前置 12 个月）
和美元贸易加权汇率（偏离 3 年趋势的百分比）

注：指数区间为 0~100。
资料来源：CrossBorder Capital。

如图 5.5 和表 5.1 所示，该模型提供了一个很好的预测未来 6~12 个月美元汇率变动的指标，表示预测效果的 $R^2$（拟合优度）较高。格兰杰因果关系检验显示，外汇风险指数似乎也是美元贸易加权汇率未来走势的单向格兰杰因果关系[13]。在美联储流动性供应过剩的时期，例如 2007—2008 年全球金融危机之后，美元也出现了疲软。相比之下，在私人部门现金流活跃的时期，比如 2010 年前后，美国科技巨头拥有强大的现金生成能力，美元会出现升值。类似的结论也适用于其他货币，甚至新兴市场货币。

图 5.6 显示了对摩根大通新兴市场外汇指数（以美元为基础）的类似分析。该图比较了新兴市场外汇风险指数和美国外汇风险指数。这两个指数的上升预示着，未来在流动性质量组合恶化的情况下，汇率可能走弱。2002—2004 年和 2012—2015 年这两组数据之间的差距分别表明，新兴市场货币即将进入走强和走弱的

时期。在第一个时期，新兴市场的外汇风险成分显著改善（即在图中下降），而美元的外汇风险成分恶化（即在图中上升）。在第二个时期，情况正好相反。美国的外汇风险处于较低水平，而新兴市场的外汇风险在2012—2013年开始大幅恶化，事实证明，这主要是由于不恰当的国内货币政策。

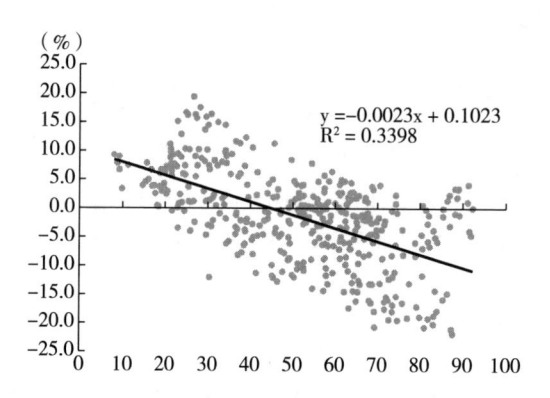

图5.5 1986—2019年美国外汇风险指数（前置12个月）和美元贸易加权汇率散点图

资料来源：CrossBorder Capital。

表5.1 美国外汇风险和美元贸易加权汇率的格兰杰因果关系检验

| 样本：1985年1月和2019年12月 | | | |
|---|---|---|---|
| 滞后期：2 | | | |
| 原假设 | 样本量 | $F$统计量 | P值 |
| 美元贸易加权汇率不是美国外汇风险的格兰杰原因 | 477 | 0.32421 | 0.7233 |
| 美国外汇风险不是美元贸易加权汇率的格兰杰原因 | | 5.91246 | 0.0029 |

资料来源：CrossBorder Capital。

汇率预测的情况见图5.7。这里将新兴市场和美国外汇风险指数的差异与摩根大通汇率篮子指数进行比较。同样，摩根大通指数被绘制为偏离3年趋势的百分比，新兴市场和美国外汇风险指数差异前置了12个月。预测效果同样比较好。外汇风险数据

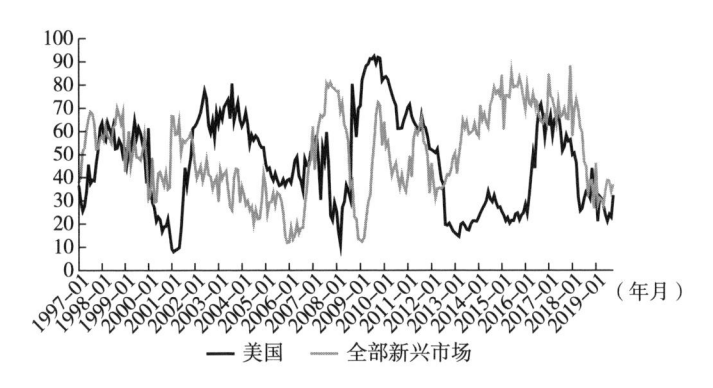

图 5.6　1997—2019 年美国和新兴市场外汇风险指数

注：指数区间为 0~100。
资料来源：CrossBorder Capital。

具有很强的单向格兰杰因果关系，外汇风险数据与未来 12 个月摩根大通外汇篮子数据之间的 $R^2$ 相当大，在统计学意义上显著（见图 5.8）。这些分析增强了我们的信念——外汇市场的走势在很大程度上取决于流动性和资本流动的质量组合（见表 5.2）。

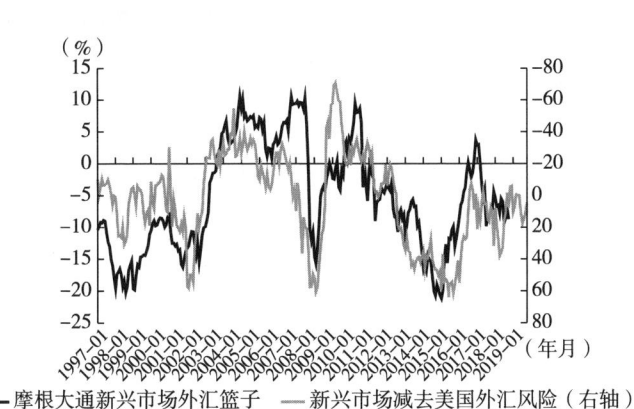

图 5.7　1997—2019 年新兴市场减去美国外汇风险指数（前置 12 个月）和摩根大通新兴市场外汇篮子（偏离 3 年趋势的百分比）

注：指数区间为 -50~50。
资料来源：CrossBorder Capital。

第五章
实际汇率调整

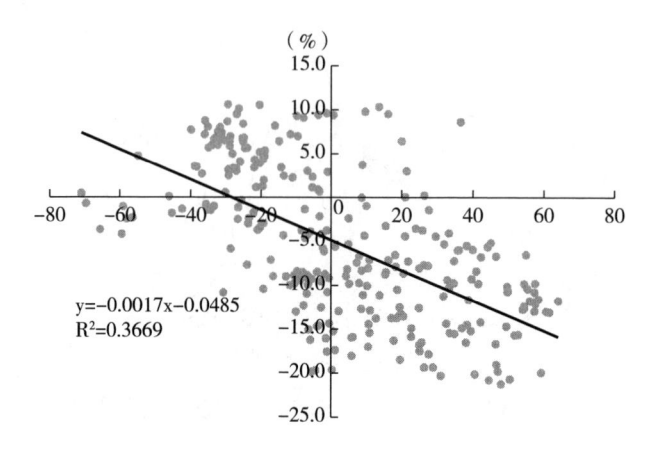

图 5.8　1997—2019 年新兴市场减去美国外汇风险指数（前置 12 个月）和摩根大通新兴市场外汇篮子散点图

资料来源：CrossBorder Capital。

表 5.2　新兴市场减去美国外汇风险和摩根大通新兴市场外汇篮子的格兰杰因果关系检验

| 样本：1997 年 1 月和 2019 年 12 月 ||||
|---|---|---|---|
| 滞后期：2 ||||
| 原假设 | 样本量 | $F$ 统计量 | P 值 |
| 摩根大通新兴市场外汇篮子不是新兴市场减去美国外汇风险的格兰杰原因 | 309 | 0.34600 | 0.7078 |
| 新兴市场减去美国外汇风险不是摩根大通新兴市场外汇篮子的格兰杰原因 | | 4.77197 | 0.0091 |

资料来源：CrossBorder Capital。

# 第六章

# 私人部门（资金）流动性

## 资金流动性

在第二章中，我们以两种不同的方式对流动性进行了分类：从买方获得现金的角度来看，我们称为"资金流动性"（即对现金流的衡量）；从卖方获得现金的角度来看，我们称为"市场流动性"（即对市场深度的衡量）。在概念上，这两个属性分别来自传统资金流量方程的左边和右边，该方程将资金的来源与使用相匹配。市场流动性经常与买卖价差所体现的"价格"和"规模"相联系，而资金流动性可以通过新流动性来源的数量和质量来衡量，即获得支付手段或现金这一终极"安全"资产。在实践中，我们通过持有现金的数量加上从银行和信贷市场借入更多现金的能力来衡量。

> **流动性：资金的一种衡量标准**
>
> 流动性可以分为私人部门流动性和公共部门流动性。公共部门流动性包括中央银行和政府的短期负债，比如流通中的现金、银行储备、逆回购、短期国库券等。私人部门流动性对应包括短期私人负债，如银行和影子银行信贷、回购和商业票据等。

除了包括私人部门和公共部门之外，流动性还具有质量和数量两个维度。与M2等货币供应量衡量的指标不同，流动性是全球性的，而不仅仅是某个国家内部的。它不仅被用于金融零售市场，而且被用于金融批发市场。它涵盖了整个私人部门，而不仅仅是零售商业银行。它不仅包括储蓄和存款，还包括可及的信用渠道。同时，由于流动性是对包括新增信贷和现有头寸再融资在内的全部资金的一种度量[1]，因此最好使用诸如私人部门和公共部门资产负债表能力的变化等总量指标来对其进行衡量，而非使用经济学中更常见的净流量指标来衡量。传统的货币供应量仅仅是流动性整体图景的一部分。

尽管以银行零售存款为主要代表的M2货币存量指标长期以来被用作流动性的度量标准，但当前，一个更好、更准确的流动性定义应该包括批发货币市场，如回购（一种担保借款形式）、商业票据和欧洲美元（主要以无担保借款的形式）。阿德里安和希恩[2]（2009）强调了这一点："货币存量指标是对储蓄银行负债的一种度量，因此在以市场为基础的金融体系出现之前可能是有用的。然而，在像美国这样的金融体系中，货币存量这一指标的用处不大。更有用的指标可能是对抵押借款的度量，比如每周的一级交易商回购数据。"

我们认为,"现代货币"的真正起点,恰恰在于传统货币供应定义的终点。换句话说,众所周知的 M0(流通中的现金)、M1 和 M2 等货币总量指标[3],只是不断增长的短期债权的冰山一角。2007—2008 年的全球金融危机已经证明,规模日益增长的短期债权可能严重扰乱市场。传统货币只是众多金融资产中的一种。零售银行也只是众多金融中介机构中的一种,虽然它仍然很重要。M2 是美国官方定义中最广泛的货币衡量标准,包括了纸币、硬币,以及投保的居民存款。它不包括机构资金管理者、公司和外汇储备管理者的无保险债权,以及离岸市场的欧洲美元——这些合起来构成了一个将近 26 万亿美元的庞大资金池,相比之下,规模约 15 万亿美元的 M2 货币供应量相形见绌。

公共部门资金[4]是支撑流动性体系的非常重要的一环,因为各国中央银行的资产负债表在其主权范围内对应着法定货币等被广泛接受的支付手段。一些学者的观点是,中央银行和财政部在本质上是同一种机构,财政部可以通过改变其短期和长期债务的融资组合,从而绕过中央银行。这种想法忽略了中央银行在决定信贷条件和控制杠杆方面所发挥的微妙作用,我们在第七章中会更直接地讨论这个问题。例如,在金融危机期间,中央银行的货币被认为是更高质量的,因为它代表了明确的债务结算方式[5]。换句话说,流动性的质量组合很重要。因此,我们更愿意从"货币质量论"的角度思考问题,而不是更流行的"货币数量论"。在经济周期中,私人部门流动性和包括中央银行在内的公共部门流动性组合的变化,是货币在质量维度波动的一个很好的例子。

流动性的质量是由不同形式货币之间的可替代性决定的,包括硬币、纸币、银行活期存款、银行信贷,以及其他金融工具等。"近似货币"的范围包括定期存款和各种货币市场工具,如汇票、商业票据、回购、短期国库券、人寿保险单的现金价值、储蓄和贷款协会的股份、储蓄债券、建筑协会存款、邮政储蓄存款、货币市场基金以及经济体中金融公司发行的大多数其他信贷工具。我们将满足以下条件的金融工具纳入我们对流动性的定义:(1)它们的价格相对稳定;(2)它们比较容易在需要时转换成法定货币。这意味着每种资产的流动性是由其转换为全额结算手段的速度决定的,而后者又取决于资产的久期[6]和它的信用质量。因此,"流动性"严格来说有两个质量维度,而不是一个质量维度。如果一种流动性资产既具有低信用风险,又具有低久期风险,那么在现实中,这意味着它是"安全"的。例如,美元钞票作为法定货币,既具有零久期风险,同时它的信用风险也为零。英国政府的金边债券的信用风险几乎为零,但根据到期日的不同,它存在一定的久期风险。资产久期本身不应该被看作一个绝对的概念,而是相对负债久期而言的,所以久期风险也因机构而异。传统的商业银行承担了相当大的久期风险,因为它持有大量的零久期负债作为零售存款。然而,养老基金的负债久期平均达到10年,因此其久期风险应该以10年期无违约风险债券为参考来衡量。这可以解释为什么10年期国债是许多投资者眼中的典型安全资产。

图6.1显示了我们根据各类信贷提供方资产负债表中的资产端对流动性的分类,包括传统的零售银行,以及影子银行,如批发银行和投资银行、金融公司和其他专业贷款人、货币市场上的自营银行、抵押贷款银行,还包括中央银行。根据定义,资产负

债表总是"平衡的",总资产等于总负债,所以我们同样可以从负债端来定义流动性。然而,为了与资金流动账户中隐含的资金来源和使用之间的顺序保持一致,同时考虑到借款决策更为主动,我们倾向于使用基于资产端的定义。

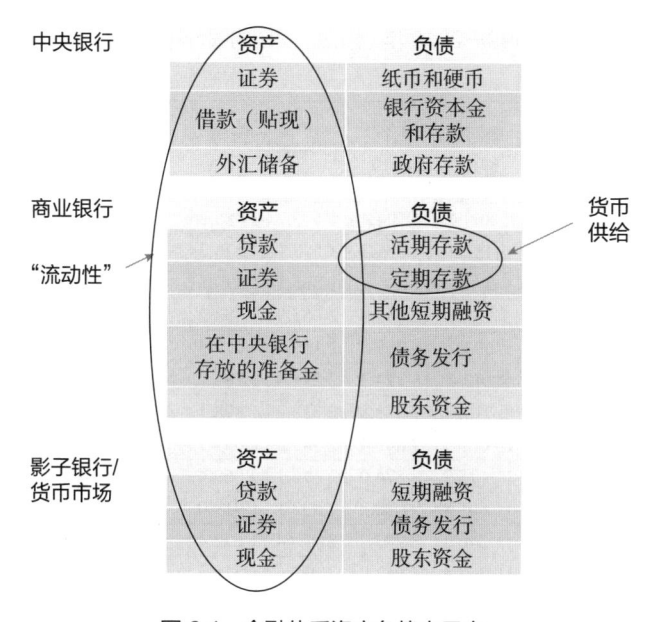

| 中央银行 | 资产 | 负债 |
|---|---|---|
| | 证券 | 纸币和硬币 |
| | 借款(贴现) | 银行资本金和存款 |
| | 外汇储备 | 政府存款 |

| 商业银行 | 资产 | 负债 | |
|---|---|---|---|
| "流动性" | 贷款 | 活期存款 | 货币供给 |
| | 证券 | 定期存款 | |
| | 现金 | 其他短期融资 | |
| | 在中央银行存放的准备金 | 债务发行 | |
| | | 股东资金 | |

| 影子银行/货币市场 | 资产 | 负债 |
|---|---|---|
| | 贷款 | 短期融资 |
| | 证券 | 债务发行 |
| | 现金 | 股东资金 |

图 6.1 金融体系资产负债表示意

表 6.1 呈现了对美国流动性的详细拆解,包括传统银行和五种主要的影子银行,不包括回购。美国整体的流动性接近 26 万亿美元,比美国 GDP(20 万亿美元)和美国传统的 M2 货币供应量(15 万亿美元)都要多。其中,影子银行占整体流动性的将近一半(见图 6.2)。影子银行[7]是由太平洋投资管理公司的分析师创造的一个术语,用来描述资产负债表以外或脱离传统银行监管机构监管范围的银行活动。图 6.3 显示了美国影子银行在过去近 50 年时间里重要性的整体上升趋势。不过,其重要性在近年

有所下降。在20世纪70年代，影子银行提供的流动性只占总流动性的不到40%，但在接下来的20年里迅速扩张，并在21世纪初达到60%的峰值，然后回落到美国私人部门流动性总量的一半左右。

表6.1 1999—2019年（预估）美国的银行和影子银行信贷

单位：10亿美元

| 年份 | 合计 | 影子银行 | 银行信贷 | 证券化 | 金融公司 | 其他消费者信贷 | 政府资助企业 | 美国商业票据 |
|---|---|---|---|---|---|---|---|---|
| 1999 | 10 313.8 | 5 809.4 | 4 504.4 | 1 503.7 | 1 085.3 | 394.2 | 2 060.3 | 1 362.8 |
| 2000 | 11 317.9 | 6 452.2 | 4 865.7 | 1 573.1 | 1 273.3 | 434.7 | 2 275.9 | 1 572.9 |
| 2001 | 12 340.0 | 7 274.3 | 5 065.6 | 1 865.1 | 1 379.8 | 453.2 | 2 702.2 | 1 437.4 |
| 2002 | 13 424.6 | 7 967.7 | 5 457.0 | 2 055.9 | 1 483.2 | 464.4 | 3 134.8 | 1 352.3 |
| 2003 | 14 392.8 | 8 603.3 | 5 789.5 | 2 159.6 | 1 610.5 | 453.0 | 3 615.9 | 1 284.2 |
| 2004 | 15 517.7 | 9 143.4 | 6 374.3 | 2 281.4 | 1 781.2 | 459.1 | 3 813.0 | 1 403.9 |
| 2005 | 16 787.7 | 9 715.9 | 7 071.8 | 2 318.2 | 1 898.1 | 494.9 | 4 009.8 | 1 662.2 |
| 2006 | 18 510.1 | 10 669.7 | 7 840.4 | 2 542.8 | 2 031.7 | 488.6 | 4 354.3 | 1 983.1 |
| 2007 | 19 749.8 | 11 175.9 | 8 574.0 | 2 656.1 | 2 069.4 | 492.4 | 4 992.3 | 1 780.6 |
| 2008 | 20 634.0 | 11 601.8 | 9 032.2 | 2 932.1 | 1 919.0 | 504.6 | 5 318.6 | 1 658.7 |
| 2009 | 20 029.3 | 11 246.2 | 8 783.2 | 2 970.4 | 1 622.4 | 590.5 | 5 491.2 | 1 148.7 |
| 2010 | 19 190.4 | 10 207.4 | 8 983.0 | 2 072.6 | 1 518.2 | 721.5 | 5 388.9 | 1 036.7 |
| 2011 | 19 362.7 | 10 254.5 | 9 108.2 | 2 167.0 | 1 468.8 | 855.2 | 5 259.6 | 937.5 |
| 2012 | 19 947.4 | 10 321.0 | 9 626.5 | 2 269.3 | 1 399.1 | 1 004.9 | 5 146.6 | 1 009.8 |
| 2013 | 20 148.6 | 10 320.4 | 9 828.2 | 2 197.8 | 1 413.9 | 1 145.1 | 5 079.4 | 1 039.1 |
| 2014 | 21 026.7 | 10 486.5 | 10 540.1 | 2 235.4 | 1 442.2 | 1 290.4 | 5 034.2 | 1 015.8 |
| 2015 | 22 108.3 | 10 765.1 | 11 343.2 | 2 462.4 | 1 310.8 | 1 439.4 | 5 041.0 | 1 026.6 |
| 2016 | 23 214.6 | 11 136.5 | 12 078.1 | 2 588.0 | 1 274.4 | 1 586.2 | 5 155.7 | 991.5 |
| 2017 | 24 094.9 | 11 554.9 | 12 539.9 | 2 727.7 | 1 253.0 | 1 725.6 | 5 314.1 | 1 045.8 |
| 2018 | 24 973.8 | 11 904.7 | 13 069.1 | 2 791.0 | 1 247.2 | 1 872.4 | 5 451.2 | 1 077.8 |
| 2019E | 25 860.5 | 12 323.1 | 13 537.4 | 2 988.6 | 1 262.0 | 1 932.1 | 5 586.7 | 1 110.9 |
| 2000—2019年变化（%） | 128 | 91 | 178 | 90 | -1 | 344 | 145 | -29 |
| 占比（%） | 100.0 | 47.7 | 52.3 | 11.6 | 4.9 | 7.5 | 21.6 | 4.3 |

注：E表示预估。

资料来源：美联储，CrossBorder Capital。

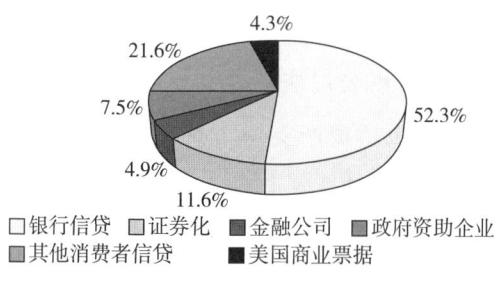

图6.2 2019年美国的银行和影子银行信贷

资料来源：美联储，CrossBorder Capital。

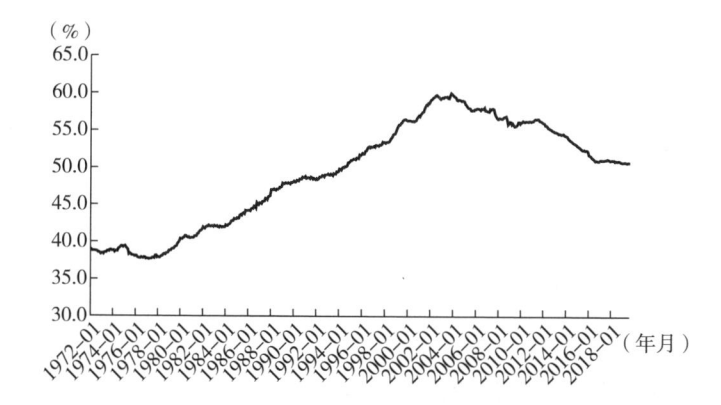

图6.3 1972—2019年美国影子银行占私人部门总流动性的百分比

资料来源：CrossBorder Capital。

美国影子银行的最大组成部分是政府资助企业，例如联邦国民抵押贷款协会，俗称"房利美"；以及联邦住房贷款抵押公司，俗称"房地美"。这些机构为较小的银行和发放住房贷款的抵押贷款公司提供资金。房利美和房地美从贷款人那里购买抵押贷款，将它们作为投资持有，或者将其重新包装成抵押支持证券，然后出售给其他人。贷款人利用向政府资助企业出售抵押贷款所获得的现金来进一步拓展抵押贷款业务。抵押支持证券是资产证券化的一个例子，而资产证券化正是影子银行活动的另一个主要类型。普遍来说，其他贷款类型的证券化通常都是由货币中心银行通过资产负债表以外的实体进行的。金融公司往往集中于生产性融资、分期付款以及消费信贷市场。包括资产支持工具在内的商业票据在2007—2008年全球金融危机之前达到了高峰，但此后重要性有所下降。

传统银行本身是高杠杆的（杠杆通常是股本的10倍左右），而且由于它们的业务主要是吸收短期存款和放出长期贷款，它们也承担了大量的到期风险。从技术上讲，到期风险由资产久期和负债久期之差来衡量。对于美国的银行来说，平均久期差约为4年。久期也是衡量银行对利率敏感性的粗略指标，利率期限结构整体每上升100个基点，就会导致负债相对于资产价值增加4%（4×100个基点）。对于杠杆率为10∶1的银行来说，它们的股权收益率将因此下跌约40%。简言之，银行对利率高度敏感。由于影子银行具有更高的杠杆率和更大的期限转换风险，利率对影子银行的影响则要更大。

因此，自全球金融危机发生以来，监管机构一直试图更好地了解和监测影子银行。金融稳定委员会[8]将影子银行正式定义为"……全部或部分处于常规银行体系之外的，涉及信贷中介的实体和活动"。根据它们的广义界定，我们估计全球影子银行的规模截至2019年超过了210万亿美元，也就是说比全球GDP规模高2.5倍。如果根据另一个狭义的界定，只涵盖暴露于最脆弱商业战略的高风险机构，影子银行截至2019年的总规模也达到约60万亿美元。这些估计值如图6.4、图6.5和表6.2所示。金融稳定委员会的结论是，截至2017年底，广义影子银行占世界金融资产的48%。与我们对美国市场约13万亿美元的计算结果相比，这一测算令我们感到震惊；但需要注意的是，金融稳定委员会的数字体现的是这些机构的总体资产规模，而不是它们的直接影子银行活动。此外，由于机构之间资产负债的相互交织，这个测算结果也包括一些重复计算，关注这一点对金融稳定监测很重要。例如，金融稳定委员会估计全球金融资产存量约为400万亿美元；而我们的计算显示，如果纯粹基于基础资产，不包括共同基金等重新包装后的金融工具在内，全球金融资产存量应该更接近225万亿美元。

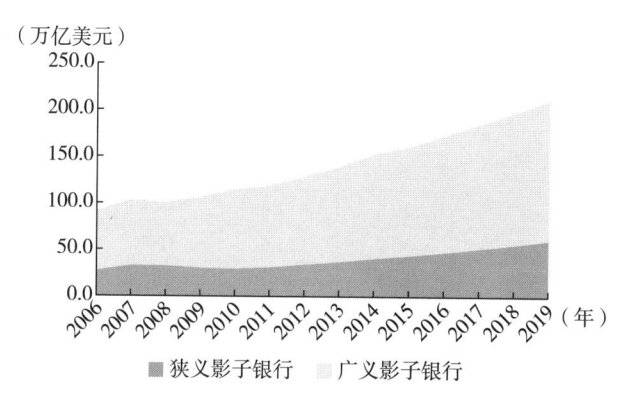

图6.4 2006—2019年世界影子银行——广义和狭义度量

资料来源：CrossBorder Capital，FBS。

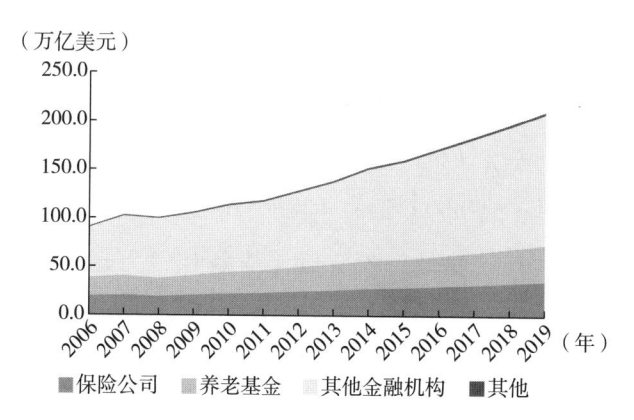

图6.5 2006—2019年广义影子银行：按主要来源划分

资料来源：CrossBorder Capital，FBS。

表6.2　2006—2019年广义影子银行：按主要来源划分

单位：万亿美元

| 年份 | 合计 | 构成要素 ||||
|---|---|---|---|---|---|
| | | 保险公司 | 养老基金 | 其他金融机构 | 金融辅助机构 |
| 2006 | 91.4 | 19.6 | 19.0 | 51.7 | 1.1 |
| 2007 | 103.3 | 20.5 | 20.0 | 61.6 | 1.2 |
| 2008 | 100.6 | 19.2 | 18.7 | 61.6 | 1.2 |
| 2009 | 106.5 | 20.8 | 20.4 | 63.8 | 1.5 |
| 2010 | 114.6 | 22.3 | 22.4 | 68.3 | 1.7 |
| 2011 | 118.7 | 23.1 | 23.4 | 70.6 | 1.7 |
| 2012 | 128.8 | 24.8 | 25.2 | 77.1 | 1.8 |
| 2013 | 139.1 | 26.0 | 27.0 | 84.3 | 1.8 |
| 2014 | 152.8 | 28.0 | 28.7 | 94.2 | 1.9 |
| 2015 | 160.7 | 28.9 | 29.5 | 100.3 | 1.9 |
| 2016 | 172.7 | 30.5 | 31.4 | 108.8 | 2.1 |
| 2017 | 185.0 | 32.0 | 33.6 | 117.0 | 2.3 |
| 2018 | 197.3 | 33.7 | 35.7 | 125.5 | 2.4 |
| 2019 | 210.7 | 35.6 | 38.0 | 134.7 | 2.5 |
| 2006—2019年变化（%） | 130.6 | 81.6 | 100.0 | 160.5 | 125.0 |

资料来源：FSB，CrossBorder Capital。

金融稳定委员会的估计涵盖29个金融区域，包括保险公司和专属保险（36万亿美元）、养老基金（38万亿美元）、投资基金（46万亿美元）[9]、货币放债人、交易经纪人（10万亿美元）、货币市场共同基金（6万亿美元）、对冲基金（5万亿美元）、结构性融资工具（5万亿美元）、信托公司（5万亿美元）、财务公司（5万亿美元）、房地产投资信托基金（2.5万亿美元），以及中央对手方（1万亿美元）。它们根据以下标准对狭义的高风险影子银行活动进行分类：（a）流动性转换风险；（b）信用风险；（c）到期风险；（d）杠杆率。表6.3中报告了这些情况。五个类别分别指：（1）"银行"挤兑的风险；（2）对短期资金的依赖；

（3）提供短期资金的中介机构；（4）信用担保人；（5）受短期资金影响的证券化。总的来说，这个60万亿美元的高风险资金池自2006年以来增长了120%，大约是2007—2008年全球金融危机时的两倍。此外，在这一总量之下，令人担忧的是，面临"银行"挤兑风险的机构的资产规模，自全球金融危机以来增加了两倍多，这主要是因为它们承担了更多的到期风险和更高的杠杆率。

表6.3 2006—2019年高风险（狭义）影子银行：按主要来源划分

单位：万亿美元

| 年份 | 合计 | 风险类型 |||||  |
|---|---|---|---|---|---|---|---|
| | | 银行挤兑风险 | 对短期信贷的依赖 | 短期信贷中介 | 信用担保人 | 短期金融信贷证券化 | 其他 |
| 2006 | 27.6 | 11.5 | 3.1 | 6.9 | 0.1 | 5.5 | 0.6 |
| 2007 | 32.8 | 14.0 | 3.3 | 7.8 | 0.1 | 6.7 | 0.9 |
| 2008 | 32.6 | 14.2 | 3.6 | 6.2 | 0.1 | 6.8 | 1.7 |
| 2009 | 30.4 | 14.9 | 3.3 | 4.0 | 0.2 | 6.6 | 1.3 |
| 2010 | 29.5 | 15.9 | 3.4 | 3.5 | 0.2 | 5.2 | 1.2 |
| 2011 | 31.2 | 18.1 | 3.4 | 3.7 | 0.2 | 4.4 | 1.3 |
| 2012 | 34.3 | 21.7 | 2.9 | 3.8 | 0.2 | 4.3 | 1.3 |
| 2013 | 37.2 | 24.7 | 2.9 | 3.9 | 0.2 | 4.3 | 1.2 |
| 2014 | 40.9 | 27.7 | 3.1 | 4.3 | 0.2 | 4.4 | 1.3 |
| 2015 | 44.0 | 30.6 | 3.1 | 4.1 | 0.2 | 4.5 | 1.5 |
| 2016 | 47.5 | 33.6 | 3.3 | 4.0 | 0.2 | 4.5 | 1.9 |
| 2017 | 51.6 | 36.7 | 3.5 | 4.2 | 0.2 | 5.0 | 2.0 |
| 2018 | 55.8 | 40.5 | 3.6 | 4.2 | 0.2 | 5.2 | 2.1 |
| 2019 | 60.6 | 44.7 | 3.7 | 4.3 | 0.2 | 5.5 | 2.2 |
| 2006—2019年变化（%） | 119.4 | 288.4 | 19.4 | −37.7 | 100.0 | 0.0 | 266.7 |

资料来源：FSB，CrossBorder Capital。

### 监管的影响

全球金融危机之后,两项监管规定推动了近期银行对类似现金资产的需求,分别是流动性覆盖率(LCR)和所谓的处置计划,它们构成了《巴塞尔协议Ⅲ》改革的一部分(http://www.bis.org)。

流动性覆盖率:流动性覆盖率为大型和在国际上活跃的银行机构建立了一个标准化的最低每日流动性要求。流动性覆盖率是一个基于公式的流动性指标,要求银行的高质量流动性资产(HQLA)大于其在30天"压力"期间的预计净现金流出量。

潜在的净现金流出估计了银行的短期借款中有多少数额不可能得到展期,以及可能会失去多少短期存款。银行每季度公开披露其流动性覆盖率的计算细节。

处置计划:也被称为"生前遗嘱",试图确保大型银行在陷入重大财务困境时能够迅速、有序地处理眼前的债务。处置计划的一部分内容是确保银行有足够的短期流动性,以满足利益相关者和对手方在出现困难时的需求。

银行可以通过汇报内部流动性压力测试的结果,来向监管机构证明其拥有足够的流动性。这些内部测试是非公开的,但人们可以预计,那些相互之间金融联系更紧密、结构更复杂的银行持有更多的高质量流动性资产。

## 中介链条和批发货币的增长

总的来说,信贷市场已经变得更加国际化,更加相互关联。

信贷市场涉及复杂的由中介机构组成的链条,并越来越多地使用基于市场的抵押品来融资。目前,现有头寸的再融资轻松超过了新增融资活动。换句话说,融资总额或信贷供应总额的急剧增长,已经远远超出新增信贷的增速。根据国际货币基金组织的数据,影子银行贡献了融资总额的约2/3,但它们只贡献了不到15%的新增信贷供应。影子银行实质上是在改造传统的银行资产和负债,并在更长、更复杂的中介链条中对其进行再融资。例如,A借钱给B,B再借给C,等等。在此过程中,它们为那些不想将其所有流动资产作为(无保险的)活期存款持有的机构投资者提供了价值储存的替代媒介,例如资产支持证券等。因此,影子银行主要是对现有储蓄进行重新包装和循环利用。通过延长中介链条,产生更多的证券,它们参与了巨额的批发融资,却没有创造出很多新增信贷。因此,影子银行通过放松银行的资本要求,增加了传统银行体系的弹性。例如,向外部的政府资助企业(如美国的房利美和房地美)出售贷款,或在内部将贷款转化至资产负债表外,从而提高信贷乘数。经济运行的大部分时间都存在投机性的借贷冲动,这似乎与利率无关。凯恩斯曾将此称为"无借贷边缘"。诚然,影子银行不可能单枪匹马地掀起导致2007—2008年全球金融危机的信贷热潮,因为它们本身也依赖银行信贷。然而,这种以短期回购为基础的批发融资模式,其脆弱性加剧了系统性风险,因为它是以抵押品为基础的,受市场定价影响,而且具有高度的顺周期性。更重要的是,它经常会给零售银行的融资和贷款账簿带来负面影响。

影子银行的兴起绝不仅仅是一个新的经济现象。几十年前,格利和肖(1960)就在文章中预言了很多影子银行模式带来的机会及风险。他们提出了一个重要的观点，即在一个不断增长的经济体中，非银行金融机构会激增，而这会动摇传统货币政策的有效性，并对金融体系造成威胁。他们认为，不仅银行会影响经济增长和金融稳定，整体的金融结构也会影响经济增长和金融稳定。戈德史密斯（1985）后来也提到了这一点。事实上，在某些情况下，大多数商品、金融债权以及应收账款，都可以被调动起来创造流动性。因此，维护金融稳定变得更加具有挑战性，许多新兴金融中介机构会试图使用它们手中流动性较差的证券去创造新的流动性工具，而这样做有时是有问题的。这就凸显了流动性质量的重要性。由于流动性反映的是对债务再融资至关重要的资产负债表的总量，所以流动性通常可以作为预示未来金融稳定性的一个重要晴雨表，而不是预示未来通货膨胀的晴雨表。这种脆弱的弹性加上肆无忌惮的金融创新，解释了金融史教给我们的道理：支付体系常常需要一定程度的流动性支持，而这种流动性支持是除了庞大的国家之外任何私人实体都无法提供的。例如，在20世纪30年代的大萧条期间，货币经济学家弗里德里希·哈耶克在著作《价格与生产》中指出，"……还存在其他形式的交易媒介，它们偶尔或长期地承担货币职责……这些货币替代品的数量的任何增加或减少，都会产生与货币本身数量的增加或减少完全相同的效果……我们可以将这些流通信贷与其他不作为货币替代品的信贷形式区分开来，因为它们在为某些人提供了购买商品的手段的同时，却没有削弱其他人的货币购买能力……这些信贷形式的特点是，它们的出现不受任何中央管控，而一旦其出现，为了避免信贷崩溃，它们必须可以兑换成其他形式的货币"（Hayek，1933）。

推动这种弹性变化的具体情况会随着时间的推移而变化，然而，撇开放松管制不谈，影子银行增加的主要原因是，在公司和机构现金池的带动下，作为替代资金来源的批发货币出现了快速增长。在全球范围内，这些现金池的总额可能超过30万亿美元。它们的出现构成了我们经常描述的西方金融体系"极化"的一部分：大规模的结构性变化迫使许多以前的贷款方——如银行——成了批发市场的借款方，而许多以前的借款方——如公司——成了贷款方。这些公司和机构现金池是由未投资的企业基金、外汇储备管理人持有的流动资产、主权财富基金和机构财务管理人持有的现金，以及衍生品市场的现金抵押业务组成的。传统上，零售银行在居民储户和企业借款方之间扮演资金中介，但在过去20年里，这些资金的流动方向发生了逆转。一个关键原因是第三章中提到的来自新兴市场生产者的竞争加剧，逐渐破坏了西方国家新资本的边际利润，因此对进一步投资支出的可行性提出了质疑。但与此同时，它也加强了从现有产业运营中提取更多现金流的动力，从而进一步丰富了企业的可投资基金池。1997—1998年亚洲金融危机后的不确定性，进一步使许多新兴市场经济体通过积累巨大的外汇储备作为保险以应对汇率波动。于是，公司和机构现金池的规模已经超越了银行体系的规模。它们庞大的存款额度通常超过了政府零售存款保险的门槛，而且银行本身也受到了新的资本和流动性法规的限制，从而无法接受这些存款，例如银行监管机构规定的所谓流动性覆盖率。因此，不断膨胀的公司和机构现金池迫切需要更多的替代性短期流动性投资工具，它们进而转向了短期国库券、资产支持商业票据、回购和其他类似的抵押品工具。达里斯塔（2009）曾在2007—2008年全球金融危机发生后不久写道:"……大型机构越来越依赖的短期融资策略也造成了该系统在全球流动性爆炸面前的脆弱性,因为资产被货币化,成了用于购买更多资产的抵押品。杠杆率上升导致的流动性加剧了系统固有的顺周期性,导致了经济繁荣时期的信贷扩张和下滑时期的快速收缩。"

### 主权财富基金

主权财富基金是指国有的投资基金,为了国家的利益在全球范围内投资实物资产和金融资产,其资金通常来自石油等大宗商品的贸易收入,或者来自一国大量的外汇储备。最新的估计表明,全球主权财富基金直接控制着8.1万亿美元的资产,但如果把养老金基金和发展基金(7万亿美元)以及外汇储备基金(8万亿美元)包括在内,总数就超过了20万亿美元。最大的主权财富基金是挪威政府养老基金(1.1万亿美元),其次是中国投资有限责任公司(9 410亿美元)、阿布扎比投资局(6 970亿美元)、科威特投资局(5 920亿美元)和中国香港金融管理局的投资基金(5 090亿美元)。

在这些公司和机构现金池的帮助下,批发货币市场在近几十年内已经发展到了举足轻重的地位。事实上,我们认为批发货币市场是全球流动性背后的"发动机"。尽管自2007—2008年全球金融危机以来这些市场的扩张变动较为温和,但图6.6体现了它们之前在美国急剧扩张到近10万亿美元的规模。美联储在这些市场中也发挥了巨大的作用。批发市场日益成为零售银行存款的补充，它们为美国和国际信贷以及流动性提供资金的比例在不断上升。2004—2008 年，仅美国经纪人 / 交易商的金融负债就增加了一倍多，总额达到 5 万亿美元。纽约联邦储备银行[10]称："……我们在最近的金融危机中看到，三方回购市场过度依赖日内信贷的大规模扩展，这是由回购交易的每日解约和续约时间驱动的。据估计，到 2007 年，回购市场规模达到 10 万亿美元——这与美国商业银行体系的总资产在同一个数量级。而且，任何特定经纪人 / 交易商的日内信贷都可能接近 1 000 亿美元。此外……由于较低的回购折扣，风险被低估了——折扣是指资金提供方要求抵押品价值高出所提供资金价值的部分。"

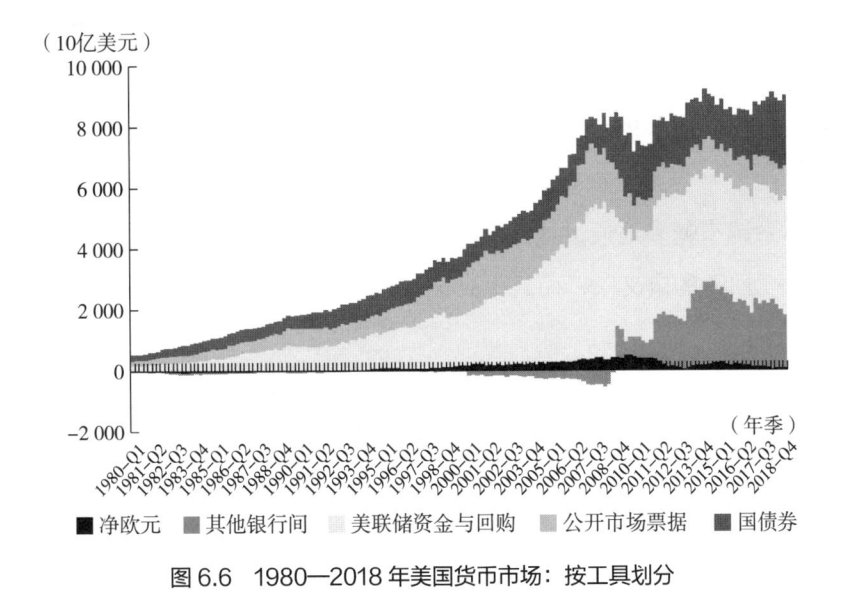

图 6.6 1980—2018 年美国货币市场：按工具划分

注：Q 表示季度。
资料来源：CrossBorder Capital。

## 抵押品和回购交易的兴起

在过去的 25 年里，批发货币市场、影子银行和传统零售银行之间的联系已经变得更加复杂。事实上，在许多情况下，影子银行就是传统商业银行自己的分支机构，有时也是传统商业银行自己拥有的处于资产负债表以外的工具。这一方面是因为金融创新和放松管制模糊了银行、保险公司和对冲基金之间的区别，另一方面是因为资本流动的结构性变化带动了之前提到的公司和机构现金池的兴起。图 6.7 呈现了美国货币市场在理论上的流入和流出情况。公司和机构现金池需要安全的短期流动性资产，在缺乏商业银行和国家供给（如中央银行逆回购和短期国库券）的情况下，该类资产现在由非银行私人部门提供，主要是以回购和资产支持商业票据的形式。出于对安全流动性工具的渴望，这些现金池经常与影子银行签订出售和重新购入协议（即回购）。信贷体系越来越多地通过这些回购市场进行运作（参见下一页的文本框"回购的定义"），而且中央银行也常常积极地参与其中。

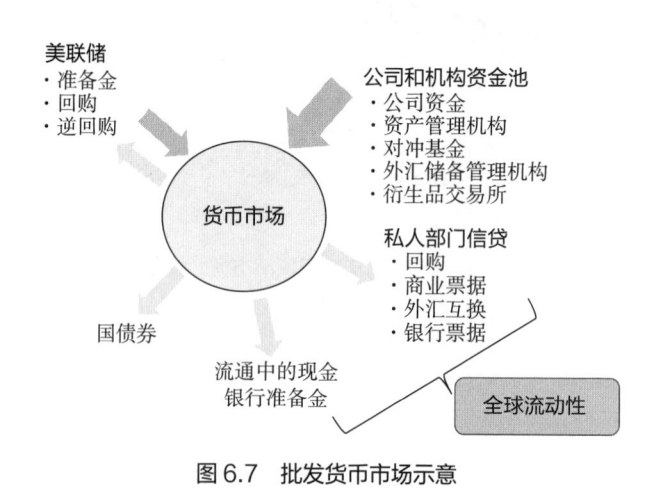

图 6.7　批发货币市场示意

> **回购的定义**
>
> 　　回购（出售和重新购入协议）是一种金融交易，其中一方将资产出售给另一方，并承诺在未来某个预先指定的日期回购该资产。回购类似于抵押贷款，但其在破产法下的处理方式往往有利于现金投资者：在破产的情况下，回购投资者通常可以出售其抵押品，而不是像在抵押贷款中那样受到自动中止的限制。逆回购是回购的反向操作，相当于撤回流动性。

　　回购协议（或称"回购"）是一种短期借贷手段。它们本质上是一种有抵押的银行间借贷形式，其市场规模已经超过了2008年以前的无抵押银行间贷款市场，因为市场参与者现在更喜欢有抵押的借贷，甚至连银行之间也是如此。由于回购市场不限于传统银行，它已成为中央银行的主要货币政策工具。然而，与联邦基金市场不同的是，回购的杠杆率很高，这导致政策制定者的任务更加困难，需要更频繁地干预。当银行囤积预防性现金时，中央银行往往需要注入"巨大"的流动性来支持市场。各种类型的金融机构都在回购市场进行资金交易，如银行、证券经纪商、保险公司、养老基金、对冲基金、共同基金，以及大型企业和政府机构等。传统银行可能已经不再是最大的贷款来源，但它们仍然在很大一部分这类交易中充当中介。越来越多地使用回购、套利交易和货币互换，凸显了金融部门资产负债表能力的重要性。回购机制将政府债券、外汇和高评级公司债务等"安全"资产捆绑在一起作为抵押品，用其当作借款的担保。根据市场条件和提供的资产类型，贷款人会给抵押品的价值打折扣，从而为自己留一个安全边际。在现实中，美国国债和德国国债是质量较高的抵押品。回购中的借款方提供抵押品，如优质评级债券，然后获得对应该资产价值的资金，并承诺以后以更高的价格买回来（即回购）。贷款期限可以是隔夜、7天、14天、90天或更长。通常这些抵押品会被再次借出（再抵押），因此在传统的部分准备金零售银行之外产生了信贷供应。如今，这个国际回购市场规模巨大，抵押品的规模为8万亿~10万亿美元，非银行贷款人往往持有比传统银行更多的资产。美国回购市场活动见图6.8。在全球金融危机之前，回购市场急剧扩张，交易总额（即购买加销售）在2008年达到峰值，超过7万亿美元，净额则达到了1.6万亿美元。此后两者都有所回落，2019年净额约为5 000亿美元。

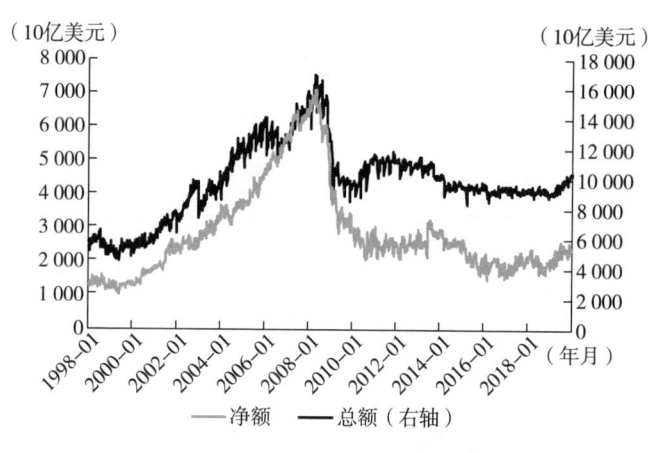

图6.8 1998—2019年美国回购市场：净交易额和总交易额（周度数据）
资料来源：纽约联邦储备银行。

抵押贷款保护贷款人免受借款人违约的影响。公司和机构现金池的主导地位促使抵押品的应用大量增长，以及随着相关再抵押协议的发展，这些协议允许在其他交易中使用已抵押的抵押品。[11]再利用抵押品允许以类似于教科书中的货币创造过程的方式创造信贷。在该过程中,存款－贷款乘数发挥作用,并受到中央银行准备金要求的制约。抵押品代表了高能货币,抵押品折扣相当于银行准备金率,而抵押品链条的长度,即抵押品被重新质押的次数,相当于传统的货币乘数。然而,与教科书上的模型相比,在现代信贷体系中对交易对手方的风险的信任以及贷款人的风险偏好显然起着更大的作用。而在教科书模式里,起到关键作用的是政府监管,如法定准备金要求、最后贷款人制度和存款保险等。抵押品乘数也是内生的,由市场决定,并且对投资者的风险偏好很敏感。这种风险偏好可以通过例如芝加哥期权交易所波动率指数来衡量,或通过所谓的风险价格来体现。

通过再抵押更密集地使用抵押品,意味着相同的债券可以多次参与回购交易。根据国际货币基金组织的估计(Singh, 2019),这种所谓的"抵押品乘数"在2007年高达3倍。虽然全球金融危机后抵押品乘数呈下降趋势,但之后又反弹到2倍左右。这在表 6.4 的数据中有所体现。再抵押拓展了现有的抵押品,使资金流动性更具弹性。然而,抵押品的持续再抵押是有限度的,因为抵押品折扣会逐渐减少相关底层资产的信贷创造潜力。抵押品的"折扣率"反过来也决定了杠杆率能达到的最高水平,2%的折扣率意味着杠杆率可以达到50倍。它们与适用于传统信贷的贷款条款类似,也会受到市场波动和利率上涨的不利影响,并且在实际中波动很大。更重要的是,由于很多机构都指望着在出现风险事件时动用同样的抵押品,再抵押也面临着过度杠杆化的风险。而且,鉴于中介机构的资产负债表相互关联,这又进一步加剧了系统性风险。在一些关键时期,这种风险可能会激励预防性地囤积抵押品和现金的行为，从而可能导致流动性在可互换性消失时出现更大规模的崩溃。而在危机期间，可互换性的消失是不可避免的。例如，在2007年4—8月全球金融危机爆发前，美国国债的抵押品折扣率从0.25%跃升至3%，而资产支持证券的折扣率从4%左右飙升至近60%。于是，杠杆率的潜在空间从25∶1崩溃到仅仅1.7∶1。此外，应该谨记的是，虽然持有抵押品在一定程度上有助于应对信用风险，但期限转换风险仍然存在，资产久期和负债久期之间存在差距，而且它在很大程度上取决于能否对头寸进行展期或再融资。

表6.4　2007年及2010—2017年质押抵押品以及抵押品乘数

| 年份 | 来源 对冲基金（万亿美元） | 来源 证券贷款（万亿美元） | 来源 合计（万亿美元） | 质押抵押品（万亿美元） | 抵押品乘数（流通速度，倍数） |
|---|---|---|---|---|---|
| 2007 | 1.7 | 1.7 | 3.4 | 10.0 | 3.0 |
| 2010 | 1.3 | 1.1 | 2.4 | 6.0 | 2.5 |
| 2011 | 1.4 | 1.05 | 2.5 | 6.3 | 2.5 |
| 2012 | 1.8 | 1.0 | 2.8 | 6.1 | 2.2 |
| 2013 | 1.85 | 1.0 | 2.85 | 6.0 | 2.1 |
| 2014 | 1.9 | 1.1 | 3.0 | 6.1 | 2.0 |
| 2015 | 2.0 | 1.1 | 3.1 | 5.8 | 1.9 |
| 2016 | 2.1 | 1.2 | 3.3 | 6.1 | 1.8 |
| 2017 | 2.2 | 1.5 | 3.7 | 7.5 | 2.0 |

资料来源：Singh（2019）。

因此，批发货币市场的规模越大，对抵押品的需求就越大。由此产生的对抵押品的追捧鼓励了高评级债券的发行，而高评级债券通过创造更大的资本空间，又给更多低评级债券发行创造了机会。于是，中央银行针对货币市场的量化宽松政策，或许能够部分解释近期美国企业信贷市场规模的膨胀。如果不考虑2007—

2008年的全球金融危机时期，美国未偿付的公司债务存量平均而言相当于货币市场规模的50%~60%，表现相当稳定。

## 流动性乘数

私人部门流动性的扩张可以通过某些关键资产的倍数来考虑，这些关键资产通常被称为"安全"资产，有时也被称为高能货币。如图6.9所示，扩张资产负债表需要按相应比例增加这些安全资产的持有量。在实践中，传统的基础货币和抵押品资产池之间可能存在着双重乘数关系，它们共同对资产负债表的扩张施加了监管限制和风险审慎限制。各种教科书里流行的传统货币乘数模型，其本身已无法有效描述现代经济中的流动性创造了。首先，它只涵盖了传统的零售银行，而正如我们已经论证了的那样，零售银行正日益被其他信贷提供者所取代，例如影子银行。其次，它忽略了抵押品的作用，正如我们已经看到的那样，随着信贷提供者越来越多地从批发货币市场获得资金，抵押品也变得越来越重要。最后，在实践中，银行贷款既没有受到存款不足的限制，也没有受到中央银行准备金的限制。不仅国内和离岸的批发货币市场可以经常为银行提供替代资金，而且银行通常会先贷款，然后再寻找必要的资金。这使传统银行与所有其他金融机构不同，因为它们可以发行自己的债务，如活期存款，后者又充当了非银行部门的支付手段。因此，传统银行，至少在理论上，应该比其他金融中介机构面临更少的资金限制，从而使它们的借贷更具弹性。只要自身满足资本要求和监管要求，或者间接通过影子银行规避资本要求和监管要求，传统的银行体系就应该能够通过发放新贷款的方式创造新的支付手段，以满足额外的信贷需求。在传统的教科书模型中，这些银行还能够得到作为最后贷款人的中央银行和作为存款保险提供者的政府机构的支持。现实并非总是如此简单。在全球金融危机爆发之前，银行过度杠杆化，因为它们错误地认为银行间市场可以提供更大的流动性支持，以及错误地认为信用违约互换（CDS）能够提供额外的保险。

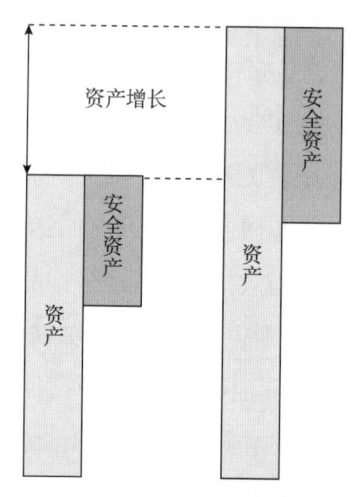

图6.9 安全资产和资产负债表扩张示意

基础货币由美联储等中央银行创造和控制的所谓高能货币组成。然而，金融创新、放松管制和高速跨境资本流动使官方机构的影响力受到挑战。新形式的高能货币已经出现，它扩大了基础货币的有效规模，使信贷提供者可以由此独立于中央银行而扩大流动性。换句话说，在美国，美联储资产负债表的规模已不再是美元信贷体系的基础货币。美国的美元体系已经扩张到超出了美联储的控制。如今，高能货币还包括离岸美元存款池，如欧洲美元市场，任何缺乏准备金的商业银行都可以从中借入资金。此外，我们还注意到影子银行具备提供抵押品以在货币市场上创造信贷的能力，这也在美联储的控制之外。影子银行可以对上述抵押资产进行回购，由此吸引来自大型公司和机构现金池的资金，而此类资金反过来又可以转贷给传统银行进行融资。诚然，自全球金融危机爆发以来，美国货币当局尝试夺回对美国基础货币的控制权，其举措包括接纳非银行信贷提供商，以及修订美国税法从而削减离岸欧洲美元市场现金池中的可用资金。

图 6.10 显示了全球流动性的层级架构。如该图所示，私人部门流动性位于倒金字塔的顶端，它的扩张取决于涉面更窄的高能货币，后者包括中央银行的资产负债表（即传统的基础货币），以及：（1）离岸批发市场；（2）私人部门可用的抵押品池。上述两个额外的高能货币来源已超出基础货币的传统定义，并可视作"影子基础货币"。

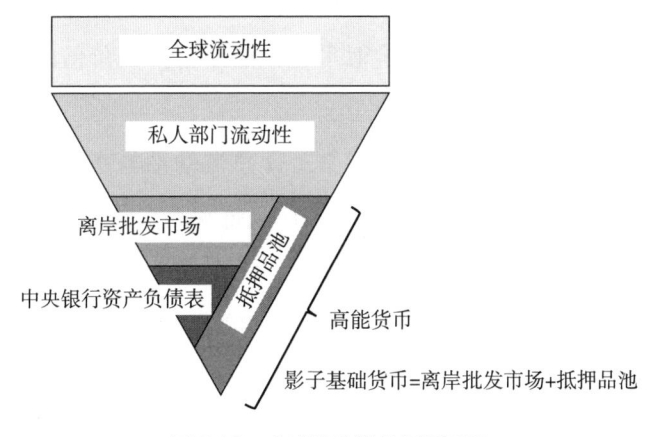

图 6.10 全球流动性的层级示意

在传统的金融模式中，零售银行利用杠杆化的资产负债表对储蓄资金进行循环。增加基础货币，会引起银行贷款量的扩大。

超额准备金使银行能够按比例扩大其存款，进而提供更多的贷款。正如前文指出的那样，这一角色如今在很大程度上由批发货币市场承担，抵押品/贷款乘数取代了以前的准备金/存款乘数。中央银行和货币市场自营银行之间增加回购交易（即购买和出售国库券），以便使后者能够提高杠杆。在这种传导渠道下，仍然需要中央银行扩张其资产负债表，也就是扩张传统的基础货币。假设中央银行通过回购注入资金，这将增加货币市场交易商的现金资源，交易商将支付短期融资，但会保留债券的息票付款，并减去一些保证金。这使交易商能够在公开市场上购买更多的债券，并有可能再次回购这些债券。进一步而言，金融市场上其他领域的冒险行为也会受到激励，包括催生更多的贷款需求。随着抵押品本身价值的攀升，贷款供应可能会受到二次效应的进一步刺激。一些专家担心，这种传导机制可能会受到影响，因为根据定义，中央银行的回购会从私人部门抽走宝贵的抵押品。然而，根据经验，这种负面的影响似乎会被随后抵押品价值的增长所抵消。

图 6.11 估计了世界货币乘数（即总流动性与基础货币的比率）以及相应的狭义抵押品乘数和广义抵押品乘数（即总流动性与安全资产的比率）。安全资产的定义，狭义上仅仅包括发达国家政府债券的存量；广义上则将所有的流动性资产，如发达国家和新兴市场国家的银行存款和货币市场基金均纳入其中。[12] 数据显示，货币乘数曾呈上升趋势，在 20 世纪 90 年代末达到接近 15 倍的峰值，并在全球金融危机前再次达到一个较小的峰值。接着，在危机发生后，由于中央银行大量投入现金进行支持而下挫。广义和狭义的抵押品乘数都显示出很强的稳定性，并自 2000

年以来分别趋向 1 倍和 2 倍平稳增长。换句话说，私人部门的流动性随着抵押品价值的增加而上升。在千禧年之前，与中央银行的资金相比，抵押品可能是一个不太重要的制约因素，但此后它的重要性日益凸显。图 6.11 中显示的狭义抵押品乘数的数值与表 6.4 所示的国际货币基金组织的估计值相似。如果更多的抵押品对未来的流动性增长是重要的，那么当前世界上很多国家普遍采取的财政紧缩政策很可能会间接地削减金融市场上宝贵的安全资产抵押品。

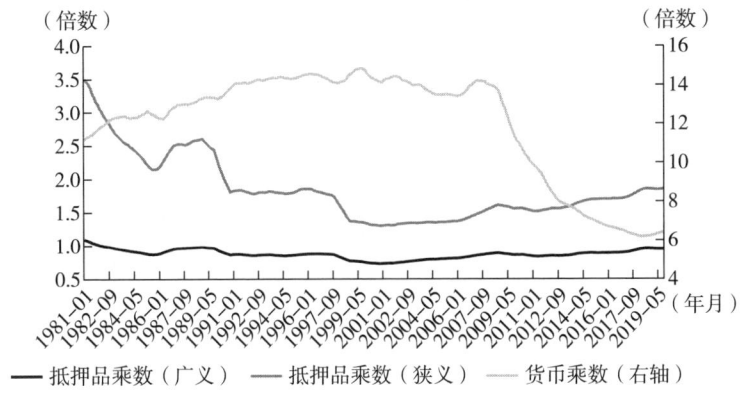

图 6.11 1981—2019 年世界货币乘数和抵押品乘数

资料来源：CrossBorder Capital。

## 再融资风险？

总之，流动性应该被看作一个总的资金概念，它代表了金融资产负债表的规模。我们选择使用广义的流动性定义，既涵盖"全球"或跨境效应，也能更深刻地表明如今的流动性已经超越了传统的零售银行部门，延伸至包括公司现金流、回购以及批发货币市场。今天,大多数信贷采取抵押贷款的形式,且来自批发货币市场而不是银行,这些信贷的资金最终来源于公司和机构现金池。它们主要被用于现有头寸的再融资,而不是用于新增投资。在一个以巨额未偿债务展期融资为主,而非以为大规模新增资本项目融资为主的世界里,资产负债表的容量或流动性,比利率水平或资本成本更为重要。流动性可以分为私人部门流动性和中央银行流动性两个方面,私人部门能够使用高质量、较长期限的证券作为抵押品,而中央银行则在紧急情况下充当流动性的后盾。我们需要不断地对高额债务进行再融资,这意味着当融资停止或放缓时,危机就可能爆发,而危机也可能因为缺乏足够的优质抵押品和/或中央银行抽回流动性支持而产生。当这两种情况像 2007—2008 年那样结合在一起时,就会爆发巨大的危机。作为结论,量化紧缩和公共部门减少政府债券供给的紧缩政策,构成了一个危险的组合,可能会给金融市场带来剧烈且持续的波动。

图 6.12 证实了这种风险,它呈现的最新数据显示了美国银行超额准备金持有量(即超过法定要求的准备金)和美国货币市场资金流量之间的密切关联。该图凸显了 2013 年发生的所谓"缩减恐慌"。当时美联储发出了紧缩政策的暗示,紧接着引发了市场抛售,导致 2019 年 9 月回购率飙升至 10%,远高于当时 2.14% 的联邦基金利率。这两个事件都发生在货币市场资金流量短暂下降到 1 万亿美元的临界值以下之时,银行的超额准备金也降到了 1.5 万亿美元的临界值之下,这一指标在全球金融危机后被《巴塞尔协议Ⅲ》大幅提高。这些临界值未来可以成为美国货币当局不敢跨越的流动性警戒线吗?

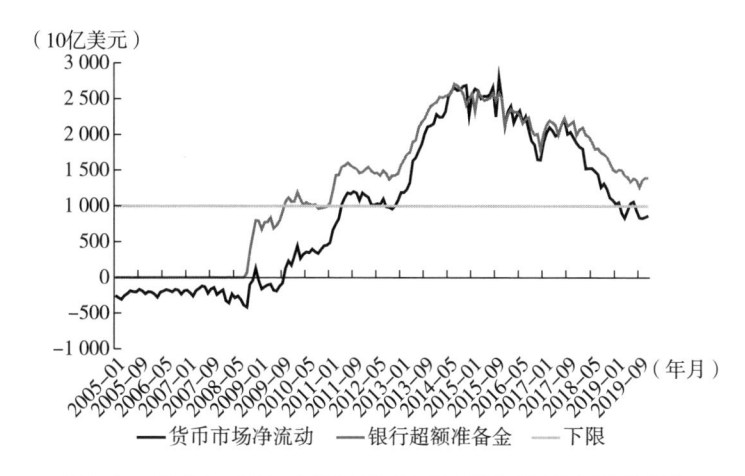

图6.12 2005—2019年美国货币市场净流动和银行超额准备金

资料来源：美联储，CrossBorder Capital。

第六章
私人部门（资金）流动性

第七章

中央银行：不要与美联储对抗，
不要惹恼欧洲央行，要读懂中国人民银行

## 中央银行是做什么的？

维多利亚时代的伦敦，金融市场如同过山车一般起伏不定。在见证了这一点之后，白芝浩成为第一批正式提出中央银行能够发挥积极作用的人。他在《伦巴第街》(1873)中警告说："货币不会自己管理自己，伦巴第街有大量的货币需要被管理。"然而，在一个半世纪后的今天向前展望，我们可以看到，私人部门的创新、国际资本的自由流动，以及中国等新兴经济体的强劲崛起，已经逐步淡化了中央银行的传统权力。毫无疑问，如今的货币经济学会围绕两个关键点展开辩论：一个是替代性货币，如加密数字货币；另一个是替代性的政策刺激形式，如"人民的量化宽松"和现代货币理论。虽然中央银行仍然发挥着至关重要的作用，但同时也饱受争议。英国银行家弗朗西斯·巴林[1]认为，英格兰银行是"……确保货币机器和信贷机器的每一个部件都能够正常运转的中心或支点"。而美联储前主席本·伯南克则讥讽道：

"货币政策是98%的'说',加上2%的'做'。"

本章有意回避了美联储、欧洲央行、日本银行和中国人民银行货币政策的诸多细节与技术性差异,也回避了有关中央银行"未经选举的权力"这一哲学问题的讨论,更不会评价曾在中央银行身居高位的名人,如保罗·沃尔克、三重野康、艾伦·格林斯潘和马里奥·德拉吉等。相反,我们试图理解中央银行对金融体系的影响。我们想要强调的是,在实践中,中央银行仍然有相当大的实际权力,但是它们正在丧失掌控力。中央银行享有特殊地位,因为它们可以通过货币政策在固定的政策利率下,为金融体系的有效运作提供它们认为必要且充足的流动性。大体上可以归纳为两种操作[2]渠道:

- 利率和"前瞻性指引"政策;
- 改变中央银行资产负债表的规模和构成。

尽管如此,中央银行的理论和实践之间还是存在着很大程度的脱节。一般认为,较低的预期利率会推动更积极的经济活动,从而有助于政策制定者实现稳定物价和促进充分就业的任务。然而,越来越多的人开始质疑,降低利率能否确定无疑地有效改善货币条件。[3]这些疑问源自供求关系的不利影响,例如低利率或负利率可能对银行的盈利能力和回购市场的运行产生拖累,而超低政策利率可能对降低通胀预期和提高投资者对"安全"资产的预防性需求产生二次效应。举例来说,布伦内迈耶和科比(2019)[4]提出了"逆转利率"这一概念。逆转利率是指政策利率的有效下限,一旦政策利率低于这个下限值,继续降低利率就会产生政策收缩效应。它通过银行的净估值和资本充足率来发挥作用，因为在盈利方面，银行要么选择新业务的较低利差，要么选择债券头寸的较大资本收益。一些人认为，量化宽松可以通过降低潜在的资本收益来提高中期逆转利率。如果这个论点是关于金融稳定的临界点，而不是政策刺激，可能会更有说服力。如果利率降到临界值以下，系统性风险可能会升级。

无论中央银行怎么说，它们在实际中对利率的期限结构几乎缺乏有效的控制，特别是面对规模庞大且经常波动的国际资本流动时，或者当银行家拒绝贷款（如2019年美国回购市场紧张时期）和债务人不愿借款时，它们有时甚至无力决定流动性的数量。《伦敦旗帜晚报》于1932年10月24日刊登了一幅由戴维·洛绘制的漫画，如今看来非常有先见之明。当时人们担心中央银行政策会失去效力，而漫画描述的正是饱受此类困扰的20世纪30年代。这幅漫画描绘了伦敦的银行家们在一个装有"被锁定的资本"的保险箱周围徒劳地奔跑，而领头的是一个看起来满怀希望的人，他就是当时的英格兰银行行长蒙塔古·诺曼。当时英国国库券的利率刚刚从1929年的5.26%下降至1932年的1.49%，但中央银行的流动性还是没有流动起来。

一个值得思考的问题是：在现代信用货币体系中，流动性是如何被创造出来的？更值得思考的是，随着电子和数字货币的广泛采用，未来流动性创造又会出现怎样的变化？近年，中央银行为受其监管的银行进入贴现窗口提供担保，在美国，美联储通过联邦存款保险公司为每个银行储户前25万美元（在欧盟是10万欧元，在英国是8.5万英镑）的损失提供担保。此后，银行储户可以获得"第一损失"基础上的保障，但以银行的股本总量为限。银行可以在其资产负债表上加杠杆，约束条件是资金可获得性，以及在某些情况下受到法定准备金和资本充足条件的约束。国家担保意味着花旗银行的一单位存款等同于富国银行的一单位存款，这使存款可以在银行之间作为债务结算手段平价地进行转移。换句话说，花旗银行的1美元信贷与富国银行的1美元信贷价值相同，这使花旗银行名义上的美元与富国银行名义上的美元相同，与美联储的美元也没有区别。转账是通过清算所进行的。在清算所里，银行之间按照净额进行支付。18世纪70年代，在伦敦伦巴第街附近的五铃酒馆的一个房间里，世界上最早的清算系统之一开始运行。可以简单推测一下，一个由国家中央银行拥有和维护、基于一体化国家账本的电子货币系统会发生什么事。这打破了传统的信贷创造机制，使零售银行不再有能力创造支付手段从而自动为自己融资。假设由中央银行负责国家的数字账本，其资产负债表的规模将立即成倍增加，因为它会包含零售银行的存款。这可能会催生低利率、零利率甚至负利率的极端货币政策。但是，在这种情况下，中央银行的资产负债表将不再代表高能货币，也不再会有传统意义上的信贷乘数。相反，抵押品将在降低信用风险方面发挥更大的作用，而传统银行在未来可能会发展成专业贷款人。它们可以尝试使用更高的利率来竞标存款以获得资金。然而，这些"无担保"的存款将面临更大的信用风险，因此其单位价格会像传统证券一样波动。传统银行将不能再创造和流通支付手段，所以在这类转账付款系统中，中央银行将不得不按照经济的需求，以一定的速度扩大电子货币的供应。电子货币和数字货币之间的区别可以从对集中式账本的信任程度上看出来。数字货币，可能是加密的，理论上包含无可争议的"内在"价值，可以作为分散的无记名工具在人与人之间转移，不需要清算和结算。在这个层面上，它们似乎与集中式电子货币相反。但在弹性和创造新信贷方面，数字货币和电子货币面临着完全相同的问题。

对于所有的货币体系而言，保障必要的资金循环和支付手段的弹性都是持续面临的挑战。历史表明，政策制定者在危机中往往被迫做出反应，而且极富创造性：

> 我们用尽一切手段，以我们之前从未采用过的方式向外贷款。我们接纳以股票作为担保，我们购买国库券，我们为国库券垫付，我们不仅直接贴现，还为汇票存款垫付了大量资金；简言之，我们采取了一切手段，只要其与促进银行安全的目标相一致；我们有时也不太友善；我们看到公众处于恐慌之中，因此提供了我们能力范围内的一切帮助。
>
> ——杰里迈亚·哈曼，
> 《银行秘密委员会关于恢复现金支付的报告》，
> 英格兰银行（1819）

这似乎与教科书中描绘的央行官员形象大不相同。在教科书里，他们宛如冷静的工程师，时不时停下来擦拭政策机器，把它擦得和凯迪拉克汽车引擎盖一样闪亮。正统理论中隐含的观点是，通过控制短期政策利率的水平和预期的未来路径，中央银行可以沿着收益率曲线逐步扩大其影响。长期利率的变化会影响资本支出，还能通过影响商业周期的波动来改变通货膨胀率。在这个因果链中，有几个可疑的环节。第一，短期利率和长期利率经常发生分化，因为债券的期限溢价非常不稳定。[5]第二，长期利率是否会影响资本支出周期这一点尚不明确。第三，商业周期决定通货膨胀的观点是基于菲利普斯曲线模型提出的，而这个模型的可靠性越来越差。与经济学中普遍存在的二分法观点相反，我们认为通货膨胀和通货紧缩更多的是实体经济现象，而不是货币或金融现象。同样，我们认为实际利率在金融市场上主要由债券期限溢价和信用风险溢价的波动决定，而不是完全由实体经济驱动。我们可以在19世纪末找到支持我们观点的证据：当时一方面出现了资产价格与流动性的脱节，另一方面出现了资产价格与通货膨胀的脱节。尽管在南非黄金产量飙升后，"全球流动性"大幅跃升，但技术进步和物流条件改善往往导致物价下降（美国的10年平均消费价格指数一直保持在4%以下，直到1918年），并导致华尔街股票价格在1896—1912年跃升了2.5倍。因此，声称中央银行的政策已经精准到能够通过修补短期政策利率来选择一个理想的通货膨胀率，不是异想天开吗？

但是，为什么中央银行主要关注通货膨胀目标呢？尽管许多中央银行在最初起源时只是政府的资金管家，但大多数中央银行通常会逐渐承担起负责金融和货币稳定的职能，直到后来，它们被赋予了控制通货膨胀的任务。我们之前质疑过一个流行的说法，即通货膨胀总是一种货币现象。这主要是因为在过去20年里，几乎可以肯定地说，低通货膨胀率受到了廉价进口商品的强烈影响。试图实现一个不可能实现的目标，代价可能是金融越发不稳定。同时，许多专家提出疑问：中央银行的数量操作行为与财政部发行国债到底有什么不同？毕竟，以美国为例，美联储约

4万亿美元的资产负债表远远小于23万亿美元的美国未偿国债存量，而后者2019年以来正以每年1.5万亿美元的速度扩张。美联储和美国财政部这两个政府部门，既同时参与了货币政策，又同时参与了财政政策，所以事实上，它们之间存在着一种连续性。两者都提供"安全"资产，但美联储更专注于银行和货币市场，而财政部则主要与长期资本市场打交道。

安全资产的供应是一个非常重要的功能，因为安全资产不仅支撑了金融部门的资产负债表，还使其得以继续扩张。在一个需要对大笔债务进行再融资的世界里，庞大的资产负债表能力十分关键。而在一个主要为新增投资提供资金的机制下，关键在于利率和资本成本。资金状况这一背景常常被忽视，而正是由于资金状况非常重要，才导致中央银行资产负债表的规模和构成变得非常关键。增加高能货币会给整体流动性带来乘数变动，我们可以通过这种乘数变动来衡量货币传导的效果。图7.1显示了这一点，它展示了全球流动性和各国中央银行货币量的年度变动，以美元计价。尽管中央银行流动性和全球流动性之间的变化并非一一对应，但图中仍然显示了两者之间的密切联系。

自2007—2008年全球金融危机以来，两者的关联变得更加明显。如图7.1所示，中央银行货币的波动会导致全球流动性更大幅度的变化，而在全球流动性崩溃和经常性的绝对收缩之前，似乎总存在中央银行货币的缓慢增长期。

资金状况取决于许多方面。抵押品的有效可得性（即考虑到贷款人所采取的不同折扣率），以及通过欧洲美元和互换市场在国际上获得资金的能力，都需要包括在内。这导致基础货币的范围超越了中央银行资产负债表的规模，引入了新的高能货币来

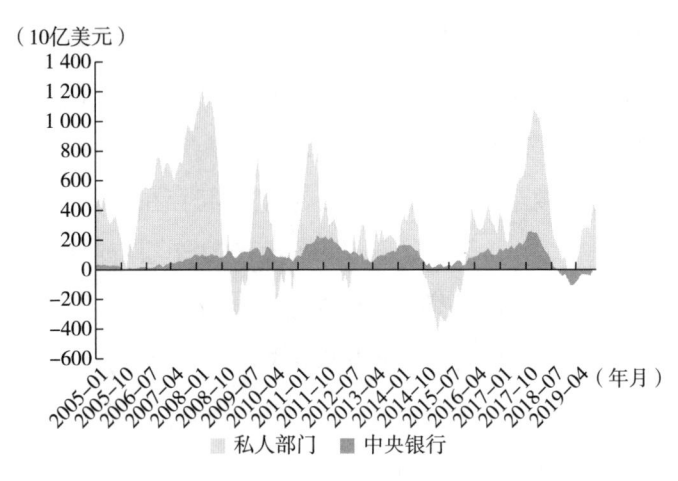

图 7.1　2005—2019 年世界中央银行流动性供应以及全球流动性（12 个月变化）

资料来源：CrossBorder Capital。

源。这些新的来源，或者我们所说的影子基础货币，通常显示出不同的特征。基于市场的批发资金往往是顺周期的，而且往往是短期限的，与此前可靠的零售存款资金模式大不相同。此外，许多中央银行约束其货币体系的能力往往不足，因为它们体量较小，或者因为它们仅仅关注特定的国内机构（如零售银行）。这些资产负债表政策传统上被称为公开市场操作，但现在它们被更形象地称为量化宽松，或大规模资产购买。此外，还有与之相对应的量化紧缩。标准的教科书模型中，假定银行的资金完全由零售存款提供，假定信贷是由这些存款创造的，并且受到准备金的约束，而准备金缺口由中央银行设定的政策利率计价。在实践中，流动性是不可替代的，特别是在危机期间，银行更经常受到资金限制而不是准备金限制。现在资金可以从许多渠道获得，只不过，相对零售渠道而言，不太可靠且反复无常的批发渠道正变得越来越重要。例如，金融市场的一个重要结构性变化在于，许多实体企业已经成为银行的批发资金提供者，而非净借款人。因此，尽管中央银行明确规定了政策利率，但由于风险溢价的潜在巨大波动，市场利率也会有所不同。

一些中央银行在全球金融危机之后采取的货币政策措施在最初被认为是"非常规的"。现在10多年过去了，它们已经变得稀松平常。许多人认为，如果这种政策持续下去，未来风险会越来越高。尽管我们承认非常规货币政策对实体经济的影响可能出现收益递减的情况，但它们必须与传统的利率政策相比较，如前所述，传统的利率政策可能会产生零收益甚至负收益，特别是当利率下降到非常低或负值时。此外，金融部门本身切实感受到了许多非常规政策在改善金融稳定性方面的实际价值。

非常规货币政策可以被更宽泛地看作数量型政策，即中央银行利用其资产负债表来影响资产价格和金融条件，而不仅仅是调整短期利率。大规模资产购买或量化宽松，是非常规货币政策的一种例子。这些资产负债表政策无论是在概念上还是实践上，都与利率政策不同。这不仅仅是因为短期政策利率的设定可以独立于金融体系中银行的准备金数量。资产负债表政策的主要传导渠道是通过改变私人部门资产负债表的构成来实现的。假设标的资产不是完美替代的，那么通过改变私人投资组合的构成和风险特性，例如通过购买风险资产，中央银行[6]就可以降低收益率并缓和资金条件。这表明，零售银行的法定准备金并不像人们认为的那样重要。相反，中央银行购买或出售的资产类型，以及由它直接影响的信贷规模更为重要。

在概念上，我们应该指出，中央银行并不一定就是某个经济体的货币当局。因此，高能货币并不总是与所谓的储备货币或央行货币同义。[7] 储备货币本身是由流通中的货币加上受监管银行在中央银行的准备金组成的。储备货币的总数占了中央银行资产负债表规模的很大一部分，但它也应该包括所有作为货币当局一部分的相关机构的资产负债表。这一总体资产负债表和储备货币之间的差异，主要是由持有的房地产等非金融资产和非私人部门负债（如持有的公共部门存款）造成的。货币当局是一个比中央银行更广泛的概念，涵盖了国家对货币体系的整个控制机制，它可以包括中央银行以外的机构。因此，政策决定可能涉及多个官方机构参与，政策也会同时着力于利率设定和市场上买卖的金融资产的数量和类型。虽然财政部经常对汇率进行控制，但执行政策决定的可能是中央银行。例如，在中国，货币当局的概念似乎就应该包括国家外汇管理局。在日本，庞大的原大藏省资金运用部——它也是邮政储蓄系统的管理者，在20世纪90年代初一度成为世界上最大的金融机构——也常常被纳入货币当局的定义中。更普遍的是，政府与资金相关的每个政策都会影响国家的货币条件，无论是出售多少债务、债务的具体到期日、债务作为抵押品的用途，还是中央银行持有的国库余额是否应当增加或减少。

鉴于政策制定者从2007—2008年全球金融危机中吸取了教训，全球资金体系在某些方面面临的未来风险较低，因为：（1）银行拥有了更多的资本；（2）监管机构变得更加警惕，并遵循更为严格的宏观审慎分析；（3）货币互换额度的规模更大，国际货币基金组织可提供的资金更多；（4）中介链条更短、质量更高、更易理解，极端的影子银行几乎不复存在；（5）通过改变中央银行资产负债表的规模和构成，以及提供充足的高质量"安全"资产抵押品，公共部门现在正在发挥更大、更积极的作用。然而，严重的不平等问题仍然存在，比如对美元的严重依赖，以及是否允许外国人使用美联储互换额度这一决策的政治化，这在2010年美国《多德－弗兰克法案》发布之后变得越发严重。现在更重要的或许是谁来入主白宫。另外，未来的风险也会有所不同，因为零售银行已经被有效地监管起来，信贷业务大幅减少，现在它们基本上是作为类储蓄和贷款组织（如建筑协会或抵押贷款银行）在运作。相反，货币和资本市场已经成为资金的关键渠道，也是决定流动性周期和危机频率的关键因素。这些市场上绝大部分的活动都是监管者无法掌握的。货币市场和资本市场是通过批发资金系统联系在一起的。虽然高质量的抵押品供给对批发资金至关需要，但如图7.1所示，事实表明，如果没有中央银行庞大的资产负债表的支持，现代金融体系很难运作。英格兰银行的安德鲁·豪泽2019年的一次演讲[8]指出了这一点："……从历史角度来看，庞大的资产负债表会一直存在……在向金融体系提供流动性方面，我们负有比以往更大的责任……"

诚然，在一个零售存款不再是唯一的资金来源，且监管相对放松的金融体系中，中央银行具有超强的影响力，因为在这个体系中，最重要的是为头寸进行再融资的能力，而中央银行才是流动性的最终边际提供者。为了更好地理解这种传导，从本质上来看，我们需要把西方的金融体系当作一个"资本再融资和分配机制"，该机制被广泛用于延展现有的头寸。现在的西方金融体系已经不是单纯地用于获得新资金的"资本筹集机制"了。目前需要再融资的全球债务数额巨大，而金融衍生工具又普遍存在风险，这一切都需要稳健而可靠的机构拥有庞大的资产负债表能力。再融资功能意味着，资本的数量（也就是流动性的数量）比资本的成本（也就是利率）更为重要。利率和流动性供应之间的关系很少是一一对应的，在全球金融危机后更是如此，这一点毫不奇怪。再融资功能同时也意味着资金数量（总额）有别于新增信贷（净额），而且前者要远远大于后者。我们已经论证过，这种批发资金具有高度的顺周期性，但到何种程度仍然尚不明朗。假设再融资需求较多且较稳定，那么以下三个因素结合起来会共同迫使中央银行经常介入：（1）私人部门货币市场流动的内在周期性；（2）流动性的不均衡分布；（3）流动性在危机中不可替代，而且危机发生时正是最需要流动性之时。中央银行对货币市场进行干预，有时通过干预资金流动性的规模进行，有时会直接通过干预市场流动性的深度进行，这会大大影响金融体系的弹性。美联储的量化宽松操作和美国货币市场之间的这种联系，可以看作历史上法定准备金要求依然重要时中央银行和零售银行之间的联系。

尽管如此，这仍然是一个有争议的领域。在2007—2008年全球金融危机发生之前，中央银行主要通过两种手段实施货币政策。第一种手段是短期政策利率，例如美国联邦基金目标利率，这也是最主要的手段。第二种手段是通过其官方沟通或所谓的"前瞻性指引"来影响公众对政策利率未来路径的预期。但是，随着政策利率趋近于零，它能提供的刺激会越来越弱，甚至由于它实际上会阻碍信贷供应而变得适得其反，当然这一点存在争议。因此，当美国联邦基金目标利率在2008年12月达到最低点零的时候，也就是全球金融危机刚刚过去后，美国的政策制定者便在接下来的 5 年中进行了三轮大规模资产购买,被命名为 QE1（第一轮量化宽松）、QE2（第二轮量化宽松）和 QE3（第三轮量化宽松）:

- 2008 年 11 月 25 日,联邦公开市场委员会宣布了 QE1:美联储提出购买高达 1 000 亿美元的房利美和房地美债务,以及另外 5 000 亿美元的机构抵押支持证券。2009 年 3 月,该计划得以延期和扩张。到 2010 年 3 月 QE1 结束时,美联储已经购买了 1.25 万亿美元的抵押支持证券、1 750 亿美元的联邦机构债务,以及 3 000 亿美元的美国国债。
- 2010 年 8 月,联邦公开市场委员会发出信号,QE2 将从 2010 年 11 月开始实施。QE2 包括总共购买 6 000 亿美元的美国长期国债。
- 2012 年 9 月,联邦公开市场委员会宣布了 QE3,包括每月购买 400 亿美元的机构抵押支持证券,并从 2013 年 1 月起进一步购买 450 亿美元的美国国债。

一些人认为,量化宽松政策在提振经济方面是无效的,而且,它不仅没有稳定金融体系,实际上还制造了新的风险。但根据学术文献,量化宽松政策能够通过诸多潜在渠道影响实体经济,例如:

- 收益率。量化宽松直接影响了国债和抵押支持证券的收益率,但不同轮次的量化宽松在这方面效果有所不同。克里希纳穆尔蒂和维辛－约尔根森（2011,2013）发现,

QE1 和 QE3 降低了抵押支持证券和国债的收益率。他们的研究显示，抵押支持证券收益率受到的影响更强烈（在两轮中都是如此），QE3 对抵押支持证券收益率的影响比 QE1 小得多。此外，仅由国债购买组成的 QE2 对收益率的影响有限。

- 抵押贷款再融资。迪马焦等人（2018）的研究表明，当美联储在 QE1 期间购买抵押支持证券时，它引发了现有抵押贷款的再融资热潮，特别是那些符合美联储购买条件的抵押贷款。以较低的利率对现有的抵押贷款进行再融资，增加了每个家庭的净资产。由于家庭债务负担得以减轻，从而使他们能够增加消费。因此，在家庭维持房屋资产持有的前提下，量化宽松可以通过提高抵押贷款再融资的吸引力刺激总需求。

- 银行贷款。达尔穆尼和罗德扬斯基（2017）研究了量化宽松对银行贷款的影响。他们发现，在量化宽松之前拥有更多抵押支持证券的银行，比没有持有抵押支持证券或持有量较少的银行享有更快的贷款增长速度。因此，通过购买抵押支持证券，美联储能够产生额外的银行信贷供应。就像传统的降息政策一样，量化宽松可以鼓励更多的银行贷款，这反过来又会催生更积极的经济活动。

另外，我们可以把这些影响以及其他影响划分为两个更宽泛的传导渠道：（1）信用渠道；（2）风险承担渠道。这两种渠道在某种程度上可能是重叠的。信用渠道是指所有改变整个金融体系流动性数量的行为，例如不仅限于量化宽松的主动政策宽松、跨境资金流入、汇率变化以及抵押品效应。在前面的第一章和第五章中,我们强调了汇率和跨境流动维度的重要性。第八章还会对它们进行进一步分析。风险承担渠道包括投资组合效应,以及改变风险资产持有量和安全资产持有量之间的比例的行为。第十章对风险承担渠道进行了更深入的研究。风险承担渠道的影响可能间接来自中央银行更大量的量化宽松,来自对不断变化的商业环境的看法,来自地缘政治的冲击,以及诸如市场波动性降低和抵押品价值上升带来的"乐观情绪"的影响。

值得指出的是,采用事件研究法的文献侧重研究量化宽松在很短的时间窗口内对资产价格的影响,因此,它可能只捕捉到了瞬时效果,而这些效果后来被更大的长期风险变化所淹没了。于是这类文献低估了量化宽松在两个方面的影响,一是将资产久期降低至目标以下,二是提高风险偏好。情况似乎确实如此,因为这些研究中所引用的许多例子都是短暂的,而且往往在几个月后就被推翻了。例如,考虑一下 QE1、QE2 和 QE3 对美国国债和公司债券收益率的影响。在每一轮量化宽松中,持续的量化宽松政策最终都推高了期限溢价,收紧了信贷利差。图7.2显示了2007—2015年美国10年期国债期限溢价(经通货膨胀和波动率调整)的情况,阴影区域表示量化宽松实施时期。当流动性充裕时,出现违约的概率会降低,系统性风险也会下降,从而激励投资者沿着风险曲线向外移动,从政府债券等"安全"资产转向风险较高的资产,如股票、公司信贷和新增资本项目等。这也会激励信贷供应商从国债中转移出来,在较高利润的吸引下从事贷款,而这会推高国债收益率。国债收益率的上升会造成期限溢价拉高。同样,随着流动性水平的下降,这一过程也会逆转,因为投资者和信贷提供者会争相寻求安全保障，所以最终会出现较小的甚至是负的期限溢价和较低的政府收益率。因此，量化宽松政策并不会减少债券收益率，而是更可能使之上升。无论是从绝对收益率水平来看（在美国，量化宽松的三个阶段平均上升了134个基点），还是从参考短期政策利率的相对水平来看，都是如此。

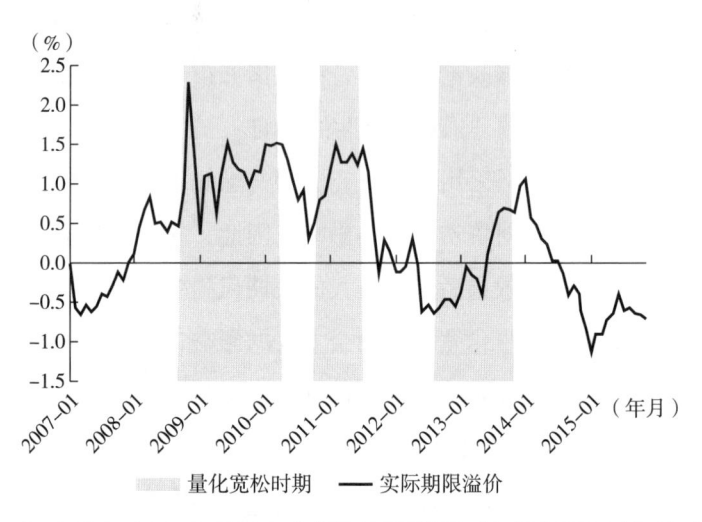

图 7.2　2007—2015 年美国 10 年期国债期限溢价（经通货膨胀和波动调整）
资料来源：纽约联邦储备银行，CrossBorder Capital。

然而，许多学术界和中央银行的研究人员对资产负债表效应的真实影响仍持怀疑态度，我们将在第十章再次讨论这一悖论。例如，普遍的观点认为，自 2007—2008 年全球金融危机以来，美国的整个量化宽松计划可能使债券收益率降低 50~100 个基点[9]，而不是导致债券收益率上升。此外，这些专家没有看到 2015 年以及 2017 年的量化紧缩政策是如何通过改变风险偏好，从而按照流动性分析预测的那样导致市场利率和期限溢价崩溃的。2013 年 5 月，美联储缩减量化宽松的步伐引起了投资者的恐慌，被称为"缩减恐慌",但这还只是大麻烦的早期预兆。2019年再次出现的紧张局势迫使美联储重申了量化宽松所发挥的关键稳定作用,尽管美联储的资产负债表"正常化"进程已处于计划之中,但他们仍坚持表示,政策将维持灵活状态,"……(如果)我们正常化计划的任何方面以某种方式干扰了我们实现法定目标,我们会毫不犹豫地改变它,包括改变资产负债表政策"(美联储主席鲍威尔,2019年1月)。而且,为了强调这一点,联邦公开市场委员会的同事也紧跟着表示,"……我们将毫不犹豫地改变……正在进行的资产负债表正常化计划"(美联储副主席克拉里达,2019年1月)。"……所以,我不排除改变资产负债表的可能性"(波士顿联邦储备银行行长罗森格伦,2019年1月),以及"……如果我们需要,就会对缩减资产负债表的政策做出调整"(达拉斯联邦储备银行行长卡普兰,2019年1月)。2019年以后发生的事件使他们信守了诺言!

美联储最新的资产负债表是什么样子的?表7.1显示了美联储截至2019年8月中旬的资产负债表。在接近4万亿美元的资产负债表中,基础货币占到86%。外国资产仅占资产负债表的1%,主要是因为美元是国际结算手段。与此同时,美联储还持有总额为3.5万亿美元的其他政府的官方储备资产,占其总资产的91%,作为资产负债表的表外项目保管。美国的货币扩张提高了新兴市场经济体的外汇储备,这种扩张可以通过美国基础货币的原始扩张来追踪,也可以通过对这些新兴市场的二次、局部影响来追踪。假设这些经济体将美元"影子化",其外汇储备的这一增长不仅会在国内被货币化,还可能体现在美联储官方保管的美元的增长上。[10] 在这些官方保管的美元资产池的基础上加上美国的基础货币，就得到了我们认为的"美元基础货币"。这是对那些使用美元的经济体或"影子化"美元的经济体的基础货币的一个粗略衡量。有些人认为，这7.5万亿美元可以代表130万亿美元的全球流动性池子。但事实并非如此，因为它的规模太小了。不过出于其他原因，它仍然是一个有用的、值得被监测的总量指标。

表7.1 美联储资产负债表（截至2019年8月21日）

单位：百万美元

| 资产 | | 负债 | |
| --- | --- | --- | --- |
| 储备银行信贷 | 3 725 869 | 基础货币 | 3 269 085 |
| 持有证券 | 3 591 937 | 流通中的现金 | 1 751 265 |
| 美国国债 | 2 088 920 | 存放在联邦储备银行的准备金 | 1 517 820 |
| 短期债券 | 3 001 | 逆回购协议 | 301 218 |
| 长期债券，名义 | 1 945 599 | 存放在联邦储备银行的其他存款 | 198 466 |
| 长期债券，通胀挂钩 | 116 545 | 其中：美国国债一般账户 | 131 447 |
| 通胀补偿 | 23 775 | | |
| 联邦机构债务证券 | 2 347 | 其他负债 | 44 377 |
| 抵押支持证券 | 1 500 670 | | |
| 信贷 | 358 | | |
| 黄金和外汇储备 | 37 070 | | |
| 其他资产 | 183 781 | | |
| 总资产 | 3 813 146 | 总负债 | 3 813 146 |
| 备忘录：托管证券 | | | |
| 可交易的美国国债 | 3 030 813 | | |
| 联邦机构债务和抵押支持证券 | 358 293 | | |
| 其他证券 | 80 656 | | |
| 借给交易商的证券 | 21 407 | | |
| 合计 | 3 469 762 | | |

资料来源：美联储，美国财政部。

全球流动性由私人信贷资金主导，但由于它主要以美元计价，美联储不得不充当事实上的国际"最后贷款人"[11]，尽管美联储的法定权力只来自一个国家。美联储本质上是一个国家中央银行和国际银行家银行的混合体。在2007—2008年全球金融危机期间，这种国际最后贷款人机制是通过美联储和选定国家的中央银行之间的美元流动性互换网络来实现的，后者替其国内银行从美联储获得资金。近期，亚当·图兹（2018）的思辨性研究阐释了从2007年12月到2010年8月，美联储是如何——主要是向欧洲的银行——提供约10.1万亿美元（按标准衡量则为4.45万亿美元）的。与此同时，外汇互换市场也在不断扩张，以提供额外的、主要是美元的流动资金。然而，一些专家仍然担心，这种跨货币的互换系统不仅偏离抛补利率平价理论，而且偏离的程度似乎与美元汇率的强弱正相关。这种溢价可以用金融摩擦来解释，但是正如我们将在第八章中指出的，它的系统性变动反映了资产负债表能力缺乏和/或对套期保值策略的更大需求导致的美元稀缺。

因此，这些外汇储备的变动对基础货币和流动性总量增长都会产生显著的影响。美元计价和美元主导地位意味着外汇市场的任何变化都会影响全球流动性，无论是外汇储备的变化还是利率平价的变化。自1981年以来，世界外汇储备的年增长率与世界中央银行货币总量年增长率之间的简单回归分析显示，拟合优度指标（$R^2$）[12]为39.9%（相关系数为0.63）。而将全球流动性与世界外汇储备进行回归，其拟合优度为49.3%。对新兴市场经济体（未包含中国）进行同样的计算，得出的数字分别为38.4%和39.4%。即使将样本的时间维度缩小到从2005年开始，类似的结果也适用。然而，当同样的分析应用于近年的中国时，却出现相关系数急剧下降的情况，这表明外汇储备不再是驱动中国流动性的唯一因素。例如，在2005—2016年，当中国大量积累外汇储备时，其外汇储备和基础货币（总流动性）的拟合优度达到了40.9%（29.7%），但在那之后（2017—2019年），该统计数字下降到只有2.2%（5.4%）。这些结果不仅体现了美联储和美元在国际金融市场上的重要性，而且也预示着我们越来越需要关注中国人民银行日益独立的举动。

## 世界中央银行货币

图7.3、图7.4和表7.2详细介绍了世界中央银行流动性总量的变化，以及细分到主要国家政策制定者的情况。总的来说，自2000年以来，中央银行货币增加了6倍多，超过了20万亿美元，其中大约14万亿美元来自2007—2008年全球金融危机以来的所谓量化宽松政策。乍一看，发达国家和新兴市场国家的中央银行在这一时期的资产负债表增长速度大致相同。然而，仔细观察会发现，瑞士国家银行（3 002%）、英格兰银行（1 460%）和中国人民银行（932%）的增幅较为突出。相比之下，美联储资产负债表的扩张规模看起来并不大。虽然美联储在2000年还是资产负债表规模最大的中央银行，但它的规模已经被日本银行和中国人民银行赶超了。事实上，2010—2018年，中国人民银行毫无疑问是世界上最大的中央银行，但2019年由于货币形势的反向变动而被日本银行超越。

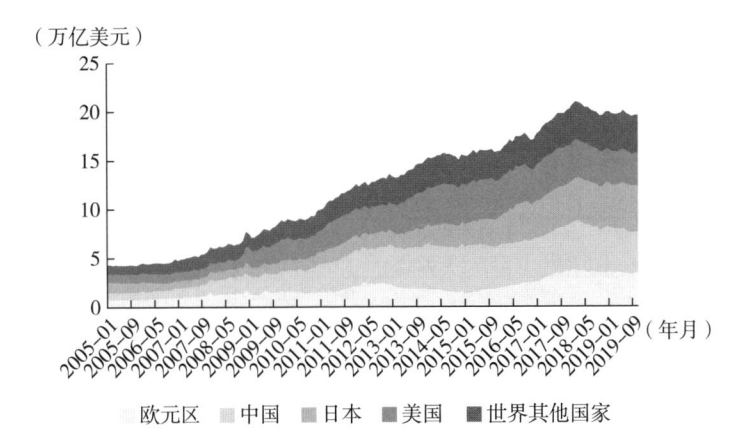

图 7.3　2005—2019 年世界中央银行货币：按地区和主要央行划分

资料来源：CrossBorder Capital。

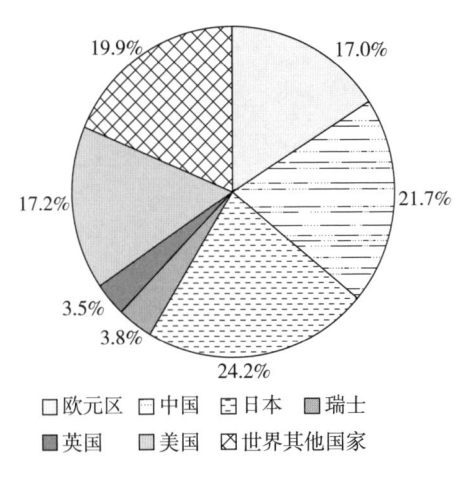

图 7.4　2019 年世界中央银行货币：按地区和主要央行划分

资料来源：CrossBorder Capital。

第七章
中央银行：不要与美联储对抗，不要惹恼欧洲央行，要读懂中国人民银行

表 7.2　2000—2019 年（预估）中央银行货币：按地区和主要央行划分

单位：万亿美元

| 年份 | 世界 | 发达国家 | 新兴市场 | 欧洲央行 | 中国人民银行 | 日本银行 | 瑞士国家银行 | 英格兰银行 | 美联储 |
|---|---|---|---|---|---|---|---|---|---|
| 2000 | 2.70 | 1.85 | 0.86 | 0.45 | 0.44 | 0.59 | 0.02 | 0.05 | 0.64 |
| 2001 | 2.74 | 1.82 | 0.92 | 0.38 | 0.48 | 0.60 | 0.03 | 0.05 | 0.69 |
| 2002 | 3.27 | 2.22 | 1.04 | 0.50 | 0.55 | 0.79 | 0.03 | 0.05 | 0.76 |
| 2003 | 3.94 | 2.69 | 1.25 | 0.69 | 0.64 | 1.00 | 0.04 | 0.07 | 0.81 |
| 2004 | 4.37 | 2.94 | 1.43 | 0.83 | 0.71 | 1.08 | 0.04 | 0.08 | 0.84 |
| 2005 | 4.41 | 2.81 | 1.59 | 0.82 | 0.80 | 0.96 | 0.04 | 0.07 | 0.87 |
| 2006 | 4.91 | 2.89 | 2.00 | 1.02 | 1.00 | 0.76 | 0.04 | 0.12 | 0.90 |
| 2007 | 6.15 | 3.46 | 2.67 | 1.23 | 1.38 | 0.81 | 0.05 | 0.14 | 0.91 |
| 2008 | 7.71 | 4.61 | 3.08 | 1.60 | 1.89 | 1.02 | 0.08 | 0.14 | 1.62 |
| 2009 | 8.86 | 5.36 | 3.48 | 1.51 | 2.11 | 1.04 | 0.09 | 0.32 | 2.16 |
| 2010 | 9.85 | 5.41 | 4.41 | 1.44 | 2.79 | 1.28 | 0.10 | 0.30 | 2.09 |
| 2011 | 12.23 | 7.02 | 5.19 | 1.73 | 3.55 | 1.53 | 0.25 | 0.34 | 2.67 |
| 2012 | 13.57 | 7.68 | 5.86 | 2.15 | 4.01 | 1.53 | 0.37 | 0.54 | 2.73 |
| 2013 | 15.02 | 8.62 | 6.37 | 1.65 | 4.43 | 1.84 | 0.43 | 0.60 | 3.75 |
| 2014 | 15.54 | 8.86 | 6.64 | 1.44 | 4.80 | 2.24 | 0.40 | 0.57 | 3.96 |
| 2015 | 15.86 | 9.76 | 6.06 | 2.00 | 4.29 | 2.88 | 0.48 | 0.56 | 3.85 |
| 2016 | 17.12 | 10.82 | 6.25 | 2.57 | 4.47 | 3.65 | 0.54 | 0.55 | 3.53 |
| 2017 | 20.22 | 13.04 | 7.12 | 3.66 | 4.88 | 4.21 | 0.63 | 0.73 | 3.85 |
| 2018 | 19.90 | 12.80 | 7.04 | 3.60 | 4.81 | 4.52 | 0.69 | 0.72 | 3.42 |
| 2019E | 20.08 | 13.16 | 6.86 | 3.57 | 4.55 | 4.76 | 0.72 | 0.71 | 3.45 |
| 变化（%） | 643 | 613 | 700 | 694 | 932 | 706 | 3 002 | 1 460 | 436 |

注：E 表示基于 2019 年 6 月 30 日的数据进行估算。
资料来源：CrossBorder Capital。

图 7.5 根据资产负债表的规模，利用区块图描述了各家中央银行的影响力大小。四家中央银行——美联储、中国人民银行、欧洲央行和日本银行——占主导地位。其余各个国家和地区中央银行的资产负债表规模加起来，大致相当于美联储的规模。尽管以"中央银行货币占 GDP 的百分比"来衡量中央银行的货币量成为一种流行的方式[13]，但我们认为这种统计指标的意义不大，因为它的重要性更加取决于国家金融体系的成熟度、复杂度以及监管环境。更有趣的是广义流动性和基础货币之间的关

系。表 7.3 显示了作用于中央银行货币的隐含"流动性乘数"的规模。在 2000 年,每 1 美元的世界中央银行货币能创造出超过 14 美元的全球流动性,但到 2019 年中期,这一乘数已经下滑至仅为美元的 6.5 倍,这表明国际信贷体系的效率出现了大幅下降。我们在第六章中解释了为什么美国的流动性乘数在这一时期下降得如此明显,并引入了"影子基础货币"的概念。影子基础货币由"安全"资产(或可加杠杆的资产)构成,例如高质量的公共部门债务和私人部门债务,以及离岸现金池,这些资产享受较低的抵押折扣率和较高的再抵押率。换句话说,传统的美国基础货币在 21 世纪初得到了扩大,原因在于新的高能货币来源被引入,例如抵押品和离岸美元存款。然而,表 7.3 显示,流动性乘数的崩溃是普遍发生的,不仅限于美国。这表明,除了金融创新之外,其他因素可能也发挥了作用。此外,数据显示,中国是唯一一个流动性乘数呈平缓甚至上升态势的国家。换句话说,从这个角度看,中国的货币体系表现出了显著的稳定性。

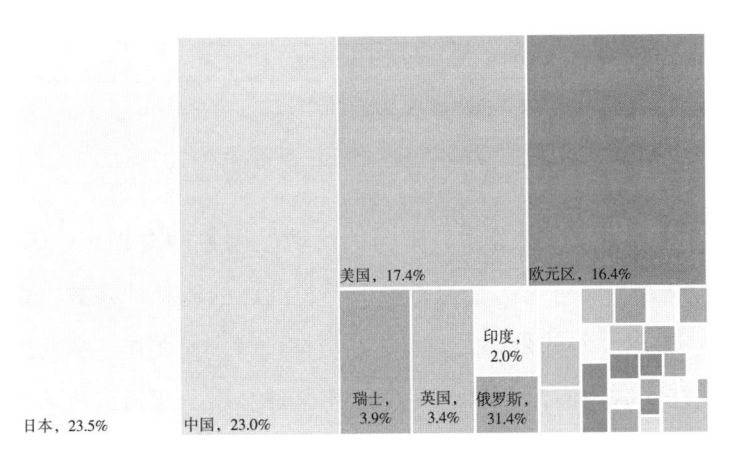

图 7.5　2019 年末全球主要中央银行资产负债表规模

资料来源:CrossBorder Capital。

表7.3 2000—2019年（预估）流动性乘数（准备金货币存量的倍数）：按地区和主要央行划分

| 年份 | 世界 | 发达国家 | 新兴市场 | 欧洲央行 | 中国人民银行 | 日本银行 | 美联储 |
|---|---|---|---|---|---|---|---|
| 2000 | 14.04 | 17.60 | 6.38 | 26.95 | 5.50 | 8.48 | 20.78 |
| 2001 | 13.89 | 17.89 | 6.07 | 30.89 | 5.57 | 7.17 | 21.98 |
| 2002 | 13.78 | 17.40 | 6.09 | 30.61 | 5.56 | 5.96 | 21.40 |
| 2003 | 13.15 | 16.54 | 5.90 | 27.12 | 5.48 | 5.17 | 19.08 |
| 2004 | 13.14 | 16.68 | 5.91 | 25.30 | 5.51 | 4.85 | 18.15 |
| 2005 | 13.58 | 17.80 | 6.18 | 25.89 | 5.82 | 4.83 | 18.32 |
| 2006 | 13.79 | 19.41 | 5.74 | 23.99 | 5.42 | 5.72 | 15.75 |
| 2007 | 13.28 | 19.23 | 5.61 | 25.46 | 5.12 | 6.11 | 11.41 |
| 2008 | 10.69 | 14.38 | 5.21 | 18.61 | 4.59 | 5.96 | 14.20 |
| 2009 | 10.10 | 13.04 | 5.61 | 21.56 | 5.10 | 5.70 | 10.81 |
| 2010 | 9.51 | 12.83 | 5.46 | 22.21 | 4.92 | 5.10 | 9.46 |
| 2011 | 8.18 | 10.25 | 5.40 | 18.34 | 4.73 | 4.76 | 8.05 |
| 2012 | 7.69 | 9.44 | 5.40 | 15.11 | 4.86 | 4.08 | 7.26 |
| 2013 | 7.15 | 8.32 | 5.58 | 18.49 | 5.24 | 3.44 | 7.16 |
| 2014 | 6.74 | 7.53 | 5.70 | 17.44 | 5.40 | 2.78 | 8.18 |
| 2015 | 6.69 | 6.87 | 6.42 | 12.34 | 6.42 | 2.36 | 9.10 |
| 2016 | 6.58 | 6.54 | 6.64 | 9.95 | 6.54 | 2.22 | 9.28 |
| 2017 | 6.36 | 6.10 | 6.85 | 8.47 | 7.09 | 2.10 | 7.77 |
| 2018 | 6.42 | 6.09 | 7.00 | 8.05 | 7.32 | 2.03 | 8.04 |
| 2019E | 6.42 | 5.97 | 7.29 | 8.02 | 7.82 | 1.98 | 7.80 |

注：E表示基于2019年6月30日的数据进行估算。

资料来源：CrossBorder Capital。

图7.6和图7.7显示，中国的流动性乘数相对稳定（因此，中国作为主要组成部分的新兴市场经济体的流动性乘数也是如此）。形成反差的是，大型发达经济体，特别是美国、欧元区和日本在互联网泡沫和2007—2008年全球金融危机后，流动性乘数发生了明显下降。

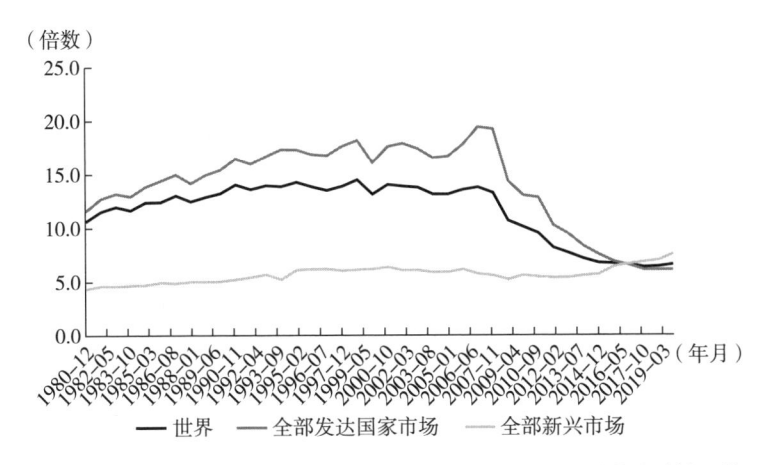

图 7.6　1980—2019 年世界、发达国家、新兴市场经济体的流动性乘数

资料来源：CrossBorder Capital。

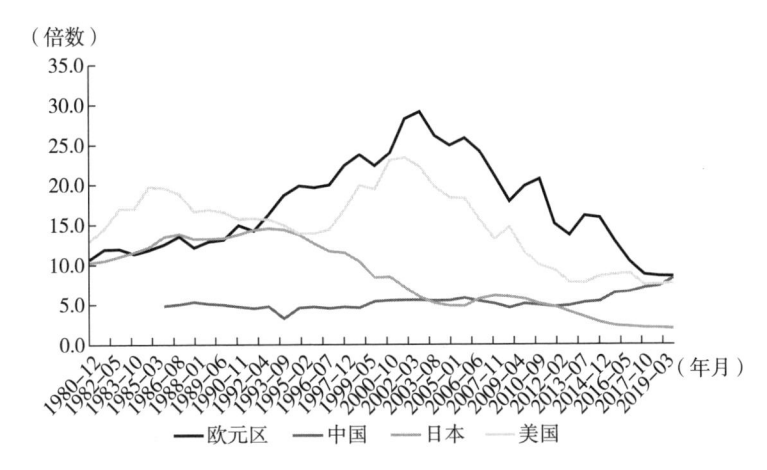

图 7.7　1980—2019 年中国人民银行、欧洲央行、
日本银行和美联储的流动性乘数

资料来源：CrossBorder Capital。

## 深入挖掘美联储的行动

珍妮特·耶伦担任美联储主席时期的一个明显特征是，所谓的前瞻性指引政策得到了推广。这些相对较新的工具对利率的未来走向发出信号，自2007—2008年全球金融危机以来，已经成了美国政策组合的一部分。在美国，它们集中体现在所谓的"点阵图"中，联邦公开市场委员会[14]的成员在图中直观地描述了他们预期的未来利率目标。许多中央银行的政策制定者坚持认为，利率是他们唯一的重点，数量并不重要，因为中央银行可以轻松供应流动性以满足任何需求。然而，这种说法忽略了两个重要的问题。第一，金融危机期间是最需要获得流动性的时期，而恰恰在这一时期却很难获得流动性，因为一旦出现，很快就会被囤积起来。第二，决定流动性数量的中央银行资产负债表规模也很重要，因为它代表了中央银行分担私人部门风险的能力，而且它也可能向市场发出美联储打算更大力度地收紧或放松整体货币政策的信号。因此，缩小资产负债表的政策会隐含较高的政策风险。

利率决定机制在现有的经济学教科书中已有详细介绍，我们在此不再赘述。简言之，像许多其他中央银行一样，美联储试图通过设定界限将其政策利率维持在一个利率走廊内。下限是美联储的"借款"利率，它可以由受监管的银行在美联储持有存款的溢价来设定。在美国，2007—2008年全球金融危机之后，下限变成了 IOER（为银行超额准备金支付的利率）。理论上的上限是美联储对市场的"贷款利率"，它往往由中央银行回购操作所支付的利率和/或官方贴现率（ODR）所决定，即美联储对特定抵押品的贷款溢价。联邦基金利率[15]和政府债券利率一般应在这个利率走廊之内进行交易。其他由市场驱动的利率，以及无法优先面向美联储资产负债表的中介机构支付的利率，可能会高于这个利率走廊。然而，与欧洲央行等其他中央银行的利率走廊不同，美联储的利率上限并非自动设定。美国利率走廊的上限是一个理论上的约束，非常宽松，并依赖于政策制定者的快速反应。事实证明，在极端情况下，许多银行不愿意从美联储的贴现窗口借款，以防止向市场发出更大的困境信号。而在这种情况下，美联储的反应往往太慢，无法阻止回购和联邦基金利率的上升。因此，有人要求美联储建立一个常设回购机制。

在实践中，美国的银行持有大量准备金，这意味着它们对流动性的需求在利率面前会变得很有弹性，因此受贴现率变化或公开市场操作的影响较小。但当银行准备金下降到接近最低水平时，它们的需求曲线会变得非常缺乏弹性。即使在其他体系中，利率目标系统也并不总是清晰明了的，主要是由于利率下限和利率上限往往会被突破。此外，正如马西娅·斯蒂居姆在《货币市场》（1987）一书中所说的，传统的经济理论不能令人信服地解释美联储如何对美国经济发挥牵引作用："……根据长期经验，美联储的技术官僚们知道，美联储不可能像教科书中设想的那样精确地控制货币供应。"像亨利·考夫曼（1986）一样，斯蒂居姆认为信贷非常重要："将货币供应量与价格水平联系起来的宏观理论，大多依赖于某些与现代金融体系的运作缺乏关联的概念，但……目前还缺乏可比较的关于信贷总量的宏观经济理论。"

根据我们的经验，中央银行资产负债表的构成有很大不同。资产负债表的资产方基本上由三个主要部分组成：（1）黄金和外汇储备；（2）定向贷款计划；（3）证券持有。负债方则由另外四个关键项目组成：（1）流通中的现金；（2）银行在中央银行持有的准备金；（3）逆回购（在美国，这些也由外国中央银行持有）；（4）国库余额。假设流通中的现金被动地响应纸币和硬币的零售需求，那么其他六类中的任何一类变动，都将改变国家的货币条件。

在发达经济体较为成熟的金融体系中，一般认为黄金和外汇持有量的变化不会影响货币条件，因为这种变化通常会被中央银行的积极响应所"冲销"。但其实"冲销"是一个并不太恰当的术语。现实中经常会出现溢出效应，我们之前指出，世界外汇储备和全球流动性之间有着非常密切的相关性。冲销的目的在于，不让外汇储备价值的任何变化影响国内的货币供应。然而，尚不清晰的是，这里的货币指的是中央银行资产负债表上的货币，还是更广泛的银行体系中的货币，抑或是更广泛的批发市场中的流动性？冲销甚至被用来描述实现利率波动的平滑化。当我们谈到中央银行的货币时，冲销指的是，当外汇储备发生变化时，它对基础货币的影响恰好被资产负债表中其他类别项目的同等调整所抵消，比如调整持有证券的数量、调整国库余额，以及在某些情况下调整法定准备金要求。

持有证券的类型在这里包括诸如政府债券以及私人部门票据等资产。这些资产总额的变动被称为公开市场操作。在大多数经济体中，这些交易仅限于二级市场。出于谨慎的原因，通常不允许中央银行认购政府新发行的债券，即所谓的"货币化"[16]。在2007—2008年全球金融危机之后，美联储购买证券的行为被重新命名为"大规模资产购买"，更多人称其为"量化宽松"。定向贷款政策允许政策制定者以问题机构为对象，具体方式包括通过传统的最后贷款人机制，或通过全球金融危机之后美联储出台的一级交易商信贷工具和其他类似的信贷计划[17]。定向贷款政策的影响非常广泛，例如，日本银行在20世纪70年代和80年代鼓励商业银行向某些行业提供贷款的窗口指导政策，以及2019年中国的政策性银行提供的定向贷款等。

美联储对国债回购[18]市场有较强依赖，并利用它来控制联邦基金市场（尽管不是直接参与者）。联邦基金市场也就是交易准备金的场所。回购在中央银行的业务中占了很大的比例，而且还在不断增加。回购是中央银行在一个特定的时间段内——例如7天或14天——提供的一种抵押贷款。该交易涉及从诸如货币交易商的私人机构那里购买合格的证券，如10年期国债。合同约定，该私人机构在期限结束时必须买回该证券。相反的操作被称为逆回购，发生在中央银行资产负债表的负债部分。在逆回购中，中央银行将债券卖给市场，并约定在合同到期时买回它。中央银行的回购操作增加了流动性，而逆回购减少了流动性。

中央银行的操作存在到期日差异，也随着经济周期的变化而存在规模和范围差异。例如，英格兰银行主要关注3个月的短期贸易票据，这源自英国历史上的对外贸易。因此，英格兰银行传统上向（现已停业的）贴现窗口提供最后贷款人[19]业务以维持票据的可交易性，而美联储的国债回购业务则是为了维持长期证券的可交易性。尽管美联储在一般抵押品市场上体量很小，但它仍然具有很大的影响力。然而，美联储没有直接参与离岸欧洲美元市场，该市场是世界上流动性最强的短期美元市场，也是联邦基金的一个现成的替代来源。在更广泛的回购和欧洲美元市场中，私人部门基本不受美联储的控制，因此成了货币和资本市场中弹性更强的潜在流动性来源。但在危机中，流动性会失去可交易性，它往往被囤积起来，而且无论中央银行如何努力推动，资金流动性并不容易转化为所需的市场流动性。

国库存款是政府在中央银行持有的余额。它们是政府部门支付的款项与税收及证券发行收入之间的差额。准备金是指特定的、受监管的商业银行必须存放在中央银行的储备资金。历史上，它们以特定存款的百分比来衡量，有时不同的存款类型有不同的准备金率。通常，银行持有的准备金高于法定最低限度，自2007—2008年全球金融危机以来尤其如此。在美国，可储备负债包括净交易账户、非家庭定期存款和欧元货币负债。从1990年底开始，家庭定期存款和欧元货币负债的准备金率变为零。英国、澳大利亚、加拿大和新西兰已经不再实行准备金政策。但在2007—2008年全球金融危机之后，许多西方银行依然持有大量的超额准备金，主要是因为政策制定者对它们提出了额外的监管和流动性要求。

　　放松对金融市场的监管，逐渐导致了对银行资本要求（如《巴塞尔协议Ⅰ》《巴塞尔协议Ⅱ》《巴塞尔协议Ⅲ》）和偿付能力的重视，超过了对准备金要求和流动性管理的重视程度。在2007—2008年全球金融危机之前，这促使金融创新者通过有效地将金融活动分成三种不同的功能而规避了这些规定：（1）流动性供应，以促进再融资和贸易，例如提供纸币和硬币以及支票清算功能；（2）期限转换，以允许长期贷款（如借短贷长）；（3）信用增级，以促进风险承担。中央银行资产负债表上的资产可以被细分，以反映其对这三个方面的支持。就美联储而言，可以将每项功能分别与同名的QE1、QE2和QE3一一对应，这有助于更好地理解美联储的危机应对举措。美联储在不同时期通过这三个渠道进行操作，而英格兰银行通常以提供流动性而非期限转换为主，欧洲央行更侧重于信用增级，日本银行则侧重于期限转换。

为了说明这一点，表7.4显示了美联储截至2014年底的资产负债表，也就是QE3快要结束的时候。表中将资产和负债划分到各个主要类别。该资产负债表是表7.1的一个简化版本，但正如美联储前主席本·伯南克在2009年2月的演讲中所概述的那样[20]，这种分解有助于更好地解释美联储的新操作渠道。例如，大规模资产购买不仅大幅增加了美联储资产负债表的规模，而且改变了其构成：用长期国债完全取代了短期国库券，并大量增持了抵押支持证券和机构债务。

表7.4 2014年末美联储资产负债表——根据功能重新排列

单位：10亿美元

| 资产 | | 负债 | |
|---|---|---|---|
| （a）报告值 ||||
| 短期国债 | 0 | 货币 | 1 342 |
| 长期国债 | 2 461 | 逆回购 | 346 |
| 抵押支持证券和机构债券 | 1 777 | 准备金 | 2 575 |
| 其他 | 305 | 其他 | 280 |
| 合计 | 4 543 | 合计 | 4 543 |
| 资产 | | 负债 | |
| （b）按功能划分 ||||
| 短期国债/批发资金 | 4 263 | 货币、回购和准备金 | 4 263 | 流动性供应（50.1%） |
| 长期国债 | 2 461 | 短期国债/批发资金 | 2 461 | 期限转换（28.9%） |
| 抵押支持证券和机构债券 | 1 777 | 长期国债 | 1 777 | 信用增级（20.9%） |
| 合计 | 8 501 | 合计 | 8 501 ||

资料来源：美联储，CrossBorder Capital。

表7.4按照操作类型对美联储的资产负债表进行了分类，将那些有助于准备金货币存量的资产标示为"流动性供应"；将那些从市场上吸收久期的资产标示为"期限转换"[21]，例如持有长

期国债；将那些减少私人部门未偿信用风险的资产标示为"信用增级"。信用增级的例子包括购买抵押支持证券和政府资助企业债务，即房利美和房地美的债券，以及向美国国际集团注入现金等多种相关交易。抵押支持证券是一种金融工具，它将抵押贷款池证券化为具有高信用评级的资产。在2008年，它们可以回购，并可以作为其他证券的抵押品，如ABCP（资产支持商业票据），而这些证券又可以得到银行信用额度的支撑。在2008年金融危机发生之前，这些证券通常是由大银行资产负债表外的子公司持有的，这些子公司可以避开资本金要求，还很容易吸引资金。通过将信贷资金与信用风险分离，金融体系创造了一类新的AAA级证券，这类证券被认为与美国国债一样"安全"——尽管它们的现金流并没有政府的担保，它们的可交易性也最终被证明并没有那么好。然而，它们还是很受欢迎，并满足了我们先前提到的公司和机构现金池对"安全"资产不断增加的新需求。

通过引入理论上的"批发"金融，表7.4中重建的美联储资产负债表的前两层实现了平衡。在这种情况下，不可避免地会有一些重复计算，但在图7.8中，将从美联储H4中得到的数据按占总资产负债表的百分比划分为三个不同区块并依时间绘制成图后，可以提供比加总的大规模资产购买更详细的美联储政策特征。提出这种划分方式的是辛格（2013），他探讨了抵押品对信贷扩张的意义，并根据质量将其分为三个等级：D级包括银行在中央银行的存款；C1级是指可以很容易地转换成D级的、不被打折扣的"良好"抵押品；C2级是指只有在某些市场情况下才能被称为"良好"的抵押品。辛格认为，只有特定的被预先授权的银行能够在一夜之间将C1级转换成D级。他将"D+C1"定义为"终极"流动性。他的分析框架展示了一些中央银行（如英格兰银行）是如何在金融危机后转换抵押品类型的，而美联储则增加了所有三种抵押品的绝对数量：流动性供应（D级）、期限转换（C1级）和信用增级（C2级）。[22]

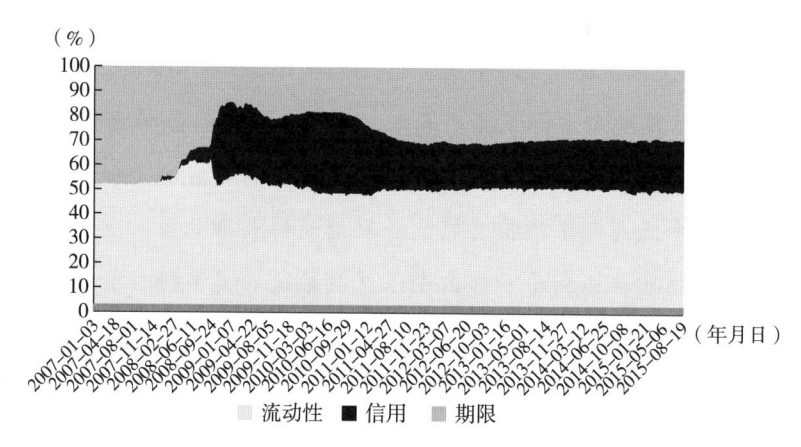

图7.8　2007—2015年美联储资产负债表按照项目拆分的百分比构成（周度数据）

资料来源：美联储，CrossBorder Capital。

经济理论对这些渠道如何影响所谓的安全资产（如现金和政府债券）和风险资产（如股票、公司债务和商品）之间的风险溢价提供了一些见解：

- "流动性供应渠道"能够改善经济体中的总体再融资环境，使信贷利差和买卖价差收紧。我们假设美联储收到名义上的3个月期票据利率，并在这些操作中支付隔夜利率。那么，更多的流动性会直接收紧隔夜掉期/货币市场利差。通过促进融资和刺激商业活动，它也可以起到降低违约率的作用。流动性较差、风险较大的工具会比国债等安全性更高、流动性更强的工具受益更大。随着流动性的增加，国债也可能失去其一部分安全溢价。

- "期限转换渠道"可以通过两种方式运作。第一，理论表明，长期证券价格比短期证券价格对利率的变化更敏感（即久期风险）。因此，通过在市场上减少这些风险资产，整体风险应该会下降。第二，假设存在优先置产投资者，那么从市场上减少特定到期日的证券将造成稀缺性，进而降低其期限溢价。假设美联储获得长期收益，支付名义短期票据利率，那么期限转换渠道的更多操作会缩小收益率差或期限差。

- 同样地，"信用增级渠道"减少了市场上高信用风险的证券。这会降低整体风险。美联储收到信贷回报，支付无风险的长期收益率。更大的信贷持有量会收紧这些利差。与抵押贷款相关的一个具体风险是预付风险，通过购买抵押支持证券也可以降低投资者面对的这种风险。

虽然这三个渠道都很重要，但美联储本身强调的是信用增级渠道：

> 我们的做法——可以称为"信贷宽松"——在某个方面类似于量化宽松：它涉及中央银行资产负债表的扩张。然而，在一个纯粹的量化宽松操作中，政策的焦点是银行准备金的数量，它是中央银行的负债；中央银行资产负债表上资产方的贷款和证券是附带发生的。事实上，尽管日本银行在量化

宽松期间的政策方法相当多面，但其总体立场主要还是基于银行准备金这个目标。相比之下，美联储的信贷宽松方法则侧重于其持有的贷款和证券组合，以及这种资产组合如何影响家庭和企业的信贷条件。

——美联储前主席本·伯南克，

2009年1月的讲话

图7.8证实，在金融危机发生之前，美联储的操作中，流动性供应渠道（52.3%）和期限转换渠道（47.7%）平分秋色。[23]在危机爆发后，美联储进行了大量的信用增级操作（23.1%）[24]，主要是通过购买抵押支持证券。在高峰期，资产购买量一度达到1.8万亿美元，占美联储总资产负债表的1/3左右。资产负债表的这些变化表明，美联储对2007—2008年全球金融危机的反应是持续且多方面的。美联储资产负债表的规模从2008年9月前的不到0.9万亿美元，增长到了2010年的2.2万亿美元和2011年的2.7万亿美元，并在2014年初达到4.3万亿美元的高峰。政策预先宣布了购买国债和抵押支持证券的计划，但这并非政策的全部内容。购买不同资产的实际操作也是很重要的。通过上述美联储资产负债表的细分，我们可以采用线性回归方法估计一个简单的局部调整模型，来展现实际交易对美国1~10年期国债的平均实际期限溢价（$TP_t$）的影响，根据纽维-韦斯特（Newey-West）调整后的标准误差为：

$$\Delta_m TP_{t+m} = \beta_0 + \beta_1 LP_t + \beta_2 MT_t + \beta_3 CE_t + \beta_4 TP_t + \varepsilon_t$$

$LP_t$、$MT_t$ 和 $CE_t$ 分别指的是流动性供应、期限转换和信用增级因子。$\beta_i$ 是因子载荷系数。期限差 $m$ 为 13 周。我们采用了从 2007 年到 2015 年 8 月的周度数据，共 438 个观测值样本，拟合优度为 0.347。结果表明了以下三点[25]：

- 流动性供应的因子载荷系数在 1% 的显著性水平下显著，符号为正。每 1 万亿美元的额外流动性，将使平均期限溢价提高 56 个基点。
- 信用增级的因子载荷系数在 5% 的显著性水平下不显著。
- 期限转换的因子载荷系数在 1% 的显著性水平下显著，但符号为负。每 1 万亿美元进入期限转换渠道，会使平均实际期限溢价下降 142 个基点。

根据我们的估计，QE1 通过流动性供应渠道增加了约 1.1 万亿美元，期限转换渠道没有发挥作用，通过信用增级渠道增加了 1.5 万亿美元。根据我们估计的因子载荷系数，美国的期限溢价在 QE1 中应该上升约 60 个基点。QE2 通过流动性供应渠道又增加了 0.7 万亿美元（+40 个基点）；通过期限转换渠道增加了 0.9 万亿美元（−125 个基点），并通过信用增级渠道减少了 0.5 万亿美元。它们加在一起使期限溢价下降了约 85 个基点。后来的 QE3[26] 进一步通过流动性供应渠道增加了 1.5 万亿美元，通过期限转换渠道增加了 1 万亿美元，通过信用增级渠道增加了 0.7 万亿美元，加在一起意味着实际期限溢价净下降约 60 个基点。

直观来看，期限转换渠道的增加一般情况下应该会降低期限溢价。相反，流动性供应渠道和信用增级渠道的增加可能会间接提高期限溢价，因为它们会降低更广泛的经济中的违约风险，并鼓励资金从国债等安全资产转移到股票和公司债务等风险资产。这些都是重要的问题，我们将在第十章再次讨论。总的来说，与期限转换渠道的影响相比，后面两个渠道的影响似乎很低。信用增级渠道之所以不够直观，可能是因为这个渠道的效应是间接的，而且也不太可能立竿见影。此外，美联储并不是为抵押贷款市场提供信贷支持的唯一来源，因为房利美和房地美在2008年9月被财政部接管，实际上成了美国政府资产负债表的一部分。在进一步的检验中，我们比较了B级公司债券和Aaa投资级债券之间的利差以及美联储信用增级渠道的规模。结果似乎是合理的，系数估计值为负，符合直觉，并且在1%的显著性水平下显著。因子载荷系数显示，每1万亿美元的信贷支持会使B-Aaa级公司债券利差减少415个基点。在2008年的高峰期，这一利差达到了1670个基点。根据对信用增级渠道影响的估计结果，大规模资产购买能够使这一信贷利差总共减少约700个基点。鉴于自21世纪初以来，该利差平均为400~450个基点，这一数值具有合理性。

　　美联储改变其资产负债表规模和构成的操作，似乎是驱动风险溢价变化的重要因素。久期和流动性对国债期限溢价具有显著影响，信用增级渠道则可能影响公司债券的风险溢价。图7.9显示了美联储制作的美元资金流动图，并给出了网页链接。它追踪了在岸和离岸美元资金市场的资金来源和使用情况，并显示了美联储如何在不同层面与私人部门进行互动。

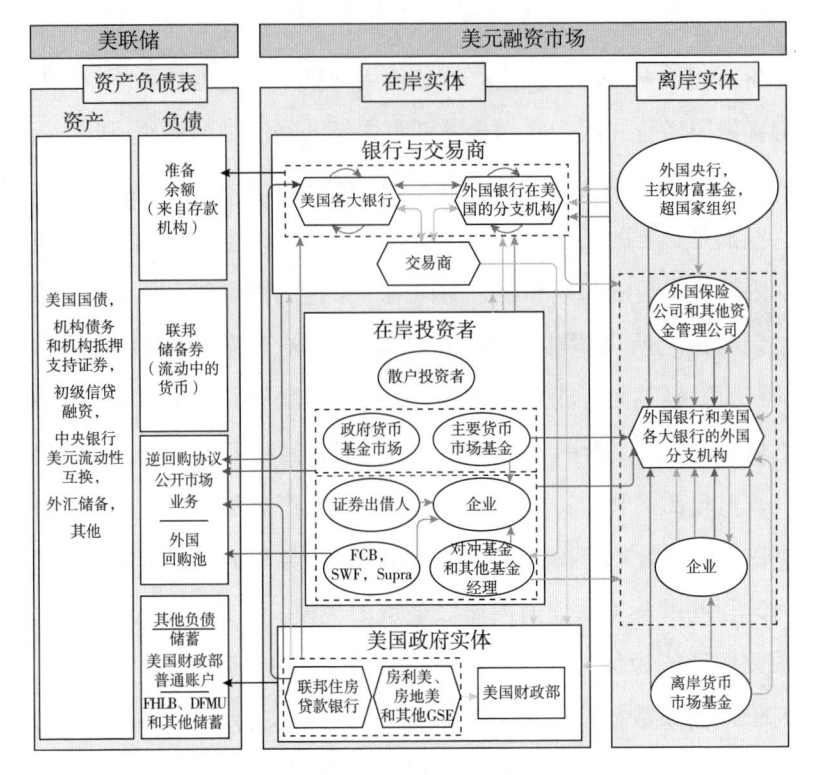

**图 7.9　美元资金流动图**

资料来源：纽约联邦储备银行，已获得授权。原图可从如下地址获得：https://www.newyorkfed.org/research/blog/2019_LSE_Markets_Interactive_afonso。

注：用六边形圈住的表示中介机构，用椭圆形圈住的表示投资机构。相关术语解释如下。

机构抵押支持证券：由房利美或房地美等政府资助企业发行的抵押支持证券。

DFMU：指定的金融市场机构，如结算所支付公司或芝加哥商品交易所。

欧洲美元：在外国银行或美国银行在美国境外的分支机构以美元计价的存款。

房利美：联邦国民抵押贷款协会，俗称房利美。

FCB：外国央行。

外国回购池：美联储向外国官方账户和国际账户提供的隔夜美元投资服务，用隔夜现金余额交换持有的美联储证券。

房地美：联邦住房贷款抵押公司，俗称房地美。

GSE：政府资助企业，如房利美、房地美和联邦住房贷款银行。

中介机构：在短期美元融资市场上借贷和投资的机构。

投资机构：投资美元融资工具的机构。

抵押支持证券：由房利美、房地美或吉利美担保的抵押支持证券。

Supra：超国家组织，如国际货币基金组织或联合国。

SWF：主权财富基金。

# 中国人民银行

中国人民银行的操作框架介于垄断性贷款机构与像美联储那样的现代中央银行之间。数量型政策和贷款指导仍然很重要,但中国人民银行正在逐步转向一个使其能够在一定利率走廊之内锁定货币市场利率的系统。这意味着金融去监管化,并导致许多以前面向储户的固定利率被取消。尽管如此,主要的国有企业和国有银行仍然保留着特殊地位,相比其他机构,它们依然更容易获得廉价信贷。

中国人民银行的主要货币政策工具包括:(1)公开市场操作;(2)存款准备金率;(3)中期借贷工具;(4)政策性银行的定向贷款。在2014年之前,中国人民银行的操作大多是被动的,因为中央银行的资产负债表会自动扩大以反映中国不断膨胀的外汇储备,这是人民币跟随美元变动的必然结果。自2000年以来,也就是中国加入世界贸易组织后,中国的外汇储备增长了20倍,大约是同期基础货币10倍增长的两倍。在此期间,整体流动性规模与基础货币之间的乘数基本稳定在5~6倍,这意味着货币扩张使中国的整体信贷增长了12倍。然而,外汇储备在2014—2015年大量减少[27],导致货币操作产生了重大转变。图7.10显示了中国外汇储备规模的概况。中国的外汇储备规模在2014年达到顶峰,约为4万亿美元,此后有所下降并稳定在3万亿美元左右。近年来中国外汇储备规模比较稳定,反映流入中国的净资金有所减少,但也表明中国政府改变了进一步积累美元国债的政策。

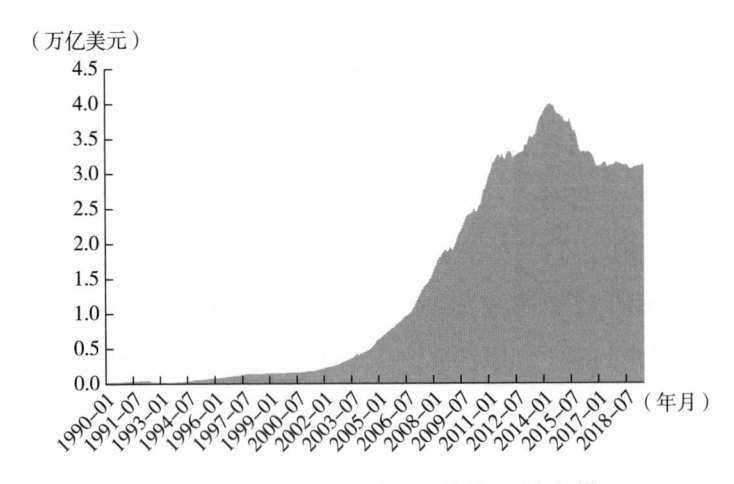

图 7.10　1990—2019 年中国的外汇储备规模

资料来源：CrossBorder Capital，SAFE。

起初，外汇储备的下降收紧了国内的货币条件。这一点后来又被国内货币操作规模的增加所抵消。法定准备金曾经被用来控制外汇储备积累对银行流动性的影响。现在，法定准备金要求降低了。而公开市场操作——特别是与一级交易商的回购——增加了，以便改善货币市场的流动性。2014 年中国引入了中期借贷工具。这允许中国人民银行提供从 3 个月到 12 个月不等的期限更长的资金，但其资金成本通常要比回购利率更高。在 36 万亿元人民币的资产负债表中，中期借贷工具的规模在 3.5 万亿~4 万亿元人民币（约 5 000 亿美元）之间。近年来，中国的政策性银行也加大了放贷力度。中国的政策性银行包括国家开发银行、中国农业发展银行和中国进出口银行等。它们可以直接参与项目融资，2019 年有研究证明，它们在为"一带一路"倡议输送资金的过程中发挥了很大的作用。根据德国基尔研究所[28]的数据，中国人民银行已经获得了相当多外部债券的债权，并可能对据估计高达 5 万亿美元的中国对外贷款中的很大一部分负责,其中大部分未在官方数据中得到披露。

图 7.11 显示了中国人民银行的货币数据,并估算了外汇渠道和国内资产购买渠道各自的贡献。外汇贡献的下降是显而易见的,从 2015 年末开始,国内资产购买的作用也在相应地被加强。中国人民银行从 2015 年底开始大幅收紧中国的货币供应,以抑制资本外流,并在 2018 年底再次收紧,从而在与美国贸易的紧张局势升级的情况下保护人民币。表 7.5 显示了中国人民银行截至 2019 年中期的资产负债表,表中凸显了其构成的剧烈变化:在 2013 年底至 2019 年中期,虽然准备金货币在资产负债表中的占比保持在 85% 左右,但外汇储备占资产的比例从之前的 86% 降至 60%。在此期间,向银行的直接贷款占资产的比例从 4% 显著上升至 28%。

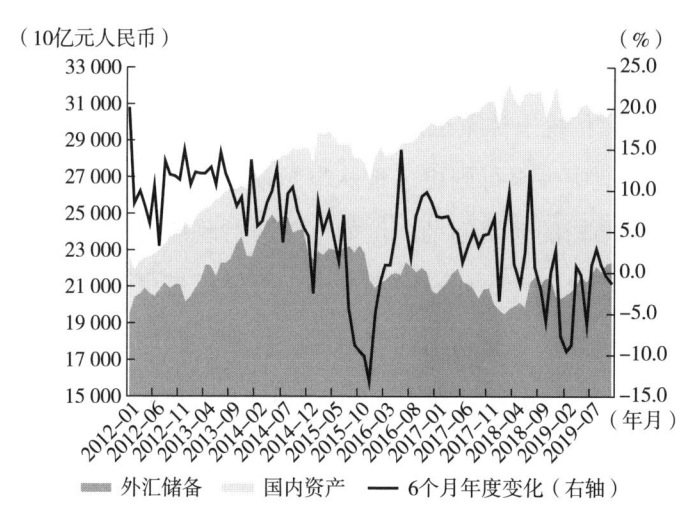

图 7.11 2012—2019 年中国人民银行的基础货币:根据国内和国外构成划分
资料来源:CrossBorder Capital,中国人民银行。

表7.5 中国货币当局的资产负债表（截至2019年6月末）

单位：10亿元人民币

| | | | |
|---|---|---|---|
| 国外资产 | 21 852 | 储备货币 | 31 309 |
| 外汇 | 21 246 | 货币发行 | 7 824 |
| 黄金货币 | 278 | 金融性公司存款 | 22 182 |
| 其他国外资产 | 328 | 其他存款性公司存款 | 22 182 |
| 对政府债权 | 1 525 | 其他金融性公司存款 | 0 |
| 其中：中央政府 | 1 525 | 非金融机构存款 | 1 303 |
| 对其他存款性公司债权 | 10 186 | 不计入储备货币的金融性公司存款 | 424 |
| 对其他金融性公司债权 | 484 | 发行债券 | 74 |
| 对非金融性部门债权 | 0 | 国外负债 | 90 |
| 其他资产 | 2 312 | 政府存款 | 3 568 |
| | | 自有资本 | 22 |
| | | 其他负债 | 873 |
| 总资产 | 36 360 | 总负债 | 36 360 |

资料来源：CrossBorder Capital，中国人民银行。

## 欧洲中央银行

美联储传统上注重通过公开市场操作购买和出售长期国债，而很多其他中央银行则更多地从事短期票据交易。这种做法是早期经济结构的遗留问题。例如，美国财政部会与企业的资本投资需求竞争资金；而在欧洲，由于跨境贸易更为重要，政府则与短期贸易和金融汇票竞争资金。比如，我们注意到，伦敦的3个月期贸易票据成为19世纪金融体系中的关键因素。欧洲央行于1998年6月1日开始运作，比1999年1月1日推出欧元早了几个月。这是欧洲经济货币同盟发展的第三个高潮期，最初由参与的欧洲成员在1992年商定。虽然现在许多中央银行都是按照期限结构进行操作的，但是这种历史区分仍然是理解欧洲央行的一种有意义的方式。因为在持续的货币危机迫使它进行大规模的证券购买之前，它更多通过短期回购市场实施政策。美联储也采用了通过回购进行抵押借款的系统，但美联储在传统上会比欧洲央行更直接地购买金融资产。欧洲的银行可以有效地从欧洲央行借入短期资金，由于期限足够短，从而可以不断地调整利率。当回购到期时，参与银行会再次出价购买资金。拍卖过程中增加或减少票据数量会改变欧元区的流动性。欧元体系中约1 500家符合条件的银行定期在欧洲央行的拍卖会上竞标一定期限的流动性[29]，但它们必须提供符合条件的抵押品。欧洲央行要求的抵押品通常是高质量的公共部门和私人部门的债务工具。这可以是成员的政府债务，但自全球金融危机以来，欧洲央行也接受了越来越多的私人证券。在成为欧盟货币体系成员的前提条件中，纳入了确定政府债务是否高质量的标准。例如，债务总额与GDP的比例不能太大，任何一年的财政赤字也不能太高。然而，在现实中，有些政府会运用一系列巧妙的会计技术来掩盖其真实的财政偿付能力。据说希腊就是这样的。

从2009年末开始，欧元区的个别经济体开始面临无法偿还其以欧元计价的政府债务的局面，以及无法为救助陷入困境的国家银行体系提供资金。我们在第五章提到了欧元区的结构性问题，并将在第十二章再次讨论这些问题。然而，最根本的问题是，欧元机制和所有的固定汇率制度一样，使富裕地区更加富裕，而贫穷地区更加贫穷。顺便说一句，货币互相浮动的经济邻国，如美国和加拿大、澳大利亚和新西兰或挪威和瑞典之间，并没有类似欧元区这样的分化。但在像欧元区这样的固定汇率体系下，如果没有适当规模的财政转移，资产将从低生产率经济体转移到高生产率经济体，从而减损当地银行所需的宝贵抵押品。从1999年欧元体系建立之初开始，来自德国和其他较富裕的北方经济体的投机性资本流动就涌入了南欧各国，以满足当地消费者的欲望。而能够提高生产率的外国直接投资却并未流入这些地区。矛盾的是，欧洲内部的外国直接投资则流向了东欧，如波兰、捷克共和国、匈牙利等本国货币仍然对欧元浮动的经济体。欧元区的银行承担了这些消费者债务的压力。

2010—2012年的欧元区银行危机之所以会爆发，是因为当时希腊新当选的左翼政府决定承认其全部债务，并公开警告其即将发生的主权违约。这些担忧蔓延到了其他脆弱的债务国，尤其是其他地中海国家和爱尔兰。结果就是，几个欧元区国家的主权债券收益率急剧上升。欧元区的一个关键缺陷是，该体系中的"安全"资产不是欧元，而是德国国债。因此，这些外围国家的主权债券收益率上升得越多，违约的威胁就越大，于是这些主权债券的收益率与德国国债收益率之间的利差继续扩大。

因为欧洲货币当局无法支持其主权债务市场，2010年金融恐慌进一步加剧。首先，这是因为当时欧洲央行的法律框架不允许购买主权债券（第123条）。这导致中央银行无法立即复制美联储的量化宽松政策。其次，在欧洲央行的公开市场操作中，有资格作为抵押品的欧元区主权债券的信用质量早在2005年就被设定为BBB-级，而且这还是一个相当乐观的标准。这意味着，当私人评级机构将某个主权债券的评级降到这个门槛以下时，投资银行就会突然变得缺乏流动性，因为它们会错过获得欧洲央行再融资的重要机会。这加速了对德国国债的抢购，因此在银行和其主权发行人之间建立了一个"厄运循环"。面对这些监管限制，欧洲央行最初不愿意在 2010 年进行干预以平息动荡的金融市场，全然不顾正在希腊、葡萄牙、西班牙和意大利蔓延的金融危机，以及这些国家与德国之间国债利差的不断扩大。

为了解决这些问题，欧洲央行在 2010 年 5 月初推出了证券市场计划（SMP），允许在二级市场上酌情购买欧元区的主权证券，同时建立欧洲金融稳定机制（EFSM），该机制将作为对抗危机的基金，保护欧元区免受未来主权债务危机的影响。尽管证券市场计划向金融市场注入了额外的流动性，但这些注入的资金却被欧洲央行资产负债表的其他方面对冲了，因此从传统货币供应量的角度来看，证券市场计划应该是中性的。然而，到 2010 年 11 月，爱尔兰无法救助其破产银行的事实已经非常明显。仅仅是英爱银行集团一家就需要 300 多亿欧元，鉴于爱尔兰的债券收益率已经接近希腊不良债券的收益率，爱尔兰政府既没有这笔资金，也不可能轻易地从金融市场借到这笔资金。后来爱尔兰政府以欠条的形式向现已国有化的英爱银行发行了 310 亿欧元的期票，该银行反过来用该期票作为其在爱尔兰中央银行的抵押品，以获得紧急流动性援助。这种方法很聪明，但也饱受争议。

从 2011 年 12 月开始，在新上任的、更加开明的马里奥·德拉吉担任行长期间，欧洲央行引入了长期再融资操作（LTRO）。欧元区政府证券、抵押支持证券和其他信用等级足够高的商业票据均成为可接受的抵押品。这些为期 3 年、利率为 1% 的贷款被欧元区银行广泛使用，特别是希腊、爱尔兰、意大利和西班牙境内处于困境之中的银行。2012 年 2 月，欧洲央行进行了第二轮 3 年期拍卖，即所谓的 LTRO2，为大约 800 家欧元区银行提供了超过 5 000 亿欧元的低息贷款。2012 年 7 月，关键的转变发生了。

当时新一轮对欧元区主权违约的担忧促使德拉吉不得不跳过他所面临的政治僵局，并做出著名的承诺，即欧洲央行"……已经准备好为维护欧元而做任何事情。相信我，我们会做得足够多"。这一具有分水岭意义的声明导致欧元区债券收益率下降，处境艰难的西班牙、意大利和法国更是如此。2012年8月，欧洲央行宣布，它将采取"直接公开市场操作"，其规模足以达到目标以确保"……适当的货币政策传导以及货币政策的单一性"。直接货币交易计划（OMT）于9月开始，取代了已经退出的证券市场计划。与临时性的证券市场计划不同，直接货币交易计划对其久期和规模都没有事先设定限制。然而，它的条件是，每个受益国都要遵守一个适当的调整方案。尽管欧元区的主权债务紧张局势到2014年已经有所缓解，但欧洲央行之后面临着欧元区通胀率持续下滑带来的通货紧缩挑战。2014年9月的政策反应导致了两个债券购买计划的启动：担保债券购买计划和资产支持证券计划。这些计划在2015年1月被扩展为一个更常规的量化宽松计划，包括每月购买高达600亿欧元的主权债券。2014年6月，欧洲央行启动了第一批定向长期再融资操作（TLTRO），2016年3月启动了第二批（TLTRO II），2019年3月启动了第三批（TLTRO III）。这些公开市场操作有助于为欧元区信贷机构提供融资。它们向银行提供了条件优厚的长期资金，并将其与非金融企业和家庭的贷款挂钩，旨在鼓励银行放贷。

  欧洲央行这些货币政策操作的规模和深度，对于很多其他中央银行特别是美联储而言，已经超过了合意和可行的范围。图7.12和图7.13总结了欧洲央行资产负债表的扩张情况，图中凸显了流动性创造的主要来源。欧洲央行的资产负债表从1999年的

8 060亿欧元扩张到2018年底的4.7万亿欧元。到2019年为止，欧元区的证券购买对流动性贡献最大，从1999年占欧洲央行资产负债表的2%~3%，跃升至2018年底的近62%。截至2019年底，由于德拉吉承诺重启量化宽松，作为他担任欧洲央行行长的"最后"行动，欧洲央行的资产负债表再次扩大。欧洲央行内部的辩论集中在其负利率政策的有效性上。同时，欧洲央行的专家仍然相信，负利率不会减弱欧元区银行的盈利能力。鉴于私人银行的资产负债表仍然很糟糕，以及欧洲央行可能无法轻易促成另一项银行救助计划并在未来获得国际货币基金组织的支持，因此提高商业银行利润似乎成了它们的核心政策目标。欧洲银行业的困境持续存在，说明欧元体系的运作存在深层次结构性问题。我们将在第十二章中探讨这一点。另外，这也说明了过于分散的银行业使欧洲"过度银行化"的事实。我们仍然关注这些结构性问题，以及负利率对欧元区信贷供应的影响，因此我们相信欧洲将会采取更多的量化宽松政策。

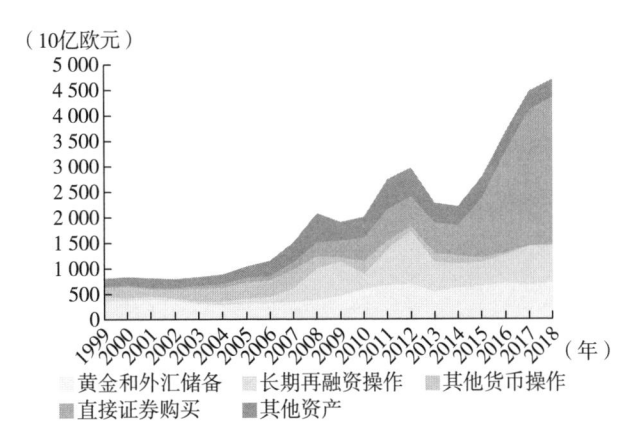

图7.12 1999—2018年欧洲央行合并资产负债表的资产构成

资料来源：CrossBorder Capital，欧洲央行。

7.3%　15.4%

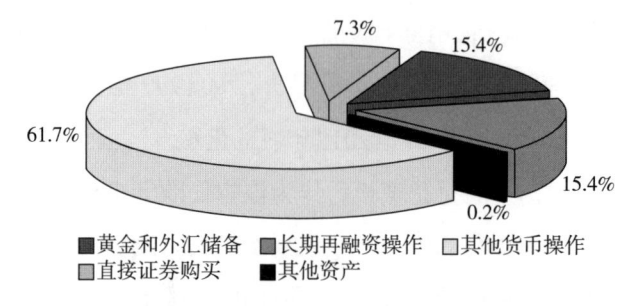

61.7%

15.4%

0.2%

■黄金和外汇储备　■长期再融资操作　□其他货币操作
□直接证券购买　■其他资产

图7.13　2018年末欧洲央行合并资产负债表的资产构成

资料来源：CrossBorder Capital，欧洲央行。

# 第八章
# 跨境资本流动

## 美元霸权

国际投资规模庞大，且具有顺周期性和波动性。纵观历史，金融的国际化常常伴随着贸易的全球化：开放经济体为了对冲输入型通货膨胀等外部冲击，会更广泛地分散其资产基础。大量用美元进行的贸易，解释了为什么贸易国会持有以美元计价的资产；同时，负担有大量以美元计价债务的公司也会用美元记录其销售，以减少收入和支出之间的货币错配。用"水门事件"爆料者"深喉"[1]那句令人难忘的话来说，我们"跟着钱走"。近期的数据显示，跨境资本流动的快速增长加速了全球流动性的上升。20世纪90年代初以来，跨境资本流动的增速惊人，在2007—2008年全球金融危机爆发后，金融业遭遇了一场反全球化的反弹，各国纷纷对跨国银行实施强监管。乍一看，以外国资产占GDP的比例来衡量，国际资本的重要性似乎下降了；然而，深入分析便可发现，自全球金融危机以来，不仅全球总资本流动大幅下降，跨境资本流动的构成和方向也发生了显著变化。具体表现为：中国的重要性日益上升，数字跨境支付稳步发展，开曼群岛和海峡群岛等离岸低税金融中心受到更多限制，能够实现技术扩散的外国直接投资在国际资本流动中的份额上升。

根据图 8.1 展示的数据，美国的国际资产几乎占到 GDP 的 125%，而这并不是历史上的最高纪录。诚然，在 2000 年互联网泡沫出现和 2007—2008 年发生全球金融危机之间，国际资产占 GDP 的比例迅速上升，而国际资产和国际负债的变动趋势往往密切相关。但美国的对外负债已经超过了其海外资产，国际负债占 GDP 的比例在峰值时甚至超过了 180%。在深入研究这些资产负债表数据后，一些人甚至将美国的国际活动比作一家巨型对冲基金的操作，它"做空"美元现金，"做多"外国风险资产。这证实了美国的独特地位，由于美元在世界市场上的主导地位，美国可以以美元和国债的形式发行主要的"安全"资产，而外国政府和私人部门对这些资产有很大的需求。接着，美国利用这些流入的资金购买了大量高风险的国际资产，如股票、债券、对外直接投资等。美元的持续主导地位在很大程度上源于贸易融资和对冲活动的需要，因为美元在国际贸易中被广泛用作计价货币。许多新兴市场经济体 70%~80% 的贸易以美元结算，但这些经济体只有 10%~15% 的贸易直接出口到美国；同样，日本约一半的贸易、欧洲近 1/4 的贸易以美元计价，但与美国的直接贸易在其出口总额中所占的比例分别不到 1/4、1/10。[2] 美元在国际贸易中的"先发优势"仍然被不断增加的网络效应和日益降低的交易成本所强化。美元在贸易计价中的广泛使用及其在国际银行和金融中的主导地位也在自我强化。美元作为全球货币的一个直接后果是，全球的银行体系都在使用美元，美国资产也成为首选的"安全港"。

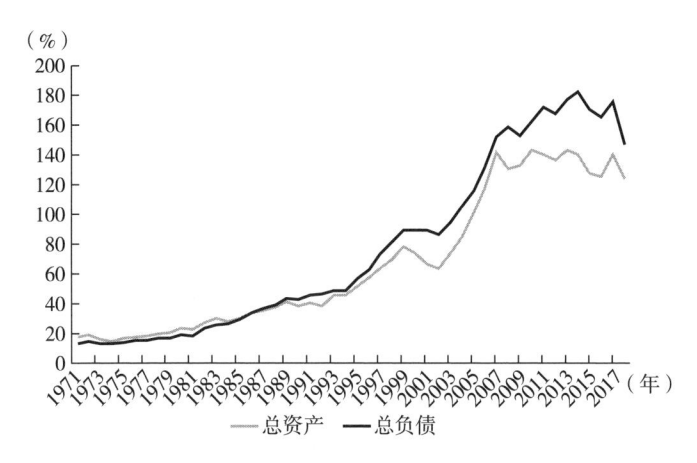

图 8.1　1971—2018 年美国外国资产和负债存量（占 GDP 的百分比）

资料来源：国际货币基金组织。

美国发行这些"安全"资产的能力也外溢到其他领域，例如，在国际市场上大量以美元发行的私人债券，占有很大份额的以美元计价的贸易，以及大量以美元为中介的外汇交易。根据国际清算银行 2019 年公布的调查结果，在日交易量达 6.6 万亿美元的外汇市场中，美元所占份额为 44.2%，而欧元以 16.2% 的份额位居第二。美元是债务合同常用的记账单位，跨境借款人通常以美元借款，跨境贷款人经常以美元放贷，这同他们是不是美国居民无关。戈德堡和莱尔曼（2019）发现，63% 的全球外汇储备、40% 的非美国贸易、49% 的债务以及 48% 的跨境索赔都是以美元形式持有或计价的。[3] 英格兰银行[4] 2019 年计算发现，超过一半的国际贸易选择以美元计价，新兴市场国家 2/3 的外债是以美元计价的，以美元为"锚货币"的经济体占全球 GDP 的 70%（其中约一半的货币明确表示与美元挂钩）。图 8.2 总结了这些事实。

总体而言，全球 GDP 的一半左右是直接或间接以美元计价的。尽管 1971 年布雷顿森林体系解体时，美元和黄金之间的联系被打破，但自那以后，美元一直是无可争议的全球锚定货币和主要储备货币。实际上，随着时间的推移，虽然美国在全球 GDP 中所占的份额不断下降，但美元的主导地位却不降反升。具有讽刺意味的是，许多专家很快就指出了美国经济将长期下滑，但他们完全忽视了美元日益增强的货币主导地位。这种主导地位通过三种渠道塑造了美国货币政策在世界经济中的传导路径：一是通过影响世界贸易的价格和数量，二是通过改变跨国金融机构的资产负债表、资金和投资行为，三是利用全球流动性和金融周期不断增强的同步性。

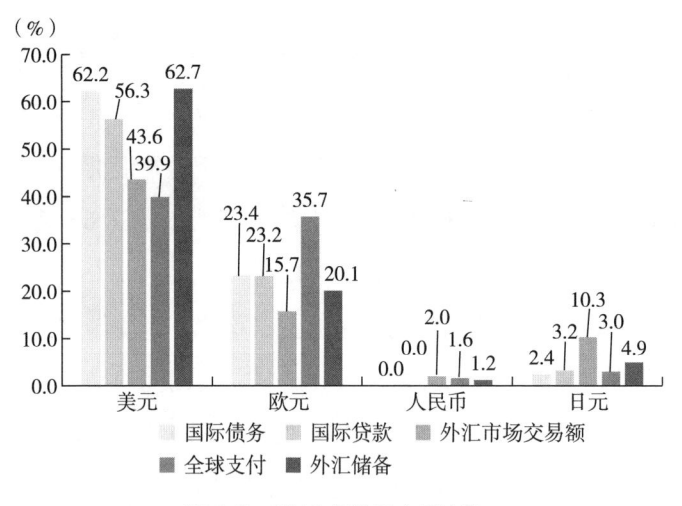

图 8.2　2018 年美元主导地位

资料来源：欧洲央行，CrossBorder Capital。

然而，美元主导地位的确立并非一帆风顺。我们分三个发展阶段进行思考：（1）金汇兑本位制（1945—1971 年）；（2）石油交易标准（1974—1989年）；（3）新兴市场交易标准（1990年至今）。但在上述三个阶段之间，有时美元也会出于政治原因而发生大幅贬值，例如1971年8月15日尼克松总统宣布美元和黄金脱钩，以及20世纪70年代末卡特政府采用"口头干预"的方式使美元贬值。第一个发展阶段是第二次世界大战结束后《布雷顿森林协议》的实施过程，该阶段在主流教科书中已被详细描述。第二个阶段始于1974年7月，当时美国财政部长威廉·西蒙与沙特阿拉伯达成秘密协议，随后又与石油输出国组织达成协议，约定原油完全以美元计价。一个必然的结果是，沙特阿拉伯随后大规模购买美国国债的行为没有得到披露。美国大笔一挥，巧妙地创造了对美元的新需求。

美元霸权第三阶段的开始更为隐秘。1989年柏林墙的倒塌和随后的苏联解体，再加上中国进行的改革开放，共同促进了新兴市场经济体的崛起。为了竞争国际资本，这些快速增长的国家纷纷推动了经济改革、市场开放和货币管理，并将其扩展到东欧以外的亚洲其他地区和拉丁美洲。在这些国家，美元很快被确立为主要的基准外币，甚至在这些经济体内部，当人们对本国货币信心不足时，也开始使用美元。2001年中国加入世界贸易组织，再次推动了美元的使用，因为由中国主导的迅速发展的供应链和物流几乎都是以美元计价的。同时中国的外汇管理机构为了维持人民币兑美元汇率的稳定，持有大量的美元外汇储备。上述种种原因，使美元在国际市场上开辟了新的需求。这一类需求甚至会持续增长：新兴市场经济体占全球GDP的份额已从20世纪80年代初期的不足1/3，达到今天的2/3左右，并且在未来10年内有望上升到3/4。除此之外，2010—2012年欧元区银行业危机带来的影响，以及欧元区对来自国际货币基金组织和美联储外部支持需求的增加，都进一步强化了美元的主导地位。经济历史学家亚当·图兹（2018）的研究表明，中央银行互换额度的使用使美联储在事实上扮演了国际"最后贷款人"的角色，在 2007 年 12 月到 2010 年 8 月提供了高达 10.1 万亿美元（按照标准化算法则为 4.45 万亿美元）的互换额度，这在很大程度上助推了欧洲银行的脆弱性。

自全球金融危机以来，这些美元互换额度已变得更加政治化。美国不仅有在货币互换安排上倾向于"友好"国家的传统，并且根据亚当·图兹的说法，现在这一决定最终取决于谁主政白宫。[5] 值得注意的是，全球最大的美元使用国中国和其他新兴市场经济体都不在这个名单上。这一鸿沟之所以重要，是因为尽管国外的银行理论上可以通过其美国子公司获得稳定的美元存款资金，但美国监管机构将这些资金限制在对美国有利的活动中，所以它们无法在全球层面上部署。因此，中国正试图建立自己的人民币互换额度网络。通过其他渠道（美国银行分支机构、国际资本和信贷市场）获得的美元资金可以在美国以外部署，但这些资金大多是批发的、短期的，因此波动性更大，特别是在紧张时期面临着巨大的再融资风险。

美元在跨境资本市场中扮演的关键角色凸显了美联储的重要性和权力，但 2007—2008 年全球金融危机也告诫我们，美国当局也并不总能完全控制局势。换句话说，美元货币体系的基础有时超过了美联储的资产负债表。这种"影子"货币体系以抵押品和欧洲美元等跨境离岸货币池为重点，是全球流动性日益重要的来源，但它往往不受官方控制。从本质上讲，存在一个由"安全"（可杠杆化）资产组成的等同的"影子基础货币"，即享有低"折扣"和高再抵押利率的资产，例如高质量的公共部门与私人部门债务和离岸现金池。因此，在2007—2008年全球金融危机发生后，全球货币当局纷纷收紧了对银行业资本和流动性要求的监管，并将其流动性操作的范围扩大到这些"影子"部门。

## 全球价值链

世界贸易的35%是由银行提供资金的。反过来，大约80%的银行提供的贸易融资是以美元计价的，这反映了美元计价的盛行。鉴于美元信贷在支持国际贸易方面的广泛使用，影响信贷条件和银行美元贷款供应的因素在支持供应链[6]活动方面发挥着关键作用。图8.3凸显了近期贸易与资本在中国主导的供应链和物流业务上的集中。建立和维持这些供应链是高度金融密集型的活动，对企业的营运资本资源和短期银行信贷供应都提出了很高的要求。全球价值链需要大量的融资，因为在向供应链上的其他公司销售产品时，基础企业需要持有大量的中间产品库存，并在资产负债表上保持"应收账款"，两者都必须以某种方式融资。随着供应链的延长，发货的时间间隔也随之增加，对边际融资的需求也快速增长。因此，全球价值链体系只有在能够获得具有高度弹性的融资来源的情况下才能存续。在众多以美元计价的银行信贷可用性的指标中，美元汇率作为企业所面临的美元信贷状况的晴雨表发挥着关键作用。当美元疲软时，美元贷款往往增长更快；而当美元强势时，美元需求则会受到抑制或下跌。另外，当以美元计价的价格具有黏性时，计价方式也会影响贸易。银行美元贷款在全球金融危机发生之前迅速增长，随后则开始疲软，这两种情况形成了鲜明对比。考虑到供应链活动受美元融资状况影响的事实，美元走强也与全球价值链活动减弱有关，因此贸易占全球 GDP 的比例也相对较低。相比之下，在美元疲软时期，贸易占全球 GDP 的比例则相应更高。

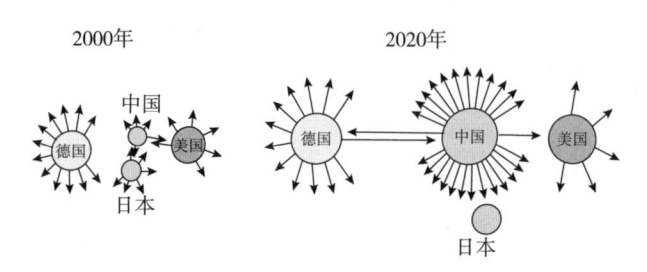

**图 8.3　2000 年和 2020 年全球供应链网络结构的变化**

资料来源：改编自世界贸易组织《全球价值链发展报告 2019》。

## 美元周期

美元在跨境金融市场的主导地位意味着，美元在世界贸易和国际金融周期的形成中扮演着核心角色，美元汇率的疲软（强势）与货币政策的宽松（收紧）类似。这或许可以解释为什么在汇率冲击之后，以美元计价的进口产品价格的传导率往往很高，从而将调整负担从进口转嫁到出口。

美元冲击的跨境金融传导涉及三个主要因素：

1. 新兴市场的应对政策——以美元汇率为目标的经济体可能将资本流入货币化，通过国内货币扩张来放大最初的冲击以做出回应。反之亦然。

2. 离岸借贷——如果任何额外的美元供应都存入离岸批发市场，例如欧洲美元市场，那么将通过贷款和掉期增加融资机会。
3. 抵押品效应——美元贬值将提高本币抵押品的价值，并增加融资机会。

一个包含第二个因素和第三个因素的国际信用渠道，正在通过全球金融中介的资产负债表进行运作（Rey，2013；Bruno and Shin，2015）。美国货币政策的收紧，降低了资金的可获得性，并提高了那些跨境放贷的全球银行的融资成本。美元的波动可能会直接影响银行和投资者的风险偏好。当美元贬值时，由于偿还成本下降，借入美元更具吸引力。同样，当银行提供以本币资产为抵押的美元贷款时，美元走弱会提高抵押品的价值。反之亦然，强势的美元会降低借款人以本币计价的风险资产的美元价值，从而减少抵押品，并对资产负债表造成不利影响。其结果是，世界经济可能会面临信贷增长放缓的困境，甚至出现衰退。由此可见，世界贸易周期和全球金融周期在很大程度上就是美元周期。然而，美元也确实受到第三方效应的影响，因此随着全球流动性的增加，对美元安全资产的需求可以由其他部门满足，因此美元可以不受美联储提供的流动性数量变化的影响而走弱。

以美元为主导的全球金融体系的第二个关键特征是，美元"核心"经济体和外围经济体之间经常发生大规模资本转移。诚然，自布雷顿森林体系结束以来，对外围经济体的界定几乎完全改变了：在20世纪70年代和80年代，由英国、德国和日本等其他G7（七国集团）发达经济体主导；从20世纪90年代初开始，新兴市场经济体逐渐占据主导位置。中国是这些新兴市场经济体的典型代表，1994年中国采用美元作为基准货币，1996年起人民币在经常账户交易中可自由兑换。尽管近年来中国被美国视为竞争威胁，但具有讽刺意味的是，中国的需求有助于维持美元体系。中国不仅在大部分贸易中使用美元计价，而且大量持有美国的政府债券和美元。同时，在以美元为导向的世界贸易体系里，中国也及时调整其财政和货币政策。

长期以来，美国当局一直认为，全球货币紧张和失衡是国外不恰当的汇率政策造成的。因此，美国政策制定者往往试图向德国、日本和中国等债权国施压，要求它们上调本币汇率，而不是直接解决美国国内储蓄失衡的问题。美国经常账户赤字的来源是国内储蓄短缺和资本账户盈余，而不是贸易竞争力本身的缺乏。与一些人的观点相反，美国不需要为了向世界提供更多美元而保持永久性经常账户赤字，因为其只需要积累与这些短期美元债权对应的长期国际资产即可。在实践中，美国往往将愤怒集中于贸易关系，通过"抨击日本""抨击中国"，迫使这些竞争对手允许本国货币升值，并向美国企业开放市场，例如20世纪80年代后期针对日本的"超级301条款"。在20世纪70年代和80年代，德国和日本是主要的债权国，布雷顿森林体系最初解体时，德国马克升值，这也在一定程度上刺激了欧元的诞生，欧元通过将货币升值的压力分摊到其他欧洲经济体身上，减小了对德国竞争力的负面冲击。在后期，美国官员使用所谓"口头干预"的方式来压低美元对日元的汇率，而1985年强有力的"广场协议"则被证明在迫使日元升值方面取得了成功。

## 总资本流动

美元在世界贸易和世界资本定价中的重要性意味着美元冲击会在国际上迅速传播。许多新兴市场经济体——尤其是中国——要么锚定美元汇率，要么至少会随着美元汇率进行调整，因此美国货币的扩张和收缩往往会被这些经济体放大。以美元为基础的套利交易——买入高利率货币，卖出低利率货币——可以通过跨境资本流动进一步强化全球流动性的顺周期效应。这些跨境流动本身就是我们对全球流动性估计的一个关键组成部分，对许多经济体来说，它们对国内流动性总量有着巨大的影响。许多新兴市场经济体通过人为设定的汇率目标政策，或仅仅因为国内金融市场交易过于分散，被迫被动地应对全球资本的快速涨落，从而导致国内流动性的剧烈波动和频繁的金融危机。但较大的发达经济体也不能幸免，欧洲银行在21世纪头10年面临的一个主要症状是，国内存款增长乏力与信贷增长加速之间出现了鸿沟。这种融资缺口迫使银行通过在国际银行间市场和货币市场上进行短期借款以及发行债券来筹集资金。欧洲各地银行融资模式的变化，以及与银行相关的跨境资金流动的增长，凸显了国际资本流动和国内信贷增长之间的系统性关系。

我们在前文已经证明了跨境活动和资本流动是如何通过流动性状况与风险偏好的"全球因素"联系在一起的。当主要的中央银行，比如美联储和中国人民银行收紧货币政策时，不仅国内产出、资本支出、消费者信心、房地产市场和通货膨胀均出现收缩，而且对全球金融市场也会造成显著的第二轮效应。例如，敏感的国际资产价格暴跌、风险息差扩大、跨境资本流动下滑、离岸批发贷款市场乃至全球银行的杠杆率下降。如果全球银行从离岸批发市场（比如伦敦和纽约）借款，再贷给新兴市场的地方和区域银行，这些影响还会进一步扩散。它们的贷款可能将以当地货币计价的抵押品作为担保。显然，当借款以美元计价时，潜在的货币错配风险会加剧。此外，这也意味着美元疲软可能会提高本地借款人的信用价值，从而鼓励进一步举债。雷伊（2015）将其称为推动国际金融活动协调波动的"全球金融周期"。"全球金融周期可能与资本流动的激增和枯竭、资产价格的繁荣和萧条以及危机有关……有关资本流动、杠杆和信贷增长的经验结果表明，存在一个国际信用渠道或风险承担渠道，并指向金融稳定问题。"[7]

具有讽刺意味的是，政策制定者忽略了全球金融危机之前不断加剧的世界货币紧张局势，这可能是因为国际经济分析过于关注经常账户失衡的规模，以及相应的净资本流动规模，而不是深入挖掘构成整体外国部门资产负债表的更丰富的数据。如图 8.4 所示，绘制了一份估算的外国部门总资产负债表。资本流动通常分为私人部门流动和官方流动，私人部门流动可进一步细分为：（1）外国直接投资；（2）涉及股票和债券买卖的证券投资；（3）银行贷款和银行存款流动。它们涵盖了国内居民和外国公民的活动。总流入和总流出之间的差额就是一个国家持有的外汇储备的变化，即官方流动。仔细区分"总"的确切含义也很重要，因为所包含的项目关键取决于加总的水平。例如，一个在美国的国内投资基金可以购买 1 亿美元的英国股票，出售 8 000 万美元的德国股票，从而为美国增加 2 000 万美元的外国资产。这一数字就是我们所认为的总（资产）流量[8]，但它显然掩饰了已进行的 1.8 亿美元的国际股权交易。在一个更高水平的汇总中，我们还可能发现，由于外国人同时向其美国资产中增加了 1.5 亿美元，因此美国的外债也相应增加，美国的净国际投资头寸因净流出 1.3 亿美元而恶化（即 –1.3=0.2–1.5）。

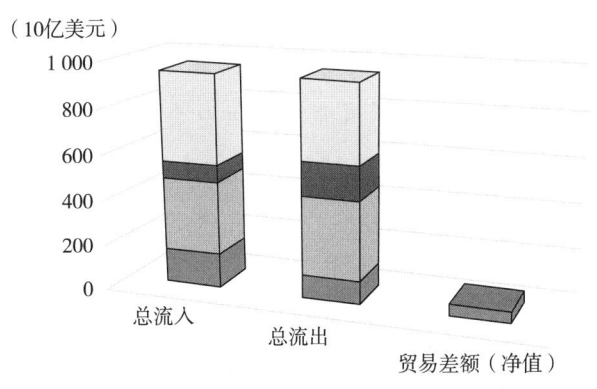

（10亿美元）

■ 贸易　■ 银行贷款　■ 外国直接投资　□ 证券投资

**图 8.4　估算的外国部门总资产负债表示意**

图 8.4 试图表明，这些经常隐藏的私人部门资金流动不仅非常活跃，而且在规模和波动性上都要大于贸易流动。例如，外国资产的增加可能代表美国购买欧洲和亚洲证券，或美国银行向国际放贷。类似地，外国债务的增加，可能代表德国人或日本人购买美国股票及债券，以及非美国居民对美国的实际投资。这些资产和负债流动可能大致相互抵消，从而使净资本流动变得微小且不重要，但总资产和负债的流动规模却可能仍然很大。此外，按类型划分总流动，可以识别出哪些是寻求风险、创业性和技术嵌入的资本流动，哪些是寻求安全和规避风险的资本。其中前者更有可能促进经济增长。换句话说，就像在讨论贸易和经常账户失衡时所隐含的那样，仅仅计算资本流动的净值，就会损失大量信息。更重要的是，这些资本流动可能会积极地推动经常账户，而

不是被动地适应它。例如,一个以本币计价的银行对外贷款的大幅扩张,可能最终会导致国内出口增长加快。同样,如果资本储备是由国内制造的,对外直接投资的增加本身就可能导致出口活动的增加。另一个例子可能涉及一种简单的套利交易,即通过增加美元借款来为外国证券(比如高收益新兴市场债券)投资进行融资。一个更复杂的例子可能涉及向当地银行提供外部美元融资。这些银行可以承担汇率风险并利用这些资产增加本币贷款,而这些贷款又会通过投资组合外流或更快的进口增长而被消耗。

尽管所有这一切似乎表明,金融部门可以通过资本账户主动发起货币冲击,但根据传统观点,金融流动不过是储蓄和投资决策在会计意义上的对应物。通常情况下,经常账户状况衡量的是国民经济的借贷需求,而汇率则扮演着自动稳定器的角色,引导进出口的变化,从而消除外部失衡。根据预期,一个国家货币的升值会导致净出口收缩。事实上,经验显示的情况恰恰相反,因为汇率上升往往与强劲的资本流入和更活跃的经济活动同时发生。例如,在2005年前后,美国经常账户赤字扩大至历史高位,但与许多专家的预测相反,美元汇率飙升。尽管如此,一些经济学家仍指出,严重的经常账户失衡是2007—2008年全球金融危机发生的关键因素。据说,数个亚洲新兴市场经济体的经常账户盈余推动了信贷繁荣,并通过压低全球利率和直接为信贷爆发提供融资的方式,提高了处于全球金融危机核心的西方赤字国家的风险承受能力。美联储前主席本·伯南克(2005)将这种现象称为"全球储蓄过剩"。[9]然而,我们之前的讨论对这些观点提出了挑战,因为:(1)任何国家的跨境融资活动都不能只从净资本流动来推断,而要关注总资本流动;(2)如何界定投资者居住地与资产受益所有权之间的"边界"至关重要；（3）市场利率是由更广泛的信贷市场决定的，而不仅仅是由净储蓄决定的。全球金融危机和之前亚洲金融危机的诱因更有可能是全球货币和金融体系的过度弹性以及西方资产市场（如纽约和伦敦）的影响，而不是亚洲家庭的高储蓄率。

在实践中，资本流入和流出表现出高度的相关性，因此资本流动的总增长会快于净增长。尽管从本质上讲，经济学很少涉及总流量，但更大的全球化和更深入的贸易一体化或许可以解释净流量增长相对缓慢的原因。另一个原因可能来自国与国之间相对投资收益规模的下降，但较低的相对收益也可能意味着流入与流出之间存在负相关，而非正相关。因此，总流量数据的高度相关性更有可能用共同的风险因素来解释，如全球流动性冲击。例如，随着国内银行开始接触资金充裕的离岸批发市场，银行美元借款普遍出现飙升。图 8.5 显示了从 1990 年起整个世界经济资金流动总额的长期图景。从这张图中可以清楚地看到，2006 年跨境活动异常激增，占全球 GDP 的 19.1%，并在全球金融危机之前达到 22.3% 的峰值。这应该是对政策制定者的一个严厉警告。到 2018 年，全球资本流动总额已回落至全球 GDP 的 6.6%，大致相当于 20 世纪 90 年代末的水平。

实际上，主要发达经济体之间的总资本流动量在经济活动中所占的比例甚至比新兴市场经济体还要高。这些发达经济体因此被归类为与全球金融市场融合程度更高的国家。图 8.6 显示了六个主要国际投资者（美国、中国、日本、英国、德国和法国）的总资本流动和净资本流动相对于它们总体 GDP 的情况。总流动数据的变动方向与 2007—2008 年全球金融危机之前美国国际资产

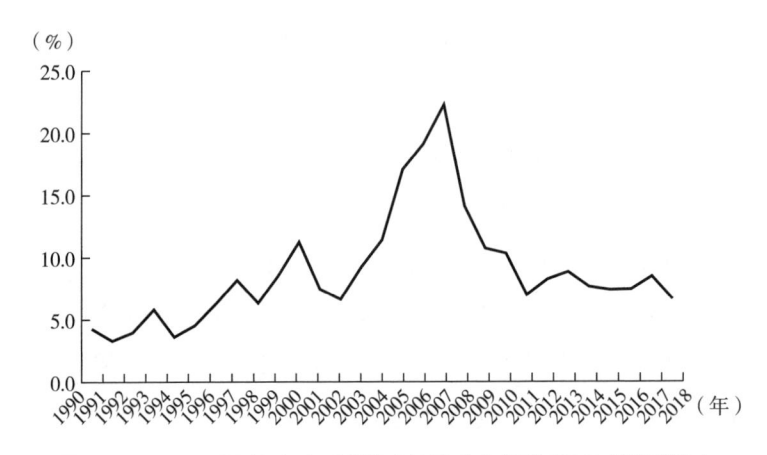

图 8.5 1990—2018 年全球总资本流动（占全球 GDP 的百分比）

资料来源：国际货币基金组织。

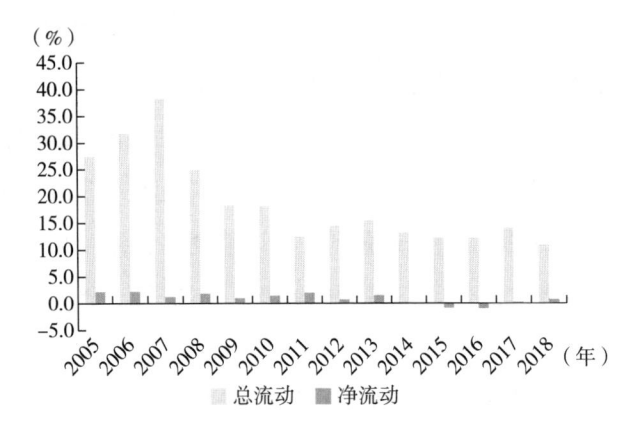

图 8.6 2005—2018 年全球六个主要经济体的
国际总资本流动和净资本流动（占 GDP 的百分比）

资料来源：国际货币基金组织。

负债表的广泛扩张相一致（见图 8.1）。在全球金融危机爆发前的 2007 年，总资本流动达到峰值，占这些国家 GDP 总量的近 40%，但在 2018 年降至仅占 GDP 总量的 10%。近年来，净资本流动维持在低位，且占 GDP 的比例从未达到两位数，因此未能对即将到来的全球金融危机做出任何早期预警。国际货币基金组织进行的更全面的研究显示，在 2007 年，发达经济体的总资本流入量达到峰值，约占 GDP 的 26%，而总资本流出量达到 GDP 的 25%（合计占 GDP 的 51%）。与此同时，新兴市场经济体的总资本流出量仅占其 GDP 的 6%，远低于总资本流入量在峰值时接近 11% 的占比，流入和流出总量占 GDP 的 17%。

为了确保分析的完整性，我们还必须考虑被严格归类为收入转移的外国汇款。超过 3/4 的跨境汇款是从富裕的发达国家和中东国家流向新兴市场经济体的。事实证明，这些支付比传统资本流动更稳定，因为它们不可能突然撤出。世界银行官方估计，2018 年流入低收入国家和中等收入国家的年汇款总额达到创纪录的 5 290 亿美元，比 2017 年增长了近 10%，超过了这些国家吸收的外国直接投资。2018 年，包括流向高收入国家的汇款在内的全球汇款达到 6 890 亿美元，高于 2017 年的 6 330 亿美元。在各国中，最大的汇款接收国是印度，为 790 亿美元，其次是中国（670 亿美元）、墨西哥（360 亿美元）、菲律宾（340 亿美元）和埃及（290 亿美元）。

## 政策问题

决策者对资本流动的担忧主要集中在两个方面。首先，如图 8.7 所示，国际资本流动往往具有高度的顺周期性，它们可能会放大潜在的商业周期。一个简单的回归分析可以得出，全球 GDP 增长和相对于 GDP 的总资本流动规模之间的弹性高达 2.5 倍。对数据进行仔细研究后发现，资产和负债的流动通常是同步的，这表明在经济低迷时期，资产负债表往往周期很长，而且存在强烈的本土偏好，外国和国内投资者都会将资本汇回本国。总资本流动普遍存在的这种顺周期特征，加剧了潜在的全球金融不稳定性。第二个担忧集中于银行的作用。数据显示，相当大一部分跨境资本流动是以银行业为中介的，其中又有很大一部分是短期的批发性融资，因此，当金融条件恶化时，这种情况很容易迅速发生逆转。换句话说，存在较高的出现"突然止损"情况的风险。对总资本流动过去的波动情况的分析证实了这些担忧：无论是发达经济体还是新兴市场经济体，银行总资本流入量和流出量的波动性始终高于同等规模的外国直接投资和投资组合流动。根据欧洲央行（2016）的数据，银行资本流动的波动性通常是其他广义资本流动类型的两倍以上，而在金融危机中，这一比例跃升至4~5倍。

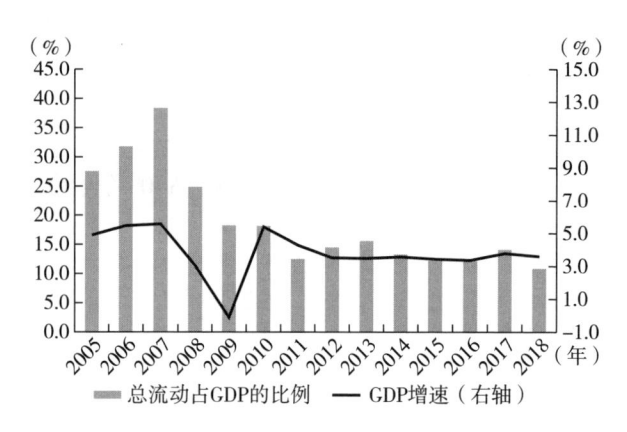

图 8.7　2005—2018 年世界六个主要经济体的国际总资本流动
（占 GDP 的比例）和世界实际 GDP 增速

资料来源：国际货币基金组织。

莱恩和米莱西 - 费雷蒂（2008）指出了过快的国际金融一体化的经济成本和对国内银行的威胁。例如，地方金融体系的发展与跨境资本流动规模之间存在着强烈的正相关关系，这可能对国内信贷增长产生负反馈。按照传统的解释，经常账户失衡会影响实体经济的宏观变量，进而扰乱信贷市场。然而，正如我们已经指出的那样，经常账户本身就是一个具有误导性的指标，因为即使在经常账户保持平衡状态时，金融渠道仍然可以运行并影响信贷市场。希恩（2012）强调了欧洲和美国之间的总资本流动在推动美国在2005年前后信贷繁荣方面的作用。大规模的跨境金融流动改变了美国国内信贷提供商的融资环境和资产负债表结构。这是在净资本流动为零的情况下发生的，因为欧洲银行为购买其在美国的资产而不得不在美国进行融资。金融一体化的加强使国内银行能够从外国储户、外国银行间参与者和离岸货币市场，以及通过国际债券的发行获得资金。银行间融资则通过拥有海外分支机构的国内银行，为融资提供了另一个渠道。不出所料，莱恩和麦奎德（2013）发现，实践数据表明，国内信贷增长与债务净流入密切相关。2008—2011年冰岛银行业危机就是一个典型的例子。

如图8.6所示，总资本流动量是基础贷款标准的一个很有价值的晴雨表。这意味着它也可以成为对全球流动性有效的交叉检查。从这个角度来看，美国持续了20多年的巨额经常账户赤字，实际上掩盖了大规模积累、需要频繁再融资的外国短期离岸美元借款，而这些借款又被外国持有的美国国债等长期"安全"资产所抵消。在全球金融危机爆发之前，巨额经常账户赤字让许多专家相信美元将会贬值。然而，全球金融危机的爆发却伴随着美元的大幅升值，因为那些曾利用短期美元资金投资于风险较高的长期美元资产的外国金融机构，被迫匆忙地进行去杠杆操作。事实证明，曾是美国抵押支持证券市场主要参与者的欧洲银行遭受了重大损失。全球金融危机爆发后，这些金融机构发现自己缺乏美元，杠杆率过高。在美联储通过互换额度提供的 10.1 万亿美元现金中，有令人震惊的 8.0 万亿美元被欧洲央行单独占用。因此，通过试图减少美元债务，欧洲投资者进一步推高了美元的价值。

## 全球金融中心

在世界历史上，像威尼斯、阿姆斯特丹和热那亚这样的金融中心，一直以自由储蓄的集中而闻名，经常愿意为投机性风险融资。在19世纪，伦敦占主导地位。《经济学人》的编辑沃尔特·白芝浩说：

> 伦巴第街……是迄今为止，全世界经历过的最伟大的经济实力和经济脆弱性的结合。关于伦巴第街拥有强大的经济实力是毋庸置疑的，每个人都深刻意识到了英国是世界上最富有资金的国度，每个人都承认它拥有比其他任何国家更迅捷的、可自由使用的现金流量和现款。但是很少有人能深刻理解这种现存余额的规模程度——流动贷款资金，该笔资金可以出于任何目的借给任何人。英国的这种能力领先于世界其他任何地方。稍引用几个数据就能证明伦敦贷款资金有多么巨大，及其较其他地区的先进程度。已知存款——通过银行账目公开而得到的银行存款数据如下：
>
> 伦敦（1872年12月31日）　　　　　120 000 000 英镑
> 巴黎（1873年2月27日）　　　　　　13 000 000 英镑

纽约（1873年2月） 40 000 000英镑

德意志帝国（1873年1月31日） 8 000 000英镑

未知存款——银行未对其进行账目公开的存款在伦敦的存款规模也远大于上述其他任何城市。

——沃尔特·白芝浩，

《伦巴第街》，1873年

关于跨境资本流动究竟是导致资本流入富有吸引力的海外投资的拉力作用的结果，还是导致盈余资本流出主要金融中心的推力作用的结果，一直存在争论。事实上，这两者都适用，但从经验来看，我们发现推动因素在其规模和宏观金融政策影响方面都占主导地位。基础货币政策和投资者寻求风险的活动中发生的变化，都可能导致跨境资本的大规模外流。诚然，税务规避和较低的信息披露要求有助于解释一些较小的离岸金融中心的崛起。根据楚克曼[10]（2013）的研究，全球8%的家庭金融财富是在海外持有的，其中至少6%（4万亿~5万亿美元）是官方没有记录，但存放于这些金融中心的。

外国投资一直有追寻这些集中储蓄池的传统。例如，19世纪的许多外国公司——如美国铁路公司和帝国种植园公司——在伦敦证券交易所上市，以接近这些盈余资本。表8.1列出了全球主要金融中心的最新GFCI（全球金融中心指数）排名。虽然这项调查没有直接衡量这些储蓄池的规模，但它列出了主要参与者。很少有人会质疑纽约和伦敦的主导地位；而考虑到法兰克福控制的资本规模，它在排行榜上的排名似乎低于应得的水平；波士顿的保险公司和投资经理,以及芝加哥的期货交易所仍然排名靠前。表8.1的最后一列显示了与10年前的排名对比后的变化。排名靠前的城市位次只发生了微小变化,但最值得注意的事实是,中国金融中心的排名出现了大幅跃升,尤其是上海和北京,它们与深圳和香港一起,凸显出中国资金日益增长的影响力。东京的地位再次上升,与迪拜、悉尼、墨尔本、旧金山、洛杉矶和温哥华的崛起一道,凸显出亚太地区的重要性,而这一切都以牺牲位于美国东海岸、中西部和欧洲的金融中心在该排行榜上的名次为代价。

表8.1 2019年GFCI全球金融中心排名及相对变化
（以及与2009年排名的对比）

|  | 2019年排名 | 2009年排名 | 变化 |
| --- | --- | --- | --- |
| 纽约 | 1 | 2 | 1 |
| 伦敦 | 2 | 1 | -1 |
| 香港 | 3 | 4 | 1 |
| 新加坡 | 4 | 3 | -1 |
| 上海 | 5 | 35 | 30 |
| 东京 | 6 | 15 | 9 |
| 多伦多 | 7 | 11 | 4 |
| 苏黎世 | 8 | 5 | -3 |
| 北京 | 9 | 51 | 42 |
| 法兰克福 | 10 | 8 | -2 |
| 悉尼 | 11 | 16 | 5 |
| 迪拜 | 12 | 23 | 11 |
| 波士顿 | 13 | 9 | -4 |
| 深圳 | 14 | — | — |
| 墨尔本 | 15 | 28 | 13 |
| 旧金山 | 16 | 17 | 1 |
| 洛杉矶 | 17 | — | — |
| 蒙特利尔 | 18 | 26 | 8 |
| 温哥华 | 19 | 25 | 6 |
| 芝加哥 | 20 | 7 | -13 |

资料来源:GFCI。

## 离岸掉期和欧洲美元市场

美元在跨境市场上所扮演的主导角色，使美元价值成为衡量全球信贷状况的有效指标。我们注意到，当一种全球货币贬值时，外国人就会倾向于更多地借入这一货币。这通常会引发所谓的"套利交易"。国际银行业流动中很大一部分是套利交易，即在低成本地区借入资金，同时在预期收益率更高的市场进行投资。例如，投资者可以借入日元并投资于美元，或者借入美元并投资于收益率较高的新兴市场债券。跨境借贷往往会导致货币错配，这可能会使资金流动对汇率的变动更加敏感，尤其是美元（主要的借入货币）汇率的变动。当美元供应增加导致美元贬值时，可能会刺激国际借款者的额外需求，这些借款者有动机将其资本发行偏向美元计价的工具。此外，由于跨境美元信贷充足，全球性银行能够以更低的成本提供对冲服务，但随着美元走强，它们发现难以将这些信贷展期。并不值得奇怪的是，货币波动加剧的时期通常与跨境活动的急剧收缩有关。事实上，在2002—2008年，美元价值下降了约1/3，跨境银行流动的规模也相应飙升：2002年从美国流入欧洲的资金（即在美国的银行对欧洲的借款人拥有债权）总计4 620亿美元。这一数字在2007年跃升至1.54万亿美元，而根据国际清算银行的数据，从欧洲流入美国的资金由2002年的8 560亿美元跃升至2007年的超过2万亿美元。

大量"离岸"欧洲美元历来是许多美国银行的重要短期融资来源。从图8.8可见，欧洲美元是无担保外币存款的总称，并不单指美元，这些存款被货币法律管辖范围之外的银行持有，并且很有可能存放在前一节提到的全球金融中心之中。自1990年以来，美联储一直选择对欧洲美元存款实行零准备金要求，因此实际上将它们视为联邦基金的准替代品。事实上，欧洲美元基金的日融资额约为1 500亿美元，是联邦基金的3~4倍。尽管这些离岸存款现在已经可以在所有主要的全球金融中心进行交易，但欧洲美元市场最初是在第二次世界大战后的欧洲发展起来的。它的创立最初源于20世纪60年代，当时苏联集团国家对其在美国持有美元的潜在安全性表示担忧。自那以后，竞争开始将中东石油资金吸引到伦敦，而当今的许多美国跨国公司也都在这些市场持有大量离岸美元存款。图8.9显示了银行间跨境贷款的年增长率。自全球金融危机以来，其增速已经显著放缓，原因除了监管的收紧和盈利能力的下降以外，更主要的是欧洲银行对资产负债表承诺的缩减[11]，同时也受到时任美国总统特朗普的税收赦免以及对银行子公司进行单独监管等行动的影响。

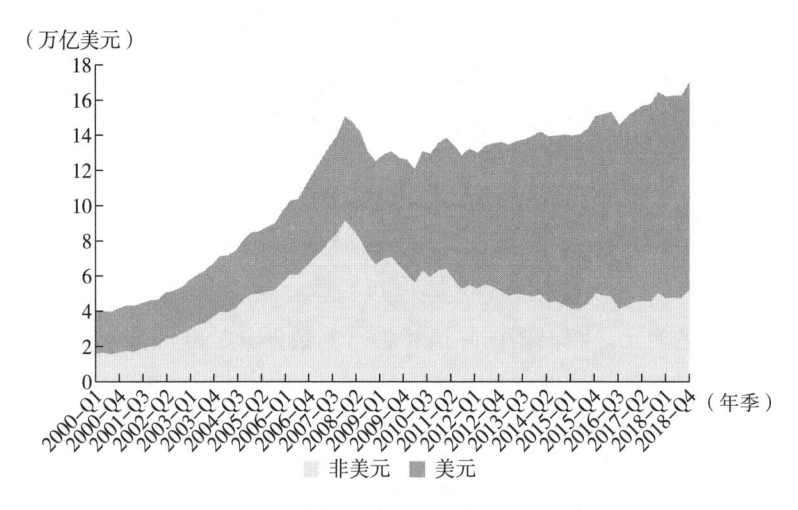

图8.8　2000—2019年银行和非银行金融机构的跨境与外币借款

资料来源：国际清算银行。

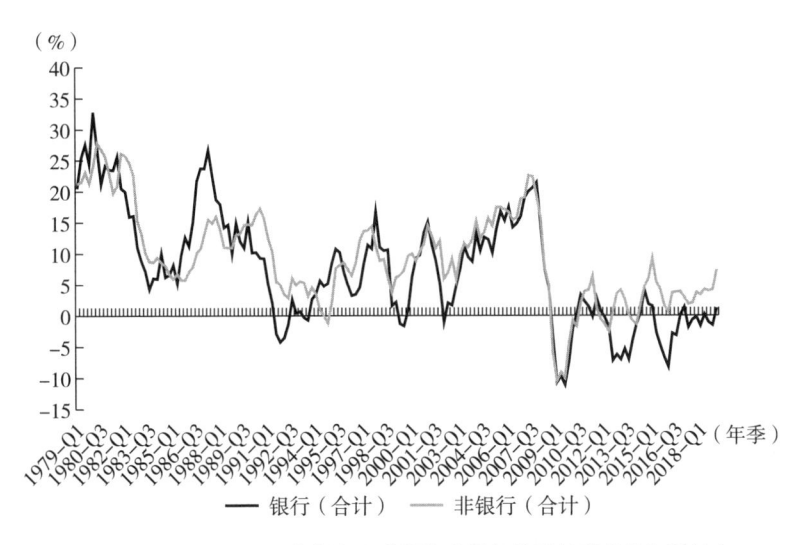

图 8.9　1979—2019 年银行和非银行金融机构跨境贷款的年增长率
资料来源：国际清算银行。

货币市场基金、其他机构投资者、企业和外国央行都是欧洲美元市场的活跃贷方。国际清算银行的数据显示，截至 2019 年，在美国境外经营的非银行金融机构中，以美元计价的债务存量约为 17 万亿美元，轻而易举地超过了美国国内银行的美元贷款总量，而银行间债务规模为 16.9 万亿美元。不可否认的是，自全球金融危机以来，这一总体债务池中的存量已经趋于平稳，尽管债券在非银行金融机构国际信贷总额中所占的比例从 2000 年的 45% 上升到了 2018 年的 56% 以上，同时这也使其在债务池中的地位显得越发重要。银行数据不仅包括美国银行，也包括例如在伦敦收集美元存款的中国银行等其他银行。这些池子很大，以万亿美元计，往往是批发融资的现成来源。因此，它们提供了一种额外的杠杆化手段，从而放大了全球流动性的周期。尽管历史表明，在向银行和非银行金融机构发放的国际贷款中存在大量的协同流动，但根据图 8.10，非银行金融机构的跨境和外币贷款存量在 2019 年增长得更快。2019 年，中国的债务总量超过了 2008 年 15 万亿美元的峰值，其中以美元计价的债务已经接近总债务的 70%。

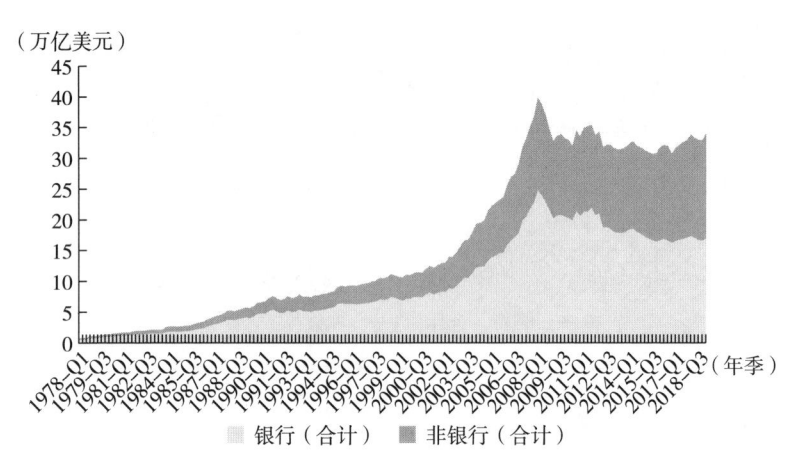

图 8.10　1978—2019 年按货币面额计算的银行和非银行金融机构跨境贷款总额

资料来源：国际清算银行。

跨境流动性也可以通过涉及货币互换等新信用形式的某些衍生品交易来创造。这种交易越来越受欢迎，甚至在各国央行之间也是如此。在交易中，双方交换以不同货币计价的资金，并约定在未来逆转该交易，这可能要等到几年以后。与涉及外汇风险的套利交易相比，货币掉期将会带来利率风险。由于许多经济体的国内利率处于低位或负值，国内投资者一直热衷于购买收益率较高的外国证券。然而，购买完全对冲了汇率波动风险的 10 年期美国国债的成本，可能会大幅侵蚀本币债券本已微薄的收益。在掉期交易中，每种资产都能按投资者所持货币的市场利率获得一段时间的收益，而卖方则要为其卖出的货币头寸支付利息。一个掉期交易的所谓"基准"是一种简写形式，衡量了其相对于抛补利率平价[12]的偏差程度。基准的定义是直接借款成本（比如美元）与先以外币借款然后再将外币兑换成美元的"合成"成本之间的差额。美元通常是被借入的货币，基准掉期价差有效地衡量了相较于直接以伦敦同业拆出利息率[13]借入美元贷款，银行通过这种迂回的方式借入美元所需支付的金额。换言之，美国国债基准是实际美国国债收益率减去由到期日类似的外国债券构成的等效合成国债收益率后的差值。

这种价差可以直接衡量全球美元安全资产的稀缺程度。正（负）基准是指美元利率高于（低于）根据互换成本调整后的外国利率。正的基准往往被错误地认为是美元"短缺"，但事实并非如此。相反，一个正的基准意味着对美元的过度需求，而"价格"，即基准，会调整以使市场趋于平衡。G10（十国集团）货币的平均价差，是衡量美元稀缺性成本的一个指标。抛补利率平价理论认为，这几种不同的情况是完全可替代的，因此不应该有基准的存在，但自 2008 年全球金融危机以来，我们多次看到强有力的反例表明正的基准是存在的。尽管正基准的持续存在引起了对市场效率的怀疑，但抛补利率平价无风险套利的假设也需要接受挑战，因为完全可替代性是不存在的。教科书中只关注传统银行的倾向需要被纠正和扩展，以便更好地理解这些跨境交易背后的动机。我们已经证明了传统银行不再是唯一的市场参与者，对许多投资者来说，套利既不是无风险的，也不是零成本的。并不是每个投资者都能以伦敦同业拆出利息率借款，或者愿意承担隐含的信用风险。

第八章
跨境资本流动

## 伦敦同业拆出利息率

伦敦同业拆出利息率、美元伦敦同业拆出利息率以及类似的银行同业拆息计划在2021年底前停止使用。预计这些利率将被新的基准取代。无处不在的伦敦同业拆出利息率是一种被广泛使用的基准利率，且已经使用了30多年。根据国际清算银行的估计，截至2018年中期，数以百万计的合同和金融工具使用了某种形式的伦敦同业拆出利息率作为参考利率，包括批发利率，如浮动利率票据和利率互换，甚至包括一些住宅抵押贷款。伦敦同业拆出利息率的问题是，在过去一些特定的关键时刻，某些市场参与者为了自己的利益而操纵该利率，并因此损害了其公平的声誉。最重要的是，2019年之前几年的监管改革和银行改革也共同导致了银行间借贷市场规模的缩减。

几个区域的工作组已经确定了它们选择的用于替代伦敦同业拆出利息率的无风险参考利率。与伦敦同业拆出利息率不同，这些备选品都基于实际交易，并涵盖了银行以外的机构。然而，它们都是向后看的，并且可以同时参考有担保和无担保贷款。英国选择的利率是英镑隔夜指数平均利率（SONIA），这是一种无担保隔夜利率。而在美元市场，新的参考基准将是有担保隔夜融资利率（SOFR）。这两种利率分别由英格兰银行和美联储发布。欧洲央行最近宣布ESTR作为欧元隔夜利率平均指数（EONIA）——一种伦敦同业拆出利息率的相似品——的继承者。ESTR是一种基于交易的无担保隔夜利率，反映了欧元区银行的隔夜批发融资成本。

# 美元风险—— 一个新的特里芬困境?

"特里芬困境"本质上是关于美国能否用净资产来偿还其外国债务——无论是现有的投资还是未来潜在的现金流——的问题。它最初与以下几个方面有关：（1）20世纪60年代末布雷顿森林体系固定汇率制度的终结；（2）美国当时迅速恶化的经常账户状况；（3）美国黄金储备的逐渐流失。然而，从更广泛的角度来看，它与美国经常账户赤字本身没什么关系。特里芬困境与美元缺乏黄金支持的问题和美国过度货币扩张的危险都不甚相关。相反，它凸显了外国投资者可能对其在国际上持有的美元价值失去信心的威胁。因此，即使在一个缺乏黄金锚定的国际货币体系中，这个问题在今天仍然具有现实意义。古兰沙和雷伊（2007）很好地阐述了这一论点：

> 特里芬认为，在这个世界上，黄金供应是由南非捉摸不定的开采情况和苏联极不稳定的计划方案决定的，但在任何情况下都无法满足全球对流动性需求的增长，对美元的需求最终一定会超过美联储的黄金储备。这就为挤兑美元敞开了大门。有趣的是，我们可以从类似的角度看待当前的形势：在一个美国可以随意提供国际货币，并将其投资于非流动性资产的世界里，它仍然面临信心风险。美元可能出现挤兑，不是因为投资者会像20世纪70年代那样担心黄金平价被放弃，而是因为他们担心美元汇率会出现暴跌。换句话说，特里芬的分析并不一定要依赖于黄金与美元的平价关系。

假设对美元流动性的需求持续增长，但与其他国家相比，美国的相对经济规模持续缩小，那么美元就仍然有可能被一个或多个储备货币所替代，如欧元、黄金以及人民币。这可能与两次世界大战期间出现的动荡和多米诺骨牌式的汇率下跌类似。1931年，国际资本首次逃离英镑，随后，尽管没有其他选择，但还是在 1933 年试图逃离美元。然而，与布雷顿森林体系的瓦解规模相当的信任破灭，很可能会使美国不得不背弃其大部分外债。这些债券主要以美元计价，因此，就实际情况而言，此举似乎不太可能成为现实。事实上，更有可能出现的是相反的风险，即国际美元流动性和以美元计价的证券的缺乏，可能同时对全球金融市场造成破坏。这意味着，美国作为全球保险公司和全球流动性提供者的整体能力，关键取决于美国经济发行可信的"安全"资产的能力。在 2019 年发生的全球危机期间，事实证明，美国国债（有时还有德国国债）是唯一能够提供有效保险的大规模国际资产。我们知道，对"安全"资产的需求降低了国内债券的期限溢价。根据古兰沙等人（2019）的估计，经过通货膨胀调整后，美国对外直接投资和对外组合投资的超额收益平均每年比美国"安全"资产的收益率高出 2% 左右。这种溢价可能会让美国出现更大规模的贸易逆差。这种所谓的[14]"过度特权"，通过铸币税，即货币面值与生产（或印刷）成本之间的差额，代表着美国真正的经济实力。国际上对美国铸币税的忌妒依然根深蒂固。它促使欧洲创建了欧元货币单位，作为一种与之竞争的国际货币标准。然而，美元可能不会轻易被取代。以英镑为历史基准：1870 年，美国经济就在规模上超过了英国，但直到约 90 年后的 1955 年，美元才终于超过英镑成为主要的国际货币。

## 未来危机的预警信号

总而言之，由于金融机构经常跨越不同的国家且使用多种货币进行运作，因此私人部门往往要对流动性的跨境溢出负责。尽管从理论上讲，这种金融全球化能够促进效率和加快增长，但它的代价是有时会出现剧烈的杠杆化和去杠杆化的循环。快速流动的跨境资本本身也受到主要国际融资货币——美元——的可用性和融资成本的影响。这些流动性冲击往往具有密切的相关性和顺周期性，伴随着全球金融市场的创新和一体化的深入，这些冲击的规模也在不断扩大。更重要的是，即使在净资本流动本身非常微小的情况下，它们也可以跨境流动，因为总资本流动仍将影响金融部门的整体资产负债表规模。因此，我们需要超越经济学家对国家经济账户失衡（或净失衡）一直以来的痴迷，更详细地关注这些总流动，并通过区分国家和居民决策来更好地理解货币敞口与风险。

表8.2、表8.3、表8.4、表8.5、表8.6和表8.7中的数据证明，在美国、中国、日本、德国、英国和法国的详细国际账户与外国资产负债表中，都存在着这些挑战。总体而言，美国的债务和短期信贷占据了美国外国资产存量的76.4%，而美国居民持有的同类境外债务和信贷仅占境外资产的44.6%。这证实了在美国国际资产负债表及其类似对冲基金的结构中隐性杠杆的存在，因为它本质上是在用短期"安全"资产负债（21.8%）的杠杆来购买风险资产（例如5倍左右）。美国是风险寻求资本的主要输出国，而新兴市场是风险规避资本的主要输出国。2007年，美国资本流动总额达到3.76万亿美元的峰值，几乎是2005年的两倍。我们早些

表8.2 2005—2018年美国国际投资头寸

单位：百万美元

| | 2005年 | 2006年 | 2007年 | 2008年 | 2009年 | 2010年 | 2011年 | 2012年 | 2013年 | 2014年 | 2015年 | 2016年 | 2017年 | 2018年 | 平均 | 百分比(%) | 标准差(%) |
|---|---|---|---|---|---|---|---|---|---|---|---|---|---|---|---|---|---|
| 资产 | 13 357.0 | 16 409.9 | 20 704.5 | 19 423.4 | 19 426.5 | 21 767.5 | 22 208.9 | 22 562.2 | 24 144.8 | 24 882.9 | 23 430.6 | 24 060.6 | 27 799.1 | 25 398.6 | 21 826.9 | 100.0 | 17.3 |
| 外国直接投资 | 4 047.2 | 4 929.9 | 5 857.9 | 3 707.2 | 4 945.3 | 5 486.4 | 5 214.8 | 5 969.5 | 7 120.7 | 7 242.1 | 7 057.1 | 7 421.9 | 8 910.0 | 7 528.4 | 6 102.7 | 28.0 | 24.4 |
| 证券投资 | 4 629.0 | 6 017.1 | 7 262.0 | 4 320.8 | 6 058.6 | 7 160.4 | 6 871.7 | 7 984.0 | 9 206.1 | 9 704.2 | 9 570.2 | 10 011.4 | 12 543.8 | 11 281.1 | 8 044.3 | 36.9 | 30.3 |
| 权益 | 3 317.7 | 4 329.0 | 5 248.0 | 2 748.4 | 3 995.3 | 4 900.2 | 4 501.4 | 5 321.9 | 6 472.9 | 6 770.6 | 6 756.2 | 7 146.3 | 9 129.5 | 7 826.2 | 5 604.5 | 25.7 | 32.3 |
| 债务 | 1 311.3 | 1 688.1 | 2 014.1 | 1 572.4 | 2 063.3 | 2 260.1 | 2 370.3 | 2 662.1 | 2 733.2 | 2 933.6 | 2 814.0 | 2 865.0 | 3 414.4 | 3 454.9 | 2 439.8 | 11.2 | 27.0 |
| 其他 | 4 492.8 | 5 243.0 | 7 307.3 | 11 101.7 | 8 018.8 | 8 632.4 | 9 585.3 | 8 036.3 | 7 369.6 | 7 502.3 | 6 419.7 | 6 220.1 | 5 895.5 | 6 140.0 | 7 283.2 | 33.4 | 24.1 |
| 黄金和外汇储备 | 188.0 | 219.9 | 277.2 | 293.7 | 403.8 | 488.7 | 537.0 | 572.4 | 448.3 | 434.3 | 383.6 | 407.2 | 449.7 | 449.1 | 396.6 | 1.8 | 28.7 |
| 负债 | 15 214.9 | 18 218.3 | 21 984.0 | 23 418.7 | 22 054.1 | 24 279.6 | 26 664.3 | 27 080.2 | 29 513.4 | 31 828.3 | 30 892.2 | 32 242.2 | 35 524.1 | 35 115.7 | 26 716.4 | 122.4 | 23.1 |
| 外国直接投资 | 3 227.1 | 3 752.6 | 4 134.2 | 3 091.2 | 3 618.6 | 4 099.1 | 4 199.2 | 4 662.4 | 5 814.9 | 6 378.9 | 6 729.2 | 7 596.1 | 8 925.2 | 8 518.4 | 5 339.1 | 24.5 | 37.1 |
| 证券投资 | 7 337.8 | 8 843.5 | 10 327.0 | 9 475.9 | 10 463.2 | 11 869.3 | 12 647.2 | 13 978.1 | 15 541.3 | 16 921.1 | 16 645.8 | 17 360.0 | 19 482.2 | 18 738.1 | 13 545.1 | 62.1 | 29.1 |
| 权益 | 2 304.0 | 2 791.9 | 3 231.7 | 2 132.4 | 2 917.7 | 3 545.8 | 3 841.9 | 4 545.4 | 5 864.6 | 6 642.5 | 6 209.1 | 6 570.2 | 7 951.9 | 7 453.7 | 4 714.5 | 21.6 | 42.6 |
| 债务 | 5 033.8 | 6 051.6 | 7 095.3 | 7 343.4 | 7 545.6 | 8 323.5 | 8 805.3 | 9 433.5 | 9 676.7 | 10 279.3 | 10 436.8 | 10 789.8 | 11 530.3 | 11 284.4 | 8 830.7 | 40.5 | 22.7 |
| 其他 | 4 649.9 | 5 622.2 | 7 522.8 | 10 851.6 | 7 972.2 | 8 311.3 | 9 817.8 | 8 438.9 | 8 157.2 | 8 527.6 | 7 517.2 | 7 286.1 | 7 116.4 | 7 859.3 | 7 832.2 | 35.9 | 19.5 |
| 净资产 | -1 857.9 | -1 808.5 | -1 279.5 | -3 995.3 | -2 627.6 | -2 511.8 | -4 455.4 | -4 518.0 | -5 368.6 | -6 945.4 | -7 461.6 | -8 181.6 | -7 725.0 | -9 717.1 | -4 889.5 | -22.4 | -55.8 |
| 外国直接投资 | 820.0 | 1 177.3 | 1 723.7 | 616.0 | 1 326.7 | 1 387.3 | 1 015.6 | 1 307.1 | 1 305.8 | 863.2 | 327.9 | -174.3 | -15.5 | -990.0 | 763.6 | 3.5 | 97.7 |
| 证券投资 | -2 708.9 | -2 826.4 | -3 064.9 | -5 155.1 | -4 404.7 | -4 708.9 | -5 775.5 | -5 994.1 | -6 335.1 | -7 217.0 | -7 075.7 | -7 348.6 | -6 938.4 | -7 457.0 | -5 500.8 | -25.2 | -31.3 |
| 权益 | 1 013.7 | 1 537.1 | 2 016.3 | 616.0 | 1 077.6 | 1 354.5 | 659.5 | 776.5 | 608.3 | 128.1 | 547.1 | 576.1 | 1 177.6 | 372.5 | 890.1 | 4.1 | 56.8 |
| 债务 | -3 722.5 | -4 363.5 | -5 081.3 | -5 771.0 | -5 482.3 | -6 063.4 | -6 435.0 | -6 771.4 | -6 943.4 | -7 345.7 | -7 622.7 | -7 924.7 | -8 116.0 | -7 829.5 | -6 390.9 | -29.3 | -21.5 |

资料来源：国际货币基金组织。

表8.3 2005—2018年中国国际投资头寸

单位：百万美元

| | 2005年 | 2006年 | 2007年 | 2008年 | 2009年 | 2010年 | 2011年 | 2012年 | 2013年 | 2014年 | 2015年 | 2016年 | 2017年 | 2018年 | 平均 | 百分比(%) | 标准差(%) |
|---|---|---|---|---|---|---|---|---|---|---|---|---|---|---|---|---|---|
| 资产 | 1 223.3 | 1 690.4 | 2 416.2 | 2 956.7 | 3 436.9 | 4 118.9 | 4 734.5 | 5 213.2 | 5 986.1 | 6 438.3 | 6 155.8 | 6 507.0 | 7 148.8 | 7 324.2 | 4 667.9 | 100.0 | 43.9 |
| 外国直接投资 | 64.5 | 90.6 | 116.0 | 185.7 | 245.8 | 317.2 | 424.8 | 531.9 | 660.5 | 882.6 | 1 095.9 | 1 357.4 | 1 809.0 | 1 899.0 | 691.5 | 14.8 | 90.8 |
| 证券投资 | 116.7 | 265.2 | 284.6 | 252.5 | 242.8 | 257.1 | 204.4 | 240.6 | 258.5 | 262.5 | 261.3 | 367.0 | 492.5 | 498.0 | 286.0 | 6.1 | 36.0 |
| 权益 | 0.0 | 1.5 | 19.6 | 21.4 | 54.6 | 63.0 | 86.4 | 129.8 | 153.0 | 161.3 | 162.0 | 215.2 | 297.7 | 270.0 | 116.8 | 2.5 | 83.8 |
| 债务 | 116.7 | 263.7 | 265.0 | 231.1 | 188.2 | 194.1 | 118.0 | 110.8 | 105.5 | 101.2 | 99.3 | 151.8 | 194.8 | 227.9 | 169.2 | 3.6 | 36.5 |
| 其他 | 216.4 | 253.9 | 468.3 | 552.3 | 495.2 | 630.4 | 849.5 | 1 052.7 | 1 186.7 | 1 393.8 | 1 392.5 | 1 684.8 | 1 611.4 | 1 759.2 | 967.7 | 20.7 | 56.0 |
| 黄金和外汇储备 | 825.7 | 1 080.8 | 1 547.3 | 1 966.2 | 2 453.2 | 2 914.2 | 3 255.8 | 3 387.9 | 3 880.4 | 3 899.3 | 3 406.1 | 3 097.8 | 3 235.9 | 3 168.0 | 2 722.8 | 58.3 | 36.6 |
| 负债 | 872.0 | 1 174.5 | 1 474.5 | 1 567.0 | 2 149.0 | 2 640.6 | 3 208.9 | 3 538.3 | 4 177.0 | 4 835.6 | 4 483.0 | 4 556.7 | 5 048.1 | 5 194.1 | 3 208.5 | 68.7 | 48.3 |
| 外国直接投资 | 471.5 | 614.4 | 703.7 | 915.5 | 1 314.8 | 1 569.6 | 1 906.9 | 2 068.0 | 2 331.2 | 2 599.1 | 2 696.3 | 2 755.1 | 2 725.7 | 2 762.3 | 1 816.7 | 38.9 | 48.1 |
| 证券投资 | 132.6 | 244.6 | 392.7 | 271.5 | 381.7 | 433.6 | 411.3 | 527.6 | 573.4 | 796.2 | 817.0 | 811.1 | 1 099.4 | 1 096.4 | 570.7 | 12.2 | 53.8 |
| 权益 | 119.6 | 230.4 | 375.1 | 254.3 | 366.4 | 415.9 | 374.3 | 453.4 | 484.5 | 651.3 | 597.1 | 579.5 | 762.3 | 684.2 | 453.4 | 9.7 | 40.9 |
| 债务 | 13.0 | 14.2 | 17.6 | 17.2 | 15.2 | 17.8 | 37.1 | 74.2 | 88.9 | 144.9 | 220.0 | 231.6 | 337.0 | 412.2 | 117.2 | 2.5 | 113.6 |
| 其他 | 267.8 | 315.5 | 378.1 | 380.0 | 452.6 | 637.3 | 890.7 | 942.6 | 1 272.4 | 1 440.2 | 969.6 | 990.5 | 1 223.1 | 1 335.4 | 821.1 | 17.6 | 50.2 |
| 净资产 | 351.3 | 515.9 | 941.7 | 1 389.7 | 1 287.9 | 1 478.3 | 1 525.6 | 1 674.9 | 1 809.1 | 1 602.7 | 1 672.8 | 1 950.4 | 2 100.7 | 2 130.1 | 1 459.4 | 31.3 | 36.9 |
| 外国直接投资 | -407.1 | -523.8 | -587.7 | -729.8 | -1 069.0 | -1 252.4 | -1 482.1 | -1 536.1 | -1 670.8 | -1 716.5 | -1 600.4 | -1 397.8 | -916.6 | -863.3 | -1 125.2 | -24.1 | -40.5 |
| 证券投资 | -15.9 | 20.6 | -108.1 | -19.0 | -138.9 | -176.5 | -206.9 | -287.0 | -314.9 | -533.7 | -555.7 | -444.1 | -606.9 | -598.4 | -284.7 | -6.1 | -79.8 |
| 权益 | -119.6 | -228.9 | -355.4 | -232.9 | -311.9 | -352.9 | -287.8 | -323.6 | -331.5 | -490.0 | -435.1 | -364.3 | -464.7 | -414.1 | -336.6 | -7.2 | -29.7 |
| 债务 | 103.8 | 249.5 | 247.3 | 213.9 | 173.0 | 176.4 | 80.9 | 36.5 | 16.6 | -43.7 | -120.6 | -79.8 | -142.2 | -184.3 | 51.9 | 1.1 | 286.7 |

资料来源：国际货币基金组织。

第八章 跨境资本流动

213

表 8.4　2005—2018 年日本国际投资头寸

单位：百万美元

| | 2005年 | 2006年 | 2007年 | 2008年 | 2009年 | 2010年 | 2011年 | 2012年 | 2013年 | 2014年 | 2015年 | 2016年 | 2017年 | 2018年 | 平均 | 百分比(%) | 标准差(%) |
|---|---|---|---|---|---|---|---|---|---|---|---|---|---|---|---|---|---|
| 资产 | 4 294.9 | 4 697.2 | 5 360.1 | 5 731.5 | 6 041.7 | 6 893.1 | 7 502.6 | 7 613.3 | 7 575.3 | 7 811.7 | 7 883.1 | 8 444.1 | 8 967.4 | 9 222.9 | 7 002.8 | 100.0 | 22.1 |
| 外国直接投资 | 390.6 | 454.8 | 547.5 | 690.8 | 753.2 | 846.2 | 972.3 | 1 054.1 | 1 133.0 | 1 177.2 | 1 260.2 | 1 360.3 | 1 547.4 | 1 667.2 | 989.6 | 14.1 | 40.1 |
| 证券投资 | 2 114.9 | 2 343.5 | 2 523.6 | 2 376.7 | 2 845.9 | 3 305.2 | 3 379.3 | 3 559.8 | 3 430.7 | 3 398.0 | 3 513.0 | 3 779.3 | 4 104.7 | 4 082.7 | 3 196.9 | 45.7 | 20.3 |
| 权益 | 408.6 | 510.4 | 573.5 | 394.7 | 594.0 | 678.5 | 665.8 | 687.2 | 1 198.7 | 1 190.1 | 1 274.8 | 1 405.9 | 1 676.8 | 1 655.3 | 922.5 | 13.2 | 49.7 |
| 债务 | 1 706.3 | 1 833.1 | 1 950.1 | 1 982.0 | 2 251.8 | 2 626.7 | 2 713.4 | 2 872.6 | 2 232.0 | 2 207.9 | 2 238.2 | 2 373.4 | 2 427.8 | 2 427.3 | 2 274.5 | 32.5 | 14.7 |
| 其他 | 946.4 | 1 004.1 | 1 321.7 | 1 639.4 | 1 388.8 | 1 645.0 | 1 857.7 | 1 734.6 | 1 743.6 | 1 984.0 | 1 877.2 | 2 084.1 | 2 054.1 | 2 207.7 | 1 677.7 | 24.0 | 23.2 |
| 黄金和外汇储备 | 843.0 | 894.8 | 967.4 | 1 024.6 | 1 053.9 | 1 096.7 | 1 293.4 | 1 264.8 | 1 268.0 | 1 252.5 | 1 232.8 | 1 220.4 | 1 261.3 | 1 265.3 | 1 138.5 | 16.3 | 13.7 |
| 负债 | 2 763.1 | 2 889.0 | 3 165.2 | 3 242.1 | 3 125.2 | 3 751.3 | 4 083.4 | 4 155.2 | 4 482.0 | 4 799.3 | 5 068.1 | 5 564.9 | 6 058.1 | 6 120.8 | 4 233.4 | 60.5 | 27.3 |
| 外国直接投资 | 104.9 | 112.9 | 137.7 | 213.9 | 212.4 | 230.0 | 242.2 | 222.2 | 185.7 | 196.9 | 205.6 | 241.7 | 252.9 | 282.2 | 202.9 | 2.9 | 25.7 |
| 证券投资 | 1 542.4 | 1 762.9 | 1 942.9 | 1 541.7 | 1 537.0 | 1 866.8 | 2 026.3 | 2 085.5 | 2 393.2 | 2 363.1 | 2 660.1 | 2 784.4 | 3 345.3 | 3 170.8 | 2 215.9 | 31.6 | 26.8 |
| 权益 | 1 126.1 | 1 255.0 | 1 245.9 | 756.2 | 829.6 | 988.8 | 847.6 | 965.4 | 1 446.6 | 1 402.1 | 1 551.6 | 1 554.2 | 1 947.2 | 1 616.0 | 1 252.2 | 17.9 | 28.1 |
| 债务 | 416.4 | 507.9 | 697.0 | 785.5 | 707.4 | 878.0 | 1 179.1 | 1 120.1 | 946.7 | 961.0 | 1 108.9 | 1 230.2 | 1 398.1 | 1 554.7 | 963.6 | 13.8 | 33.9 |
| 其他 | 1 115.8 | 1 013.2 | 1 084.6 | 1 486.6 | 1 375.8 | 1 654.4 | 1 814.9 | 1 847.5 | 1 903.1 | 2 239.4 | 2 202.4 | 2 538.8 | 2 460.1 | 2 667.8 | 1 814.6 | 25.9 | 30.6 |
| 净资产 | 1 531.8 | 1 808.2 | 2 194.9 | 2 489.4 | 2 916.5 | 3 141.9 | 3 419.2 | 3 458.1 | 3 093.3 | 3 012.4 | 2 815.0 | 2 879.2 | 2 909.1 | 3 102.1 | 2 769.4 | 39.5 | 20.6 |
| 外国直接投资 | 285.7 | 341.9 | 409.8 | 477.0 | 540.8 | 616.2 | 730.1 | 831.9 | 947.3 | 980.3 | 1 054.6 | 1 118.6 | 1 294.5 | 1 385.0 | 786.7 | 11.2 | 45.2 |
| 证券投资 | 572.5 | 580.6 | 580.7 | 835.0 | 1 308.9 | 1 438.4 | 1 353.0 | 1 474.2 | 1 037.5 | 1 035.0 | 852.9 | 994.9 | 759.3 | 911.9 | 981.0 | 14.0 | 32.0 |
| 权益 | −717.5 | −744.5 | −672.4 | −361.5 | −235.6 | −310.3 | −181.3 | −278.2 | −247.9 | −211.9 | −276.4 | −148.3 | −270.4 | 39.3 | −329.8 | −4.7 | −68.9 |
| 债务 | 1 290.0 | 1 325.1 | 1 253.1 | 1 196.5 | 1 544.4 | 1 748.7 | 1 534.3 | 1 752.5 | 1 285.3 | 1 246.9 | 1 129.3 | 1 143.2 | 1 029.7 | 872.6 | 1 310.8 | 18.7 | 19.5 |

资料来源：国际货币基金组织。

表 8.5　2005—2018 年德国国际投资头寸

单位：百万美元

| | 2005年 | 2006年 | 2007年 | 2008年 | 2009年 | 2010年 | 2011年 | 2012年 | 2013年 | 2014年 | 2015年 | 2016年 | 2017年 | 2018年 | 平均 | 百分比(%) | 标准差(%) |
|---|---|---|---|---|---|---|---|---|---|---|---|---|---|---|---|---|---|
| 资产 | 5 015.5 | 6 245.7 | 7 676.3 | 7 096.3 | 7 554.1 | 8 739.3 | 8 862.4 | 9 633.5 | 9 581.7 | 9 303.1 | 8 593.4 | 8 709.0 | 10 035.3 | 9 804.9 | 8 346.5 | 100.0 | 17.5 |
| 外国直接投资 | 996.7 | 1 236.0 | 1 545.3 | 1 459.6 | 1 605.3 | 1 634.9 | 1 696.2 | 1 928.8 | 2 092.6 | 1 995.9 | 1 958.4 | 1 973.8 | 2 328.5 | 2 385.6 | 1 774.1 | 21.3 | 22.3 |
| 证券投资 | 1 817.9 | 2 266.4 | 2 624.8 | 2 149.2 | 2 507.9 | 2 555.7 | 2 380.4 | 2 760.1 | 3 083.6 | 3 075.7 | 2 905.6 | 2 976.8 | 3 519.0 | 3 298.6 | 2 708.7 | 32.5 | 17.4 |
| 权益 | 771.4 | 884.2 | 954.0 | 589.5 | 707.1 | 739.7 | 647.2 | 747.4 | 919.6 | 939.8 | 952.0 | 1 009.0 | 1 287.3 | 1 145.7 | 878.1 | 10.5 | 22.0 |
| 债务 | 1 046.5 | 1 382.1 | 1 670.8 | 1 559.6 | 1 800.8 | 1 816.0 | 1 733.2 | 2 012.7 | 2 164.0 | 2 136.0 | 1 953.6 | 1 967.7 | 2 231.6 | 2 152.9 | 1 830.5 | 21.9 | 18.3 |
| 其他 | 2 099.2 | 2 631.8 | 3 370.0 | 3 349.5 | 3 260.1 | 4 332.2 | 4 547.1 | 4 695.6 | 4 207.3 | 4 038.6 | 3 555.8 | 3 573.2 | 3 987.7 | 3 922.5 | 3 683.6 | 44.1 | 19.6 |
| 黄金和外汇储备 | 101.7 | 111.6 | 136.2 | 138.0 | 180.8 | 216.5 | 238.9 | 248.9 | 198.2 | 192.8 | 173.7 | 185.3 | 200.1 | 198.2 | 180.1 | 2.2 | 24.5 |
| 负债 | 4 654.8 | 5 624.5 | 6 983.1 | 6 449.5 | 6 669.1 | 7 855.2 | 8 051.0 | 8 594.8 | 8 237.5 | 7 853.7 | 7 054.6 | 7 016.7 | 7 896.8 | 7 456.5 | 7 171.3 | 85.9 | 15.0 |
| 外国直接投资 | 813.2 | 1 029.9 | 1 246.9 | 1 137.2 | 1 212.4 | 1 210.5 | 1 252.0 | 1 448.0 | 1 599.4 | 1 469.3 | 1 391.4 | 1 404.6 | 1 665.0 | 1 691.1 | 1 326.5 | 15.9 | 18.6 |
| 证券投资 | 2 114.0 | 2 508.0 | 3 259.0 | 2 839.7 | 3 042.7 | 3 015.5 | 3 044.9 | 3 359.4 | 3 398.5 | 3 210.2 | 2 867.0 | 2 751.1 | 3 058.6 | 2 682.8 | 2 939.4 | 35.2 | 11.9 |
| 权益 | 445.2 | 622.9 | 908.9 | 472.3 | 647.3 | 667.6 | 565.8 | 701.6 | 862.3 | 761.3 | 732.0 | 720.9 | 889.3 | 694.0 | 692.3 | 8.3 | 20.2 |
| 债务 | 1 668.9 | 1 885.1 | 2 350.0 | 2 367.5 | 2 395.4 | 2 347.9 | 2 479.1 | 2 657.8 | 2 536.2 | 2 449.0 | 2 134.9 | 2 030.2 | 2 169.3 | 1 988.6 | 2 247.1 | 26.9 | 12.4 |
| 其他 | 1 727.6 | 2 086.6 | 2 477.2 | 2 472.5 | 2 414.1 | 3 629.1 | 3 754.1 | 3 787.5 | 3 239.6 | 3 174.1 | 2 796.2 | 2 861.0 | 3 173.2 | 3 082.6 | 2 905.4 | 34.8 | 21.3 |
| 净资产 | 360.7 | 621.3 | 693.2 | 646.8 | 885.0 | 884.2 | 811.4 | 1 038.7 | 1 344.3 | 1 449.3 | 1 538.9 | 1 692.3 | 2 138.5 | 2 348.4 | 1 175.2 | 14.1 | 50.7 |
| 外国直接投资 | 183.6 | 206.1 | 298.3 | 322.4 | 392.9 | 424.4 | 444.2 | 480.9 | 493.3 | 526.6 | 566.9 | 569.2 | 663.6 | 694.6 | 447.6 | 5.4 | 34.8 |
| 证券投资 | −296.1 | −241.6 | −634.2 | −690.6 | −534.8 | −459.9 | −664.6 | −599.2 | −314.8 | −134.6 | 38.7 | 225.6 | 460.3 | 615.8 | −230.7 | −2.8 | −183.9 |
| 权益 | 326.2 | 261.4 | 45.1 | 117.2 | 59.8 | 72.1 | 81.4 | 45.9 | 57.4 | 178.5 | 220.0 | 288.1 | 398.0 | 451.4 | 185.9 | 2.2 | 75.0 |
| 债务 | −622.3 | −503.0 | −679.3 | −807.8 | −594.6 | −531.9 | −745.9 | −645.1 | −372.2 | −313.0 | −181.3 | −62.5 | 62.3 | 164.4 | −416.6 | −5.0 | −74.1 |

资料来源：国际货币基金组织。

表 8.6 2005—2018 年英国国际投资头寸

单位：百万美元

| | 2005年 | 2006年 | 2007年 | 2008年 | 2009年 | 2010年 | 2011年 | 2012年 | 2013年 | 2014年 | 2015年 | 2016年 | 2017年 | 2018年 | 平均 | 百分比（%） | 标准差（%） |
|---|---|---|---|---|---|---|---|---|---|---|---|---|---|---|---|---|---|
| 资产 | 10 341.9 | 12 892.6 | 16 521.0 | 16 790.1 | 14 393.7 | 15 954.7 | 17 097.1 | 16 477.4 | 15 875.2 | 15 941.5 | 14 256.6 | 13 490.3 | 14 499.7 | 14 218.4 | 14 910.7 | 100.0 | 12.4 |
| 外国直接投资 | 1 642.7 | 1 947.8 | 2 301.1 | 2 097.2 | 2 043.7 | 2 102.4 | 2 108.1 | 2 227.4 | 2 367.2 | 2 165.8 | 2 080.2 | 1 925.4 | 2 127.6 | 2 128.5 | 2 090.4 | 14.0 | 8.4 |
| 证券投资 | 2 434.6 | 3 318.8 | 3 803.3 | 2 463.8 | 2 943.4 | 3 025.0 | 2 801.9 | 3 173.9 | 3 389.9 | 3 469.5 | 3 312.3 | 3 026.0 | 3 653.8 | 3 411.8 | 3 159.2 | 21.2 | 12.8 |
| 权益 | 1 247.2 | 1 653.4 | 1 871.6 | 1 041.3 | 1 380.3 | 1 499.0 | 1 344.5 | 1 628.1 | 1 899.4 | 1 949.4 | 1 878.9 | 1 805.0 | 2 341.2 | 2 109.3 | 1 689.2 | 11.3 | 21.2 |
| 债务 | 1 187.4 | 1 665.5 | 1 931.7 | 1 422.6 | 1 563.2 | 1 526.0 | 1 457.4 | 1 545.9 | 1 490.5 | 1 520.1 | 1 433.5 | 1 221.0 | 1 312.6 | 1 302.5 | 1 470.0 | 9.9 | 12.9 |
| 其他 | 6 221.4 | 7 581.0 | 10 363.2 | 12 176.2 | 9 341.6 | 10 749.7 | 12 099.3 | 10 978.1 | 10 016.9 | 10 200.5 | 8 734.4 | 8 404.4 | 8 567.4 | 8 523.3 | 9 568.4 | 64.2 | 17.7 |
| 黄金和外汇储备 | 43.2 | 45.0 | 53.5 | 52.9 | 65.0 | 77.6 | 87.8 | 98.0 | 101.2 | 105.6 | 129.5 | 134.6 | 150.8 | 154.8 | 92.8 | 0.6 | 41.7 |
| 负债 | 10 397.5 | 13 118.9 | 16 762.9 | 16 566.5 | 14 785.3 | 16 144.6 | 17 385.4 | 17 237.8 | 16 398.0 | 16 577.0 | 14 821.2 | 13 549.3 | 14 736.2 | 14 543.7 | 15 216.0 | 102.0 | 12.7 |
| 外国直接投资 | 1 191.6 | 1 520.1 | 1 578.9 | 1 376.7 | 1 427.1 | 1 484.4 | 1 537.0 | 1 973.9 | 2 083.7 | 2 066.1 | 2 005.4 | 1 908.9 | 2 112.7 | 2 220.5 | 1 749.1 | 11.7 | 19.1 |
| 证券投资 | 2 568.5 | 3 410.1 | 4 030.1 | 2 953.7 | 3 912.8 | 3 987.4 | 4 034.1 | 4 352.7 | 4 513.0 | 4 495.2 | 4 374.0 | 3 818.0 | 4 533.6 | 4 475.6 | 3 961.3 | 26.6 | 15.3 |
| 权益 | 1 107.8 | 1 495.3 | 1 634.3 | 841.8 | 1 305.8 | 1 413.6 | 1 376.3 | 1 666.8 | 1 969.9 | 1 909.4 | 1 844.9 | 1 548.5 | 1 990.0 | 1 968.6 | 1 576.6 | 10.6 | 22.1 |
| 债务 | 1 460.6 | 1 914.8 | 2 395.8 | 2 111.9 | 2 607.1 | 2 573.9 | 2 657.8 | 2 685.9 | 2 543.1 | 2 586.0 | 2 529.0 | 2 269.5 | 2 543.6 | 2 506.9 | 2 384.7 | 16.0 | 14.4 |
| 其他 | 6 637.4 | 8 188.7 | 11 153.8 | 12 236.2 | 9 445.4 | 10 672.8 | 11 814.3 | 10 911.2 | 9 801.3 | 10 015.8 | 8 441.9 | 7 822.5 | 8 090.4 | 7 847.6 | 9 505.7 | 63.8 | 18.0 |
| 净资产 | -55.6 | -226.3 | -241.8 | 223.6 | -391.6 | -189.9 | -288.3 | -760.4 | -522.8 | -635.5 | -564.8 | -59.0 | -236.5 | -325.3 | -305.3 | -2.0 | -84.7 |
| 外国直接投资 | 451.1 | 427.7 | 722.1 | 720.5 | 616.6 | 618.1 | 571.1 | 253.4 | 283.5 | 99.8 | 74.8 | 16.5 | 14.9 | -92.0 | 341.3 | 2.3 | 83.4 |
| 证券投资 | -133.8 | -91.2 | -226.8 | -489.8 | -969.4 | -962.4 | -1 232.2 | -1 178.8 | -1 123.1 | -1 025.7 | -1 061.6 | -792.0 | -879.2 | -1 063.8 | -802.1 | -5.4 | -49.6 |
| 权益 | 139.4 | 158.1 | 237.3 | 199.5 | 74.5 | 85.5 | -31.8 | -38.8 | -70.5 | 40.2 | 33.9 | 256.5 | 351.2 | 140.7 | 112.5 | 0.8 | 108.9 |
| 债务 | -273.2 | -249.3 | -464.1 | -689.3 | -1 043.9 | -1 047.9 | -1 200.4 | -1 140.0 | -1 052.6 | -1 065.9 | -1 095.6 | -1 048.5 | -1 230.4 | -1 204.4 | -914.7 | -6.1 | -37.8 |

资料来源：国际货币基金组织。

表 8.7 2005—2018年法国国际投资头寸

单位：百万美元

| | 2005年 | 2006年 | 2007年 | 2008年 | 2009年 | 2010年 | 2011年 | 2012年 | 2013年 | 2014年 | 2015年 | 2016年 | 2017年 | 2018年 | 平均 | 百分比（%） | 标准差（%） |
|---|---|---|---|---|---|---|---|---|---|---|---|---|---|---|---|---|---|
| 资产 | 4 640.1 | 5 969.1 | 7 347.8 | 7 351.9 | 7 848.1 | 7 692.5 | 7 719.9 | 8 070.0 | 8 078.4 | 7 933.8 | 7 089.8 | 7 081.8 | 7 929.6 | 7 809.4 | 7 325.9 | 100.0 | 13.0 |
| 外国直接投资 | 911.9 | 1 143.2 | 1 382.7 | 1 320.4 | 1 504.8 | 1 557.0 | 1 608.5 | 1 709.0 | 1 771.0 | 1 691.7 | 1 632.1 | 1 643.3 | 1 855.1 | 1 887.0 | 1 544.1 | 21.1 | 17.7 |
| 证券投资 | 1 873.3 | 2 437.7 | 2 965.0 | 2 605.3 | 2 983.2 | 2 806.2 | 2 413.9 | 2 626.8 | 2 872.9 | 2 752.8 | 2 549.5 | 2 530.4 | 2 928.3 | 2 710.4 | 2 646.8 | 36.1 | 11.0 |
| 权益 | 524.9 | 716.8 | 826.9 | 474.8 | 646.0 | 665.8 | 519.3 | 652.6 | 812.3 | 770.7 | 748.0 | 754.6 | 962.1 | 796.5 | 705.1 | 9.6 | 19.2 |
| 债务 | 1 348.4 | 1 720.9 | 2 138.1 | 2 130.6 | 2 337.1 | 2 140.4 | 1 894.6 | 1 974.2 | 2 060.6 | 1 982.1 | 1 801.5 | 1 775.8 | 1 966.0 | 1 913.9 | 1 941.7 | 26.5 | 12.3 |
| 其他 | 1 780.6 | 2 289.9 | 2 884.4 | 3 323.3 | 3 227.1 | 3 163.1 | 3 525.6 | 3 549.7 | 3 289.5 | 3 345.9 | 2 770.0 | 2 761.3 | 2 989.7 | 3 045.4 | 2 996.1 | 40.9 | 16.2 |
| 黄金和外汇储备 | 74.4 | 98.2 | 115.7 | 102.9 | 133.1 | 166.2 | 171.9 | 184.5 | 144.9 | 143.4 | 138.2 | 146.8 | 156.4 | 166.6 | 138.8 | 1.9 | 22.6 |
| 负债 | 4 674.2 | 6 076.6 | 7 587.0 | 7 720.1 | 8 242.8 | 7 919.1 | 7 920.7 | 8 423.3 | 8 561.7 | 8 341.4 | 7 399.2 | 7 431.6 | 8 483.1 | 8 116.1 | 7 635.5 | 104.2 | 14.0 |
| 外国直接投资 | 644.7 | 813.4 | 996.3 | 949.2 | 1 032.3 | 1 014.8 | 1 055.0 | 1 116.9 | 1 206.9 | 1 097.5 | 1 051.3 | 1 068.6 | 1 278.1 | 1 279.7 | 1 043.2 | 14.2 | 16.2 |
| 证券投资 | 2 081.9 | 2 585.3 | 2 926.4 | 2 592.3 | 3 299.0 | 3 234.8 | 3 121.1 | 3 482.3 | 3 862.2 | 3 706.3 | 3 359.2 | 3 329.9 | 3 817.1 | 3 318.0 | 3 194.0 | 43.6 | 15.8 |
| 权益 | 690.4 | 990.3 | 1 060.4 | 624.8 | 825.8 | 774.0 | 647.7 | 811.0 | 1 009.2 | 902.2 | 853.5 | 878.6 | 1 077.8 | 682.7 | 844.9 | 11.5 | 17.9 |
| 债务 | 1 391.4 | 1 594.9 | 1 866.0 | 1 967.5 | 2 473.5 | 2 460.8 | 2 473.4 | 2 671.3 | 2 853.0 | 2 804.1 | 2 505.7 | 2 451.2 | 2 739.3 | 2 635.3 | 2 349.1 | 32.1 | 19.6 |
| 其他 | 1 947.6 | 2 677.9 | 3 664.3 | 4 178.6 | 3 911.5 | 3 669.5 | 3 744.6 | 3 824.1 | 3 492.6 | 3 537.6 | 2 988.7 | 3 033.5 | 3 387.9 | 3 518.4 | 3 398.4 | 46.4 | 16.9 |
| 净资产 | −34.1 | −107.5 | −239.2 | −368.2 | −394.7 | −226.5 | −200.9 | −353.3 | −483.4 | −407.6 | −309.4 | −350.2 | −553.5 | −306.7 | −309.6 | −4.2 | −45.1 |
| 外国直接投资 | 267.2 | 329.8 | 386.4 | 371.2 | 472.5 | 542.3 | 553.5 | 592.1 | 564.1 | 594.2 | 580.8 | 574.8 | 577.1 | 607.3 | 500.9 | 6.8 | 22.8 |
| 证券投资 | −208.6 | −147.5 | 38.6 | 13.0 | −315.8 | −428.6 | −707.2 | −855.4 | −989.1 | −953.5 | −809.7 | −799.4 | −888.8 | −607.6 | −547.1 | −7.5 | −66.7 |
| 权益 | −165.6 | −273.5 | −233.5 | −150.1 | −179.7 | −108.3 | −128.4 | −158.3 | −196.9 | −131.5 | −105.4 | −124.0 | −115.5 | 113.8 | −139.8 | −1.9 | −62.8 |
| 债务 | −43.1 | 126.0 | 272.2 | 163.1 | −136.1 | −320.4 | −578.8 | −697.1 | −792.4 | −822.0 | −704.3 | −675.5 | −773.3 | −721.4 | −407.4 | −5.6 | −98.9 |

资料来源：国际货币基金组织。

时候注意到，这种资产负债表的快速增长在当时被忽略了，而更受关注的净资本流动数据非常稳定，在2005—2008年平均约为7 300亿美元，这无意中减轻了在全球金融危机发生前人们对未来麻烦的担忧。尽管在2014年美国股票流动总额已超过2007年的峰值，但令人安心的是，外国直接投资总额和债务流动总额仍远低于这一高位。图8.11和图8.12总结了2005—2018年六个主要经济体广义资本流动的证据。图8.11中的数据显示了按类别划分的总资本流动：外国直接投资从占总活动的15%上升到超过25%，而银行总资本流动从2007年52%的峰值下降到不足40%。在总投资组合流动中，债券流动遭遇了与银行流动类似的下滑，从2005年的30%降至2018年的不到20%，而值得注意的是，股票流动从2007年的仅7%上升至2018年的近16%。根据图8.12，若用总流量来衡量，外国直接投资占2005—2018年美国资本流动的28.2%，债务和证券占31.3%，银行占28.8%。最不稳定的类别是银行流动，其标准差是均值的56.1%，其次是债务流动，为46.2%。传统上比较不稳定的银行流动和债务流动所占总份额的下降，可能会改善国际金融体系的稳定性。

在其他主要经济体中，银行和债务流动的主导地位显而易见。这些资金流动通过抵押品直接或间接地推动了国内信贷的变化，从而推动了全球流动性的变化。2005—2018年，仅银行流动就占英国平均资本流动的58.7%，这一数字在法国为45.2%，德国为41.2%，中国为41.2%，日本为34.1%。在此期间，银行业在英国境外资产中的平均占比为64.2%，在英国境外负债中的占比接近63.8%，这凸显了银行业对英国的重要性。而在德国，债券发挥着更为重要的作用，占到了总资本流动的25.9%和对外

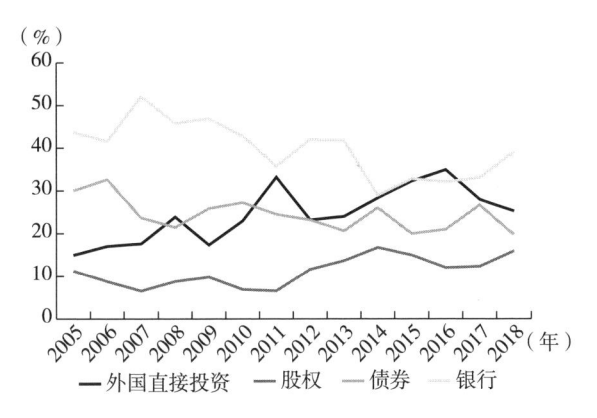

图 8.11 2005—2018 年世界主要发达经济体
总资本跨境流动趋势（占总量的百分比）

资料来源：国际货币基金组织。

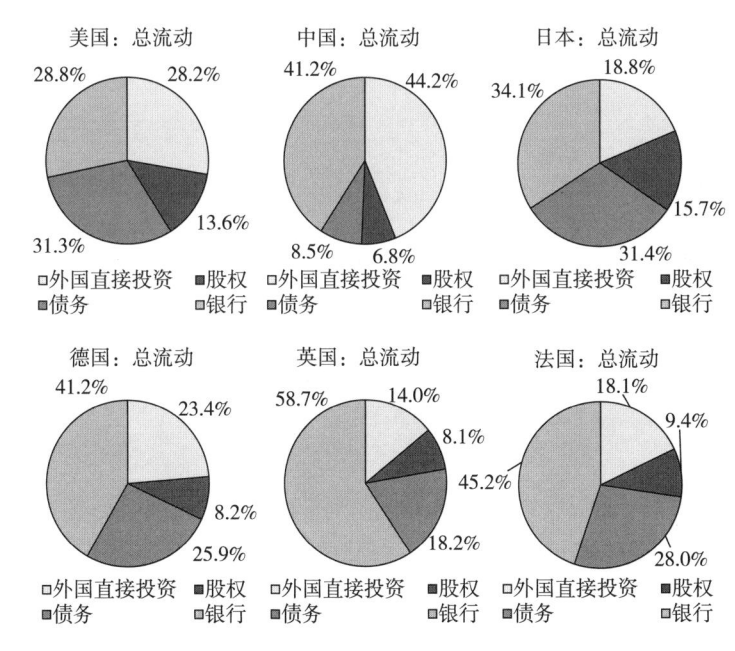

图 8.12 2005—2018 年主要经济体资本流动的平均结构
（不同类型占总流动的比例）

资料来源：国际货币基金组织。

第八章
跨境资本流动 219

负债的 26.9%。同一时期，外国直接投资占到了中国资本流动总额的 44.2% 和对外负债的 38.9%。而官方黄金和外汇储备则占到了中国海外资产存量的 58.3%，这凸显了中国政府在美元循环方面发挥的积极作用。但与此同时，中国私人金融部门在循环中所起的作用很小，这也解释了为什么人民币在国际上扮演的角色仍不起眼。我们将在第九章指出中国国际数据中的异常现象。例如，中国银行业的活动主要是由中国居民借入美元：以人民币贷款给外国人，以及外国人购买中国国内债券的交易迄今为止依旧很少。

# 第九章
# 中国和新兴市场

## 中国的货币和金融体系

除中国人民银行之外，中国的总体流动性接近 200 万亿元人民币（28 万亿美元），其中，国有银行是主要的贷款机构。从图 9.1 和图 9.2 可以看出，影子银行在中国的货币体系中也扮演着重要角色，它们占据了总流动性的 1/3 以上，仅略低于美国的影子银行。虽然我们不认为资本市场是新的流动性来源（从技术层面上讲，它们只是在私人部门循环利用现有的储蓄），但它们平均占到了官方统计的社会融资总额的 11% 左右。中国影子银行的主要活动包括信托公司和非银行金融机构的贷款，通常以金融抵押品作为抵押。外币贷款（随后会转换成人民币）曾是一个更重要的资金来源。

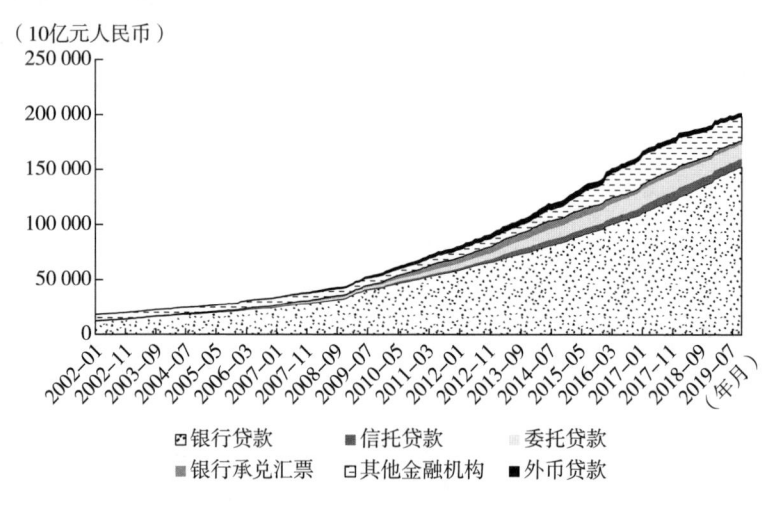

图 9.1  2002—2019 年按来源划分的中国流动性

资料来源：CrossBorder Capital，中国人民银行。

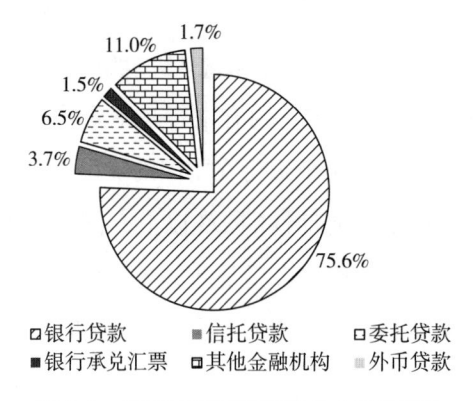

图 9.2  2019 年按来源划分的中国流动性

资料来源：CrossBorder Capital，中国人民银行。

图 9.3 表明商业银行贷款（主要是国有银行）非常稳定。围绕这一趋势，中国整体流动性的波动是由影子银行活动的更大波动引起的。影子银行的信贷周期更为明显，且往往是逆周期的，这是否表明影子银行的繁荣是由于避开了主流货币管制？影子银

行的资金往往来自批发货币和资本市场,它们依赖于抵押品价值的上涨,而且其中很大一部分其实是大银行的子公司。此外,一些影子银行还因为与地方政府的关联,以及在一些案例中与可疑房地产交易的牵扯而受到影响。因此,它们的经营活动有时会突然中断。

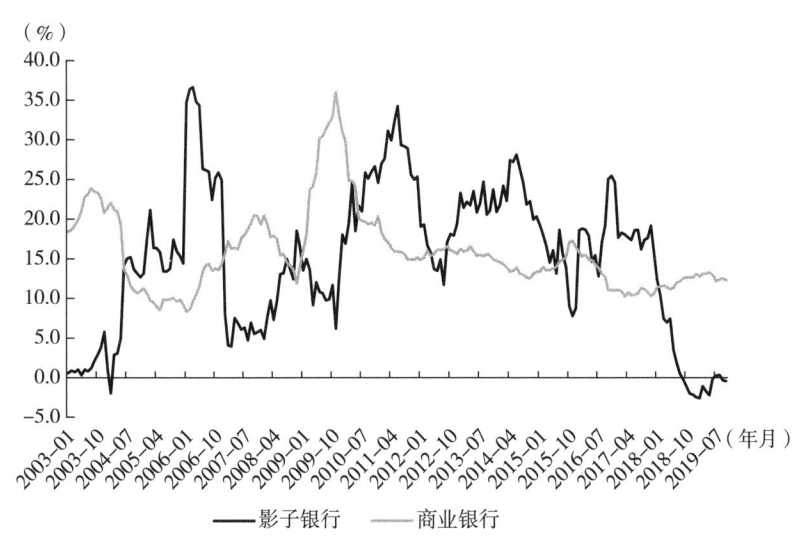

图9.3 2003—2019年按来源划分的中国流动性增长

资料来源:CrossBorder Capital,中国人民银行。

## 中国的金融不成熟

从结构上看,中国拥有庞大的国内储蓄盈余,其规模之大,历来足以覆盖公共部门赤字,相应地,这也让中国得以保持经常账户盈余。然而,尽管近年来中国重新对资本外流施加了限制,但经常账户顺差的下滑和外国直接投资流入的放缓,在消耗着中国庞大的外汇储备。虽然这在很大程度上是一种周期性的担忧,但它的确引发了更深层次的结构性问题。具体来说，中国的海外资产负债表反映了其金融体系仍不成熟。中国的海外资产总额约为 7.5 万亿美元，作为对照，这一数字在德国为 10 万亿美元，在美国则超过 25 万亿美元——与美国的 GDP 规模相当。中国的资产负债表不仅在相对规模和绝对规模上要小得多，而且向官方持有的外汇储备严重倾斜（2005—2018 年，平均为 58%），总负债主要由流入的外国直接投资构成（占总资产的 39%），其中有大约一半是通过以人民币计价的银行贷款进行融资的。

核心发达经济体和外围新兴市场经济体之间的跨境资本流动，必须严格划分为主要流向中国的大规模资本流动，以及流向其他新兴市场经济体的小规模资本流动。中国积累的巨额美元外汇储备，其规模与流入的外国直接投资[1]相当，而且大部分以美元计价的贸易顺差是在中国 2001 年加入世界贸易组织后积累的。在整个过程中，中国一直寻求保持人民币兑美元汇率的基本稳定，以防人民币像 20 世纪七八十年代的日元那样大幅升值。

图 9.4 显示了中国经常账户盈余规模的快速增长，从 2001 年的低点到 2007 年的峰值——接近 GDP 的 10%。此后，中国的贸易顺差大幅下降，而且根据国际货币基金组织的预测，未来几年中国的贸易顺差还将继续下降。此外，外国直接投资也很活跃，每年流入的外国直接投资通常为 1 500 亿~2 000 亿美元。图 9.5 报告了我们所说的中国的基本平衡，即经常账户余额加上净外国直接投资。在 2007—2015 年，这一盈余每年平均接近 4 000 亿美元，尽管至 2019 年其规模已经减半。之所以出现下降，部分原因是外国直接投资的流入速度有所放缓，但更重要的原因是对外直接投资大幅增加，其中大部分与"一带一路"倡议有关。展望

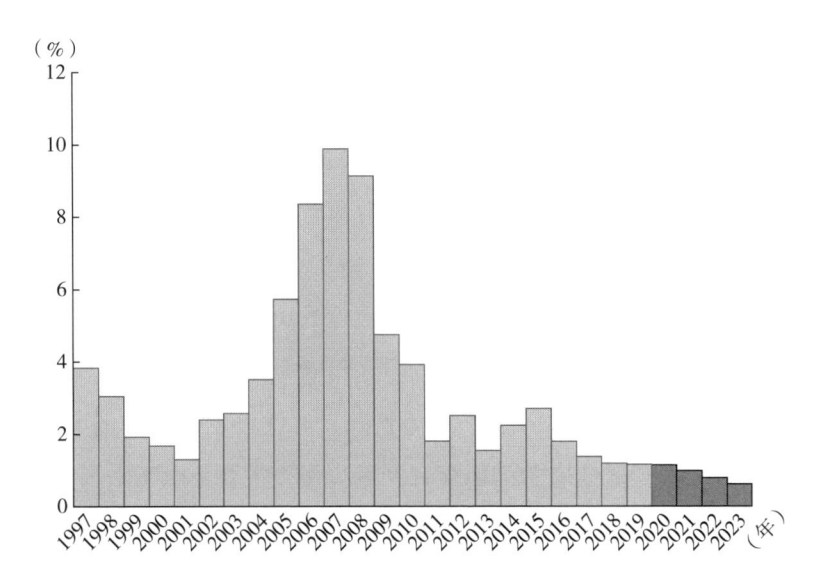

图9.4 1997—2023年中国的经常账户余额（占GDP的百分比）

注：本书英文版写于2019年，2020—2023年数据为当时的预测值。

资料来源：国际货币基金组织。

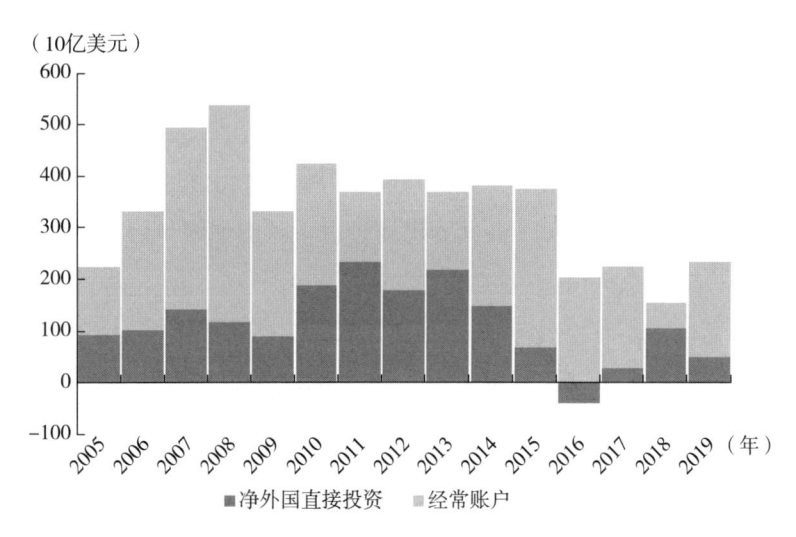

图9.5 2005—2019年中国的基本平衡（经常账户余额加净外国直接投资）

资料来源：CrossBorder Capital。

第九章
中国和新兴市场

未来，随着利率处于低位和地缘政治紧张局势加剧，中国更有可能增加对外直接投资，而不是积累更多的美国国债。近年来对中美关系的担忧使许多人预测，中国可能会迅速抛售其持有的价值1.1万亿美元[2]的美国国债外汇储备，但更有可能的是，中国不愿购买更多的美国资产，并将盈余重新用于地区投资项目。反过来，这将有助于在离中国更近的地方建立一个人民币经济区。

尽管中国的净海外资产总体状况良好，已超过2万亿美元，但其国际资产负债表的结构存在严重失衡，主要是由于中国的金融部门并不成熟——具体而言，是由于其在国际上的存在感和海外资本流动性相对较小。简言之，中国持有的海外资产严重偏向美元，确切地说，绝大部分是官方持有的大量中短期美国国债。中国的外汇收入主要以美元计价，这与美国本身很相似，但与德国等其他国家有所不同。中国迫切需要摆脱美元的束缚，因此其自身必须率先开始在境外使用人民币。在实践中，大量流入的外汇必须通过私人部门或公共部门回流到外国资产中，以防止它们推高人民币汇率。这解释了中国政府积极地通过国家外汇管理局[3]和中国人民银行等机构进行干预的原因。因此，中国的海外资产总额由超过3万亿美元[4]的官方外汇储备主导，占所有海外资产持有量的58%（2005—2018年的平均水平）。相比之下，日本只有16.3%的外汇储备，而德国和英国分别仅有2%和0.6%，但这些国家都有更为成熟的国内金融部门。相比之下，中国的海外银行资产占总资产的21%（德国为44%），被占总资产18%的海外银行负债所抵消（德国为35%）。中国的对外直接投资约占总资产的15%（德国为21%），外国直接投资占39%（德国为16%）。中国在海外的总投资组合约占资产的6%，外国对中国的总投资组合占资产的12%（德国分别为33%和35%）。更重要的是，事实证明，中国总的资产和负债流动的波动性大约是德国的3倍，这或许再次表明，中国的资本市场发展仍处于早期阶段。

这些对比很能说明问题。中国在金融业国际化方面无疑是落后的。与其他大型发达经济体相比，中国不仅需要大幅增加其海外资产持有量，而且其国际资产负债表也需要更加多元化。尽管中国的净海外资产状况良好，但以总资产和负债之和（而非两者的净差额）来衡量，中国的海外资产负债表规模严重低于平均水平。换句话说，中国的外债主要是风险资产，如外国直接投资，而海外资产则主要是安全资产。因此，中国将其实物资本出售给国外投资者，然后把获得的美元再出口，并循环于购买美国国债。根据表9.1，中国国际银行业的总流入和总流出占所有海外资产的39%，而在德国，这一比例超过79%，美国和英国则分别为69%和128%。中国的总跨境投资组合活动更加疲软，仅占所有海外资产的18%，相比之下，美国为99%，德国和日本均为78%，而英国为48%。换句话说，中国私人部门在回收流入资本方面做得并不好。如图9.6所示，该数据将中国私人部门跨境资产流动总额占GDP的百分比与世界平均水平进行了比较。在德国、英国和日本等金融体系较为成熟的经济体，私人部门通过其国际投资，在循环中发挥了更大的作用——即使忽略2007年全球金融危机前出现的短暂飙升，其速度也至少是中国的两倍。

第九章
中国和新兴市场

表 9.1　2013—2018 年中国国际资产负债表

单位：百万美元

| | 中国内地：国际投资头寸 | | | | | | | | |
|---|---|---|---|---|---|---|---|---|---|
| | 2013 年 | 2014 年 | 2015 年 | 2016 年 | 2017 年 | 2018 年 | 平均 | 占比（%） | 标准差（%） |
| 资产 | 5 986.1 | 6 438.3 | 6 155.8 | 6 507.0 | 7 148.8 | 7 324.2 | 4 667.9 | 100.0 | 43.9 |
| 外国直接投资 | 660.5 | 882.6 | 1 095.9 | 1 357.4 | 1 809.0 | 1 899.0 | 691.5 | 14.8 | 90.8 |
| 证券投资 | 258.5 | 262.5 | 261.3 | 367.0 | 492.5 | 498.0 | 286.0 | 6.1 | 36.0 |
| 权益 | 153.0 | 161.3 | 162.0 | 215.2 | 297.7 | 270.0 | 116.8 | 2.5 | 83.8 |
| 债务 | 105.5 | 101.2 | 99.3 | 151.8 | 194.8 | 227.9 | 169.2 | 3.6 | 36.5 |
| 其他 | 1 186.7 | 1 393.8 | 1 392.5 | 1 684.8 | 1 611.4 | 1 759.2 | 967.7 | 20.7 | 56.0 |
| 黄金和外汇储备 | 3 880.4 | 3 899.3 | 3 406.1 | 3 097.8 | 3 235.9 | 3 168.0 | 2 722.8 | 58.3 | 36.6 |
| 负债 | 4 177.0 | 4 835.6 | 4 483.0 | 4 556.7 | 5 048.1 | 5 194.1 | 3 208.5 | 68.7 | 48.3 |
| 外国直接投资 | 2 331.2 | 2 599.1 | 2 696.3 | 2 755.1 | 2 725.7 | 2 762.3 | 1 816.7 | 38.9 | 48.1 |
| 证券投资 | 573.4 | 796.2 | 817.0 | 811.1 | 1 099.4 | 1 096.4 | 570.7 | 12.2 | 53.8 |
| 权益 | 484.5 | 651.3 | 597.1 | 579.5 | 762.3 | 684.2 | 453.4 | 9.7 | 40.9 |
| 债务 | 88.9 | 144.9 | 220.0 | 231.6 | 337.0 | 412.2 | 117.2 | 2.5 | 113.6 |
| 其他 | 1 272.4 | 1 440.2 | 969.6 | 990.5 | 1 223.1 | 1 335.4 | 821.1 | 17.6 | 50.2 |
| 净资产 | 1 809.1 | 1 602.7 | 1 672.8 | 1 950.4 | 2 100.7 | 2 130.1 | 1 459.4 | 31.3 | 36.9 |
| 外国直接投资 | -1 670.8 | -1 716.5 | -1 600.4 | -1 397.8 | -916.6 | -863.3 | -1 125.2 | -24.1 | -40.5 |
| 证券投资 | -314.9 | -533.7 | -555.7 | -444.1 | -606.9 | -598.4 | -284.7 | -6.1 | -79.8 |
| 权益 | -331.5 | -490.0 | -435.1 | -364.3 | -464.7 | -414.1 | -336.6 | -7.2 | -29.7 |
| 债务 | 16.6 | -43.7 | -120.6 | -79.8 | -142.2 | -184.3 | 51.9 | 1.1 | 286.7 |

注：平均数为 2005—2018 年的平均值。

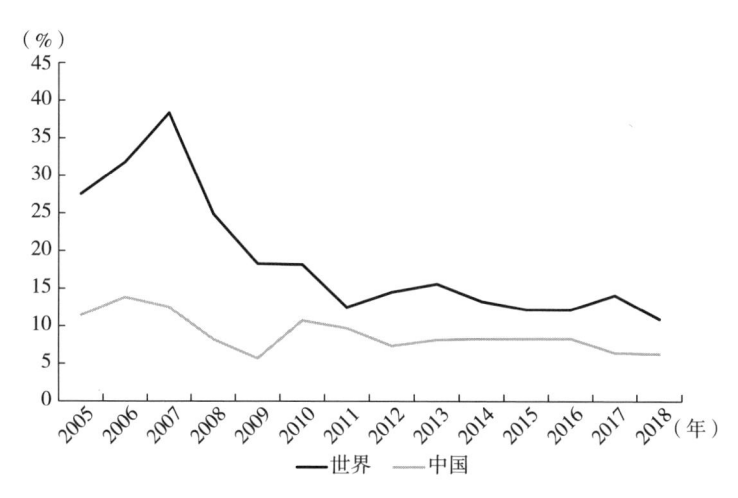

图 9.6　2005—2018 年中国私人部门资本流动总额
与世界平均水平比较（占 GDP 的百分比）

资料来源：CrossBorder Capital。

具体来说，外国人持有的中国债券仅为德国可比数字的 1/10，而中国国际银行贷款占总资产的比例很容易翻一番——如果剔除贷款中的对外直接投资成分，甚至可能翻两番。这些差距分别表明，中国缺乏：（1）一个拥有储备货币地位、外国人可以自由投资的国内主权债券市场；（2）一个以人民币计价的贸易信贷国际市场。要满足中国政府债券国际化的必要条件，需要在一定程度上放松现有的资本管制，并发展符合相关标准的公开透明的金融基础设施。反过来，人民币贸易信贷市场本身也要求更多的中国贸易以人民币计价。尽管速度缓慢，但这两种趋势都在上升。然而，中国也不太可能仓促行事，因为如果受到投机性攻击而失去对汇率的控制，将会对中国经济的声望造成不良影响。与任何大幅放松对外资本管制的举措相比，更有可能实现的目标是建立一个半封闭的人民币区，可能包括中亚乃至亚洲其他经济体。中国人民银行已经在亚洲建立了人民币地区性互换额度网络。

到目前为止，中国的私人部门金融公司还无法在海外建立起大量的人民币债权，而且由于它们的债务主要以人民币计价，迄今为止，这些机构既没有专业知识，也没有意愿和能力通过直接持有美元来承担任何货币风险。因此，国家通过以下几个途径来管理这个货币池：中国国家外汇管理局、中投公司[5]主权财富基金，或将对外直接投资导向海外项目。此外，正如已经指出的，中国未来不太可能想要大幅增加美元储备。在这种情况下，维持人民币兑美元，甚至兑一篮子区域货币的汇率稳定，似乎对中国最有利。[6]人民币走弱可能会鼓励资本外逃，而人民币走强将损害出口表现，并可能因此增加中国的外部融资需求。事实上，由于庞大的区域供应链，亚洲产业之间的相互联系日益紧密，亚洲内部货币稳定的重要意义也日益凸显。换句话说，如果所有亚洲货币兑美元汇率同步走高，那么任何潜在的竞争力损失都将由参与者共同分摊。因此，我们应该期待看到一个事实上的地区性货币集团的出现，就像欧元一样，其特点是集团内部的汇率稳定和集团之间更高的灵活性。这种演变将使中国资本在更大程度上实现外部多元化，尤其是在亚洲范围内。

第六章所描述的格利–肖–戈德史密斯关于金融结构的观点意味着，金融体系有一种通常的趋势，即流动性不断增加，这是其发展的自然组成部分，特别是在快速增长的经济体中。由于中国金融发展滞后，在制度深度方面，国际投资者被迫更多地依赖美国资本市场。如果这导致"安全"资产抵押品的结构性短缺，并增加美联储的工作量，就可能对国际金融稳定造成危险的后果。图9.7比较了中国和美国经济的相对规模，以及它们各自的资金池（M2）和流动性。数据显示，（和美国相比）中国的央行和传统银行资产规模更大，而影子银行规模较小。总体而言，中国35.6万亿美元的流动性比美国29.2万亿美元的流动性多出约1/5。以当前美元计算，中国的GDP为14.2万亿美元，但如果以购买力平价计算，中国的GDP几乎翻了一番，达到27.3万亿美元，比美国经济总量的21.3万亿美元高出近1/3。

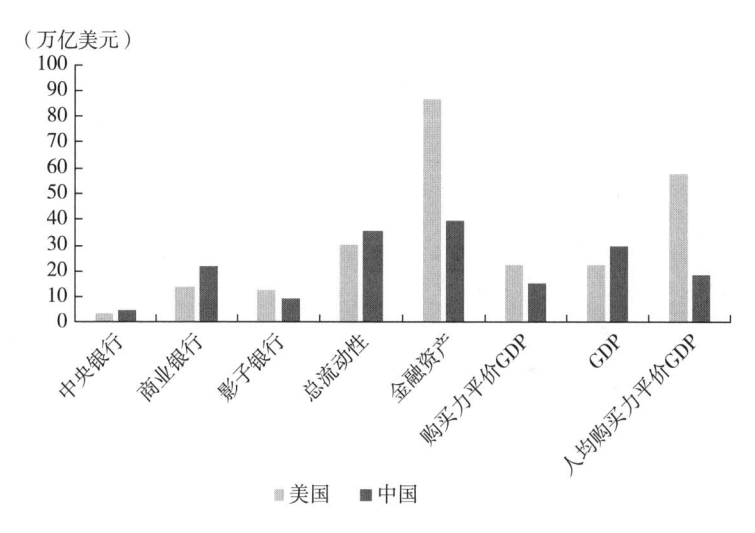

**图9.7 2019年7月底中国与美国货币体系的规模比较**

注：人均购买力平价GDP为千美元。

资料来源：CrossBorder Capital。

深化以人民币为基础的国际市场是下一步的重点工作。尽管中国的储蓄高于国内投资，但其仍需要吸引外国资本。这在一定程度上是因为，从定性的角度来看，外国直接投资往往能够带来最新的技术和国际管理经验；从定量的角度来看，外国直接投资将使中国的国内资产基础更加多样化。换句话说，中国通过资本账户成了美元的主要再出口国,但其更希望成为一个更大的人民币出口国。这将促进人民币的国际化,并在一定程度上实现人民币在亚洲市场广泛流通的目标。这样,中国就可以获得可观的铸币税收益。例如,中国拥有一个庞大、高收益的国内债券市场,它有可能吸引外国投资者。一个透明、流动性强的中国政府债券市场应该不仅对国内投资者具有吸引力,也能带来更多的境外投资者。不仅中国的债券将在基准指数中占据相当大的权重,从而吸引外国资本,而且一个有效的国内债券市场本身也将成为评估中国其他资产(如股票)的有用基准。同样,在银行和信贷市场,要求用人民币购买商品和资产,并鼓励外国人使用人民币,是中国增加财富的一种直接方式,其成本可以忽略不计,只需要印刷纸币或鼓励采用数字人民币即可。中国的大公司已经建立了支付宝和微信支付等国内支付平台,这些平台可能会开发出一个包含电子货币和国家支持的数字货币的电子钱包。向外国人出售债券等以人民币计价的资产也会鼓励他们借入人民币。同样,以人民币计价的出口产品的增加,也将促进以人民币为基础的贸易信贷市场的发展。所有这些举措都会增加跨境金融活动总量、以人民币计价的海外资产的持有量(例如中国向外国人提供的银行贷款和贸易信贷)以及以人民币计价的海外债务(例如外国持有的中国证券)。中国的总资产负债表规模开始增加,在多元化程度上也正向世界平均水平靠拢。

　　人民币的国际化也有可能涉及人民币离岸交易和存款市场的快速发展,即与现有的欧洲美元市场平行的欧元-人民币市场。回想一下,欧洲美元市场增长的最初动力是,随着"冷战"紧张局势的加剧,当时苏联对其存放在美国本土银行的美元存款的安全性的担忧。如今,许多投资者也有类似的担忧,他们担心一旦地缘政治紧张局势升级,中国内地机构将无法保证其持有的人民币存款的安全。值得注意的是,"冷战"时期的紧张局势并没有阻止美元在国际贸易中的使用,而只是加速了欧洲美元市场的发展,尤其是在伦敦。似乎没有证据表明无法发展出一个类似的离岸欧元-人民币市场。

2019年9月,香港交易所试图收购伦敦证券交易所,随后几乎同时宣布取消外国投资中国金融资产的配额,这些都是体现了渴望"聪明的"和追求风险的外国资本的具体例子。同样,购买中国股票的美国存托凭证计划,以及将更多中国股票和债券纳入基准指数的可能性,都可能进一步增加海外储蓄。后者将意味着更多来自被动国际投资基金的潜在投资。然而,所有这些资金流入都表明,美元储备正面临令人担忧的流失。美国政界人士对这些"威胁"进行了反击,而且美国政府似乎会抵制可以如此轻易就获得美国储蓄的做法。一些专家甚至建议对流入中国的美国投资组合实施严格限制。毕竟,资本也是一场战争。

## 资本流动对新兴市场的影响

总体而言,流入新兴市场的跨境资本往往被证明是国内资产市场的强大推动力。然而,资本流入也有代价。霸菱证券[7]的研究显示:"……每一次新兴市场危机首先都是一场货币危机。"在许多新兴市场经济体,长期以来都有这样一种传统:出于贸易竞争力的考虑,各国政策制定者都会维持本币兑美元汇率的稳定,从而允许其外汇储备出现相应涨跌。这些流动从三个方面影响国内资产市场：（1）数量方面，位于主要发达经济体的外国机构投资者和贷款机构，相对于发展中国家的本地资产市场是大体量的；（2）信息方面，富裕的新兴市场居民在海外持有的本土基金可以在察觉到当地经济状况的变化后迅速进出本土市场；（3）政策方面，由于中央银行经常以汇率为目标，因此它们允许资本流动通过庞大的外汇储备池货币化。通常不发达的当地金融市场意味着，这些资金流动对国内货币和信贷总量的影响无法完全消除。因此，进入新兴市场经济体的净资本流入，往往会通过这些第二轮效应，导致国内信贷繁荣，而不是货币升值。然而，这种影响并不总是对称的，因为尽管资本外流最初可能导致信贷市场收紧，但对国内经济产生负面第二轮影响的威胁可能迫使决策者选择贬值，而不是冒着经济衰退的风险来牺牲自己的货币。

我们在第五章展示了这种货币传导如何以类似于经济学文献中描述的所谓巴拉萨－萨缪尔森效应的方式发生。实际汇率的上升伴随着正的资本流动冲击，这些冲击通常是潜在的生产率因素引起的，但并不是唯一的诱因。换句话说，快速增长的新兴市场经济体可能面临实际汇率的上行压力。根据定义，实际汇率包括名义汇率和相对价格水平。然而，我们在这里并不局限于零售银行价格，而是更广泛地定义这个"价格"水平，包括资产价格、工资和服务部门价格。在一个供应链主导的世界里，我们可以假定大多数商品的价格是由国际而不是国内决定的，而工资往往是"黏性的"，因为成本沿着供应链传递总会面临阻力。实际汇率的上升，可能意味着名义汇率或国内资产价格的上涨，甚至两者同时上涨。因此，当国家货币当局将名义汇率的目标定在恒定水平时，实际汇率的上行压力最终会通过资产价格的上升表现出来。这可能解释了为什么生产率增长较快的亚洲经济体——如新加坡、中国香港和韩国——经常会经历资产价格的大幅上涨，往往表现为投机资金竞相进行房地产开发投资。

我们可以追踪伴随新兴市场汇率目标政策产生，并最终以资产价格繁荣告终的货币传导。最初的流动性冲击，是通过更快的出口增速或更强劲的资本流入来实现的。由此产生的外汇储备变化通过基础货币传导，进而传导至更广泛的信贷总量，如银行贷款总额。图9.8显示了以美元计算的新兴市场外汇储备的大幅波动，以及新兴市场强势货币的平行增长（相关系数为0.807）。例如，当资本流入被中央银行转化为当地货币并累积为外汇储备时，由此产生的基础货币的增加可以为银行信贷的多重扩张提供新的资金。同样，国内私人银行也可以通过外汇掉期来获得额外资金，从而增强对汇率制度稳定性的信心。这些机制也可以反向发挥作用，除非地方决策者能够通过抵消其他方面的行动（如中央银行买卖其他金融资产），来冲销基础货币变化的影响。

通常，由于新兴市场同时是新兴经济体和欠发达金融体系，它们的国内金融市场不太能够完全冲销跨境资本流动的影响。事实上，雷伊（2015）表明，即使在实行完全浮动汇率的情况下，新兴市场仍然容易受到这些全球因素的影响。这意味着，国际资本流动对新兴市场经济体的影响被夸大了，由于顺周期的第二轮效应，出现资产价格泡沫的可能性大大提高。这导致它们对美国货币政策的变化以及由此产生的美元基准汇率的变动尤其敏感。

因此，尽管美元的强势时期被证明是不利的，但美元的疲软却往往与新兴经济体金融市场的积极表现相联系。美元走强不仅会通过美国收紧货币政策的广泛影响对新兴市场产生负面影响，还会对外国借款者产生直接的负面影响，因为后者不得不以更昂贵的美元偿还贷款。

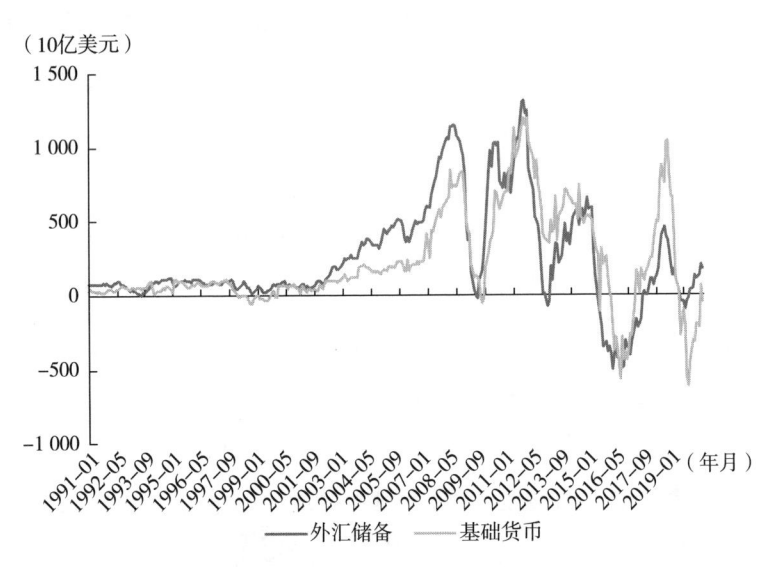

图9.8 1991—2019年新兴市场外汇储备和基础货币

资料来源：CrossBorder Capital。

通过关注这些汇率效应，这个框架有助于解释为什么现行的美元体系包含了一个额外的放大机制。正如我们已经指出的那样，这一机制通过实际汇率运作，在其他经济体追赶并超越不断下滑的美国生产率增长时发挥作用。由此产生的反向生产率差距，迫使美国实际汇率贬值，但金融在美国经济中的重要性，迫使美国当局试图通过向金融市场注入更多流动性来维持国内的现行抵押品价值，即资产价格。因此，从历史上看，尽管对美元的需求会出现周期性增长,但美元名义汇率仍然通过长期贬值承担了大部分调整负担。除了产生连锁反应(新兴市场政策制定者追随美国的宽松政策)外,美元汇率疲软还反过来减轻了需要立即偿还的债务负担,并鼓励私人部门更多地跨境借款——包括未对冲的套利交易,进而提高了美元的外债水平,并增加了货币间的错配。此前,许多新兴市场的借款者曾不明智地屈服于这种诱惑。此外,国际借贷的便利使美国得以维持低储蓄率和庞大的财政赤字,与之对应的是不断扩大的经常账户赤字。由于贸易流动的变化主要涉及制造业,美国不断上升的贸易逆差与长期去工业化联系在了一起,而由于制造业是大多数生产率增长的潜在来源,这种工业化程度的下降进一步削弱了美国实际汇率的长期水平。正如我们在第三章中所阐述的那样,复杂的反馈可能会成倍增加。跨境资本回流到美国——比如欧洲银行在全球金融危机爆发前发放的美元抵押贷款——也可能强化美联储最初的宽松货币政策,从而催生美国国内资产泡沫。这最终会迫使美联储重新收紧货币政策,从而引发新兴市场自身的债务危机。其结果是,资本在核心国家和外围国家之间迅速流动——有时甚至是剧烈流动,然后又发生回流。

诚然,这些对美元的直接影响近年来可能有所减弱,因为中国和许多其他新兴市场现在有了相对较多的以本币计价的借款。尽管如此,从绝对值上看,新兴市场经济体仍是主要的跨境借款者。国际货币基金组织的数据显示,在历次跨境资本流动的激增中,有1/5最终以国家层面的金融危机收场,这证明了这些新兴市场经济体仍然很容易受到破坏。[8] 数据显示,在跨境资本流动激增之后,新兴市场经济体经历金融危机的可能性至少增加了3

倍。图9.9显示了这些危机通常是在资本流入激增之后发生的。乍一看，尽管跨境资本流入似乎提振了GDP增长，但事实上，那些资本流动波动性高于平均水平的新兴市场经济体，其GDP增长要慢得多。因此，许多新兴市场经济体选择通过建立主权财富基金和积累巨额外汇储备缓冲来储备大量"安全"资产以应对资本流动的波动也就不奇怪了，特别是在1997—1998年亚洲金融危机之后。图9.10显示，新兴市场经济体共持有约7万亿美元的外汇储备，有证据表明，21世纪头5年，外汇储备的积累十分强劲。

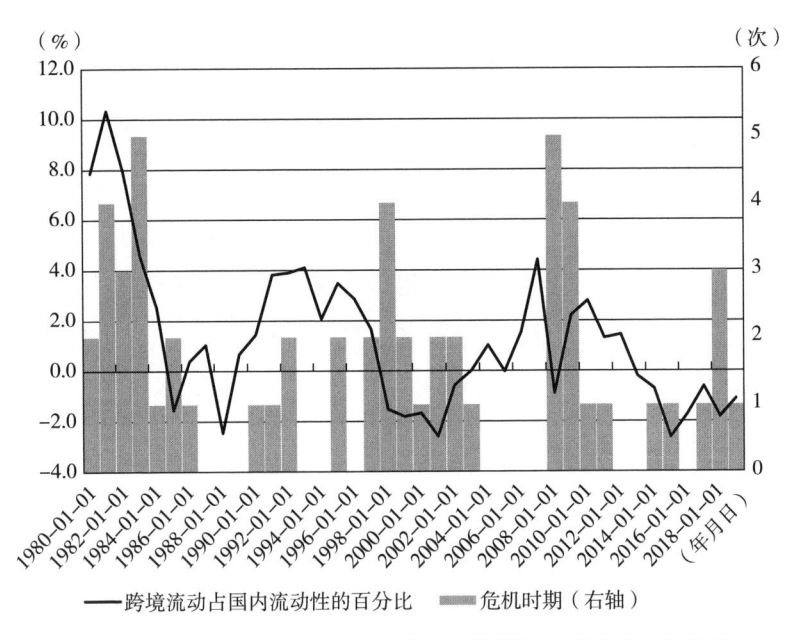

图9.9　1980—2019年流入新兴市场的跨境资本和危机时期的数量

资料来源：国际货币基金组织，CrossBorder Capital。

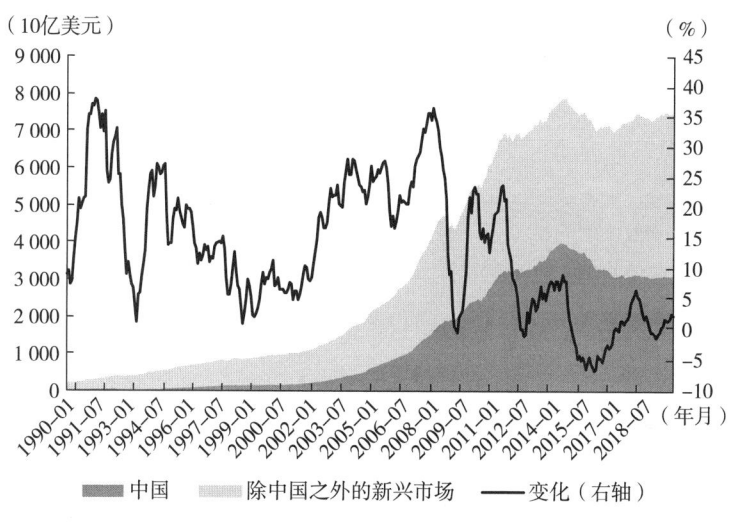

图9.10　1990—2019年新兴市场国家外汇储备（月度）

资料来源：CrossBorder Capital。

图9.11的数据显示，2014—2019年流入新兴市场经济体私人部门的净资本流动异常疲弱，资本流出甚至超过了资本流入。不可否认，这在很大程度上是由于中国在2014—2017年发生了大规模的"资本外逃"。为了满足国际货币基金组织为人民币从2016年起加入特别提款权（SDR）储备货币单位所设定的条件，中国还暂时降低了对外部资本的控制。尽管如此，这种资本从高收益市场向低收益市场"上坡流动"的普遍现象，即从新兴市场经济体向发达市场经济体的流动，被称为"卢卡斯悖论"——以美国著名经济学家卢卡斯的名字命名。然而，当再次考虑整个海外资产负债表和总资本流动的变动时，情况看起来更可信，因为这证明了资本是如何广泛流入各种新兴市场投资项目的。换句话说，新兴市场居民对"安全"资产（比如富裕发达经济体发行的政府债券和硬通货）的需求，以及新兴市场借款人偿还外债的需

求，已经完全抵消了这些风险资本的流入。

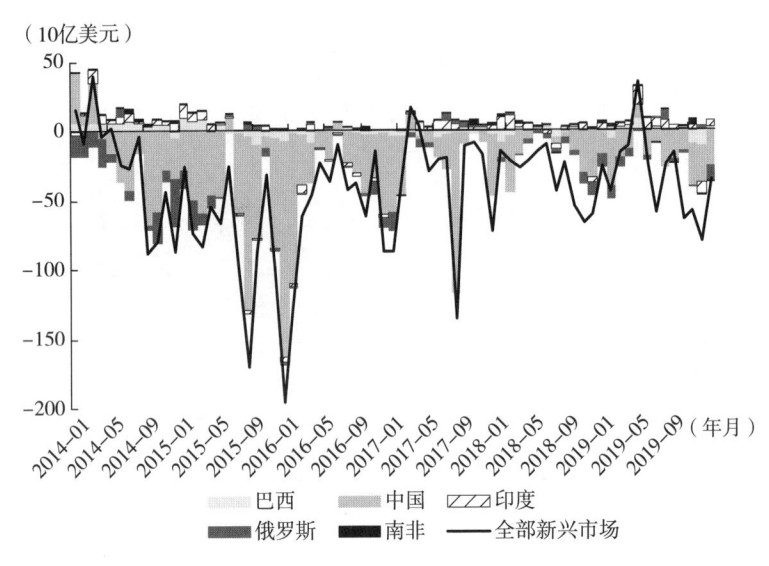

图9.11 2014—2019年流入新兴市场的跨境资本净额（月度）

资料来源：CrossBorder Capital。

图9.12中的数据证实，除了这些风险资本的流入之外，新兴市场的资本流入主要是购买债务证券，而且它们也具有高度的周期性。我们还添加了全球跨境流动活动的跨境资本指数，以强调这些波动可能是某些全球因素造成的。一个更深层次的问题是，这些流入新兴市场的资本，是更多地受到与国内经济的积极特征（如国家增长更快）相关的所谓"拉动"因素的驱动，还是更多地受到与发达经济体宽松的货币条件（如美联储放宽政策）相关的"推动"因素的驱动？不可否认的是，两种观点均能得到证据支持，但从我们的经验和图9.12的数据来看，"推动"因素往往占主导地位。再看看海外的整体资产负债表就能更好地理解这一点，因为在流动性繁荣时期，不仅现金充裕的外国投资者会大量

购买本国证券，本土银行也可以通过在外国市场借款获得更宽松的融资条件。这两项都被记录为资本流入，代表外国负债总额的增加。因此，随着全球流动性周期的扩大，海外资产负债表的总流量和总规模均显著增加。

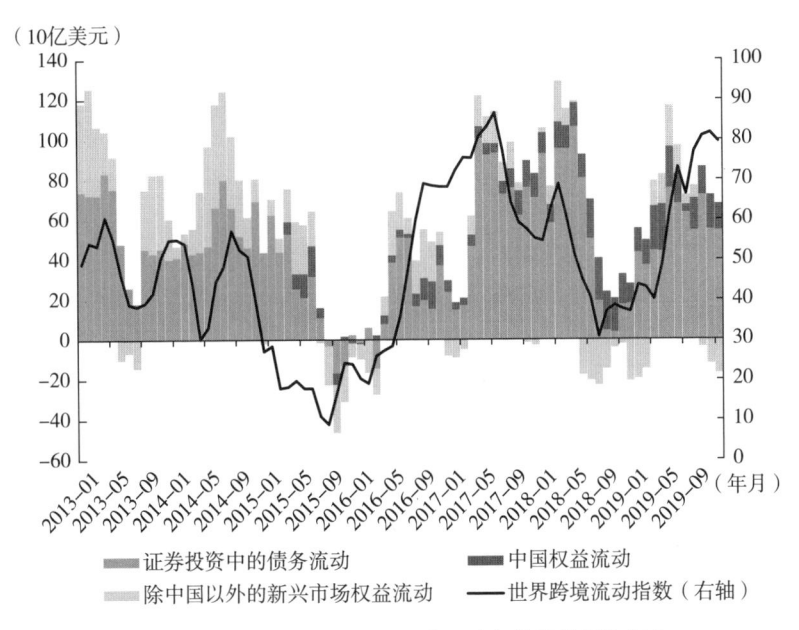

**图 9.12　2013—2019 年流入新兴市场的跨境投资组合和跨境资本公司跨境流动指数**

资料来源：国际货币基金组织，CrossBorder Capital。

此外，图 9.13 中的数据乍一看似乎支持了"拉动"的观点，它强调了代表新兴市场资本流动的跨境资本指数分项指标与中国国内流动性之间的强烈联动。两个数据序列之间的相关性较高（相关系数 0.505）。最新的研究也证实了这一点，德国基尔研究所[9]的一项研究证实了中国商业周期发挥的关键作用。研究人员分析发现，中国 GDP 增长率每上升 1 个百分点，就会导致中国资本外流占 GDP 的比例增加 1.7%，而中国宽松的国内货币政策也会产生类似规模且显著的积极"推动"效应。换句话说，资本流入非中国新兴市场，可能是由于人们预期，随着中国经济日益占据主导地位，这些其他新兴市场的前景会更好。第三个"推动"因素，即美国的货币政策，可以解释这两个特征。美国宽松的货币政策可能会"推动"美国资本进入新兴市场，同时迫使中国人民银行配合美国新的宽松货币政策，以维持现行的人民币兑美元汇率平价。然而，基尔研究所的研究人员发现，从统计数据上看，美国的这些"推动"因素在统计上往往较弱。

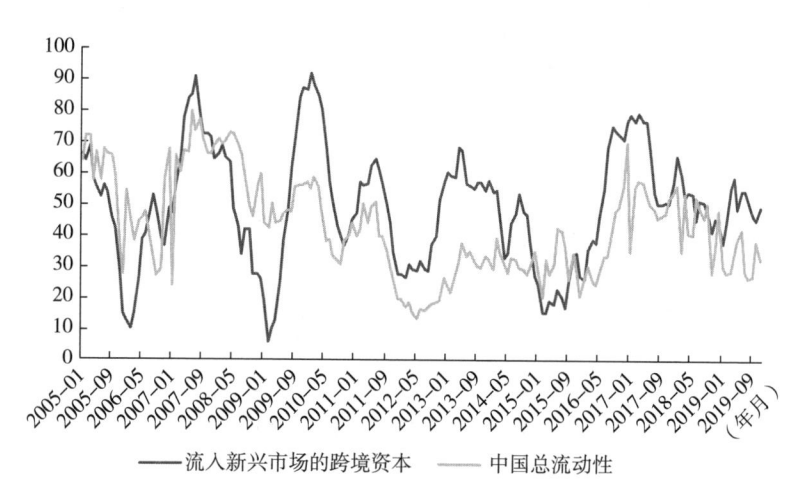

图 9.13 2005—2019 年流入新兴市场的跨境资本和中国的流动性
（月度，指数"正常"范围为 0~100）

资料来源：CrossBorder Capital。

总之，观察总资金流和分析整个海外资产负债表是帮助我们正确理解新兴市场资本流动的重要途径。将各国货币与美元挂钩的做法，会导致一个顺周期且本质上充满波动性的新兴市场投资周期。许多新兴市场经济体既受到由美国主导的全球流动性周期的"推力"的影响，又受到与快速增长的中国经济联系在一起的"拉力"的影响，这两种影响都会使情况雪上加霜。典型的新兴市场危机发生在全球流动性激增之后，并通常涉及当地银行的巨额外债。这些总资本流动背后的丰富细节被"净"资本流动数字所掩盖。毫无疑问，这也掩盖了中国金融的不成熟，特别是人民币在全球市场上的使用不足。因此，中国还不能完全从铸币税中获益，而是被迫使用和出口美元而非人民币。

# 第十章
# 流动性传导机制:
# 理解未来宏观估值的变化

## 金融经济与实体经济的对比

　　金融周期的概念（Borio，2012）描述了投资者与信贷提供者之间在风险偏好、抵押品价值和融资可用性等方面经常出现的狂热互动。由此导致的信贷和流动性供应的增加，通常会推高股市、房地产价格和其他风险资产价格。通过进一步推高抵押品的价值，反过来又允许私人部门借入更多信贷，直到在某个时点周期触顶并发生逆转。尽管金融周期可能和标准经济周期具有不同的时间长度及波动振幅，但是它有一种放大当前宏观经济波动的趋势。从历史上看，金融周期显示出预测未来经济趋势的独特能力，而经济下行往往与重大银行危机和衰退同时发生。

　　然而，传统的经济学教科书对此有不同的看法。它们表示金融的流动不过是储蓄和投资决策的会计对应。因此，金融市场理应被动地响应，而不是主动地驱动实体经济。在实践中，金融市场受到资金流入和流出以及投资者冒险行为变化的影响。这两者都会影响风险溢价。例如，当流动性不足时，投资资产的风险溢价较高。换句话说，如果认为金融中介机构承担了"风险分担"职责，那么它们的资产负债表规模越大，可承担的风险也就越大。因此，更多的流动性意味着金融中介更大规模的资产负债表、更多的风险分担，以及整个系统中更低的风险。许多中央银行都承认，流动性在金融市场中扮演着关键角色。用欧洲央行[1]的话来说：

> ……获得更高的资产估值可以被视为一些主要中央银行大规模资产购买或实行量化宽松的隐性（如果不是显性）理由……（这些）措施通过抵押贷款为金融体系提供流动性（就像欧洲央行那样），还可能通过帮助避免银行的无序去杠杆化和贱卖资产行为，间接支持资产估值……对中央银行资产负债表规模和构成的关注，与新维克塞尔主义传统中提出的非标准政策措施无关紧要的主张形成了鲜明的对比。在该主张中，即使已经达到了零利率下限，这些措施也被视为无关紧要的，因为它们不会改变利率的未来预期路径（Eggertson and Woodford, 2003）。然而，在不考虑数量这个变量的情况下，利率和相关的风险溢价似乎不足以反映当金融市场和金融中介的效率由于去杠杆压力以及不确定性和风险规避加剧而受到损害时货币政策的运行方式。在这种情况下，中央银行作为最后的安全和流动资产（货币）发行者的角色，以及作为中介和最后的风险吸收者的能力就凸显出来了。欧元体系和美联储都是如此。

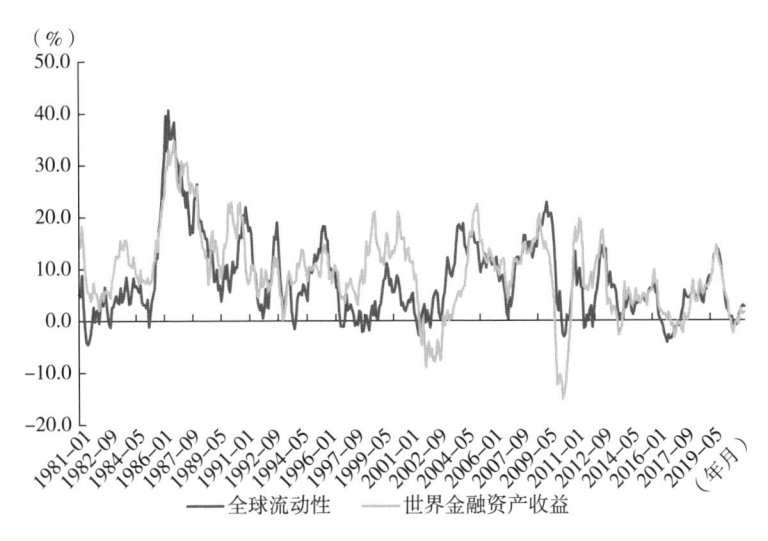

图10.1 1981—2019年世界金融资产收益和全球流动性（年度百分比变化）

资料来源：CrossBorder Capital。

　　图10.1证实了，全球流动性往往是世界资产价格波动背后的决定因素。然而，这种密切的联动掩盖了资金流动与投资者期望的资产配置之间的复杂反馈机制。我们基于资金的流动性模型（详见第四章，并在图10.2中总结）认为，金融流动性明确地推动了投资者的风险偏好，从而进一步影响了资产配置。而不断上升的抵押品价值则起到正反馈的作用，为新的流动性创造提供了支撑。虽然金融流动性通常是资产繁荣的必要条件，但单靠它是不够的，因为牛市通常需要一个基本主题来刺激和维持投资者的兴趣。换句话说，资产配置的趋势和投资群体行为的波动，将影响并且往往是放大流动性变动向资产价格的传递，最终将其传递至实体经济。为了更好地理解资产配置中的这些趋势，图10.3绘制了几个经济体的人均收入和人均金融资产价值的横截面数据。两组数据都以对数形式表示，因此，拟合的非线性关系描述了数

学上的幂函数。金融资产的系数是1.48，这告诉我们，人均收入规模每增长10%，人均金融资产价值就会增加近15%。由于对金融资产的需求具有高收入弹性，经济学家会相应地将金融资产描述为奢侈品。因此，随着经济的发展和成熟，金融业的发展速度将超过实体经济。这一跨国证据与历史经验相符，并证实了耶鲁大学经济学家雷蒙德·戈德史密斯几十年前的早期观察，他首次提出了金融关联比率。这个概念被定义为无形资产的总价值与有形资产价值的比值，是根据国家资产负债表中的数据计算得出的。它被用来衡量一个经济体的金融结构密度，以及其金融资产和实体财富之间的相对增长率。戈德史密斯认为，每个国家的金融发展都会经历一系列类似的能够被明确定义的阶段，每个阶段的金融关联比率不断上升。通常情况下，这一比率最终会达到一个略高于1的极限，此后其增速就会急剧放缓。根据戈德史密斯的观点，金融机构的资产占国家总资产的比例仍应呈现出上升趋势，这种趋势在金融关联比率的上升放缓或停止后仍将持续很长一段时间。

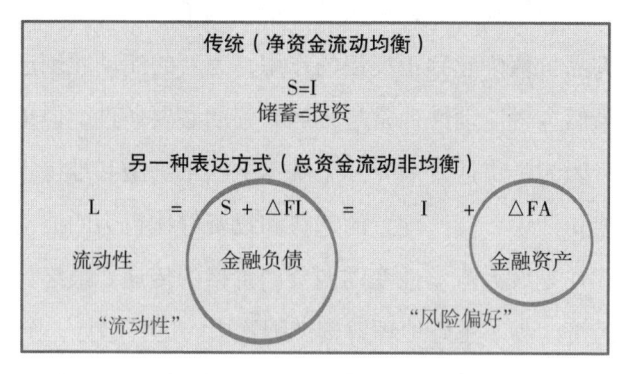

**传统（净资金流动均衡）**

$$S=I$$

储蓄=投资

**另一种表达方式（总资金流动非均衡）**

$$L = S + \triangle FL = I + \triangle FA$$

流动性　　金融负债　　　　　　金融资产

"流动性"　　　　　　　　　"风险偏好"

图10.2　资金流动模型（总结）

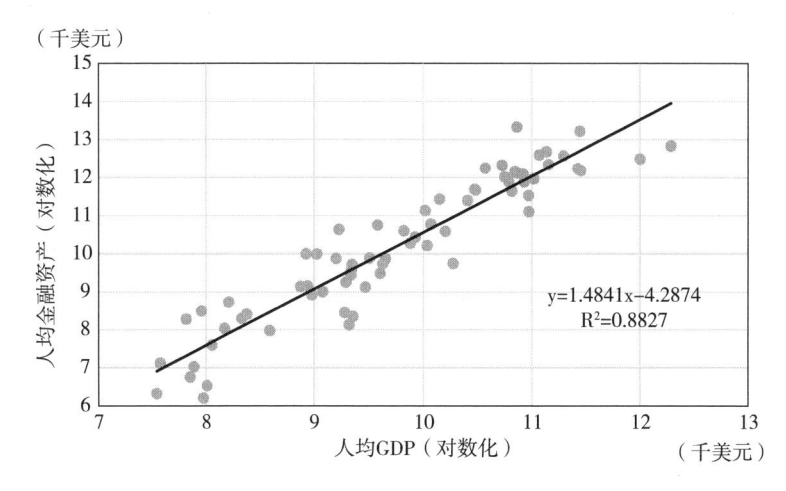

图10.3 2018年人均金融资产和人均GDP

资料来源：CrossBorder Capital。

要直观地看到这一点，可以从养老金和人寿保险基金长期发展的角度考虑。通过使用死亡率表，精算师可以估计未来所需支出的模式。假设劳动者在20岁时缴纳养老金，65岁退休，那么就需要45年到期（严格来说是久期[2]）的资产来与这些负债相匹配。因此，随着产业劳动力的增长，以及养老金和人寿保险普及范围的扩大，对长期资产的需求将增加。除了这些与长期负债相关的长期因素之外，我们还必须加上与投资者情绪和风险偏好相关的周期性因素。经济学告诉我们，生产技术越迂回，占用资本的时间越长，往往是越赚钱的。因此，当投资者的情绪从悲观转向乐观时，他们会延长投资期限，并准备对未来更长远的盈利前景进行贴现。反之亦然。这意味着，我们不应指望一个经济体的资产构成会停滞不前，而应意识到随着时间的推移，资产构成会朝着具有较长久期结构的方向增长，并随着投资者情绪的变化而围绕这一趋势循环往复。换句话说，对与预期负债相匹配的适当资产久期的需求,是资产配置的主要驱动因素。

在实践中,我们可以从几个方面来衡量一个经济体的整体资产组合。例如,资产的平均久期、持有长期和短期资产的比例、持有股票和债券的比例,以及持有所谓的安全资产和风险资产的比例。考虑到现金和政府债券往往是更安全、久期更短的投资,而股票和房地产往往是久期更长、风险更高的投资,上述提到的不同方法往往会得到类似的结果。为了更简洁地表达我们的想法,我们将使用一个简单的框架,只有两种资产,即安全的、流动性强的资产(如现金或银行存款)和风险资产(如股票)。由于现金和银行存款是仅有的法定货币(即最终结算手段),它们提供了一个稳健的估值基准。资产配置的核心衡量标准就变成了 P/M(price-to-money ratio,价格-货币比率),其中 P 代表风险资产持有的市值——这里指股票,而 M 代表持有的流动性或货币总量。高 P/M 比率告诉我们,投资者更多地将资金配置于风险资产(如股票),而不是安全资产(如现金)。

## 流动性冲击的一般传导

金融资产通常是根据它们提供的未来收入估值的,比如传统的 P/E(市盈率)和 E 盈利能力模型,以及据称为美国资深投资者沃伦·巴菲特所青睐,虽然不那么流行,但具有同等作用的 P/GDP 和 GDP 模型。例如,参见格雷厄姆和多德(1934)在《证券分析》中的经典陈述。然而,贝丽尔·斯普林克尔(1964)发现了商业周期和股票市场之间频繁出现的不一致性:

诚然，经济活动和股票价格在 2/3 的时间里都呈同向变动，但另外 1/3 的情况才是最有趣的，也是最有利可图的……通常情况下，股票价格的变化远早于随后出现的商业周期的变化，因此经济活动和股票价格在市场的转折点上会朝着不同的方向变动。有时，股票价格会形成一种完全属于自己的模式，与潜在的商业和利润趋势有着显著的不同（《货币与股票价格》，1964 年）。

同样，传奇投资家斯坦·德鲁肯米勒在 1988 年接受《巴伦周刊》的采访时也表示："推动整个市场的不是收益，而是美联储……关注着中央银行和资金的流动……市场上的大多数人都在寻找收益和常规措施。推动市场的是流动性……对股市最有利的环境是美联储正在努力推动的这种非常沉闷、缓慢的经济形势……"

利用我们基于流动性的框架，金融资产也可以作为投资组合的一部分进行估值，从而在给定负债的情况下平衡不同风险。用前面定义的符号表示为：

$$P_t = \frac{P_t}{M_t} \times M_t \qquad (10.1)$$

这个表达式告诉我们，资产价格变动来自两个部分：（1）股票和流动资产之间的 P/M 比率变化，即投资组合的配置决策；（2）新资金流入的变化 M。根据我们的经验，P/M 比率在很大程度上取决于四个因素，其中前三个因素是长期的：（a）税收结构；（b）人口经济；（c）预期的通货膨胀率；（d）投资者的风险偏好。就短期而言，比如在商业周期中，当税率、人口结构和核心通货膨胀基本不变时，P/M 比率的主要影响因素是投资者的情绪。鉴于这是一个基于心理的因素，并可能在由投资者的贪婪和恐惧程度所决定的两个临界值之间来回波动，因此，P/M 比率本身应该显示出一种向均值（或者至少是趋势）回归的总体倾向。

事实上，这个简化表达式来自更一般的表述：

$$\mathrm{MC}_t = \frac{\mathrm{MC}_t}{M_t} \times M_t \quad (10.2)$$

其中，

$$\mathrm{MC}_t = P_t \times A_t \quad (10.3)$$

以上表达式中，$\mathrm{MC}_t$ 表示市值，$M_t$ 表示在金融部门中流通的货币或流动性，$P_t$ 表示资产价格，$A_t$ 表示现有的证券或资产数量。

资产组合的变化（MC/M）可以通过风险资产平均价格（P）的变化或各类金融工具总量（A）的变化（无论是通过新产品的发行还是老产品的退出）来实现。假设后一种变化通常只占总持有量的一小部分，那么 P/M 比率和 M 的波动将一起影响资产价格。当 $A_t$ 为固定值时，其变动幅度遵循以下表达式：

$$\%\Delta P_t = \%\Delta(P_t/M_t) + \%\Delta M_t \quad (10.4)$$

其中 %Δ 为周期百分比变化。

尽管 P/M 和 P/E 估值框架在概念上是不同的，但它们是相互关联的。这可以从下面的表达式中看出：

$$\frac{P_t}{E_t} = \frac{P_t}{M_t} \times \frac{M_t}{\text{GDP}_t} \times \frac{\text{GDP}_t}{E_t} \qquad (10.5)$$

这种分解表明，P/E 本身是一个混合统计量，由三个因素组成：（1）相对资产所有权或资产配置的度量（P/M）；（2）相对经济规模而言过剩的流动性（M/GDP）；（3）总利润率（E/GDP）。换句话说，传统 P/E 估值基准在实践中由三个因素驱动：投资者情绪、流动性和行业盈利能力。表 10.1 列出了各种因素对世界股票市场的影响。最后一栏报告了股票市值与 GDP 的比率，以供比较。

表 10.1 1980—2018 年世界 P/E 的分解

单位：倍

| 年份 | P/E | P/M | M/GDP | E/GDP（%） | P/GDP |
| --- | --- | --- | --- | --- | --- |
| 1980 | 9.2 | 0.31 | 0.55 | 1.9 | 0.17 |
| 1981 | 9.7 | 0.29 | 0.51 | 1.5 | 0.15 |
| 1982 | 9.8 | 0.31 | 0.50 | 1.6 | 0.15 |
| 1983 | 12.0 | 0.36 | 0.50 | 1.5 | 0.18 |
| 1984 | 13.1 | 0.36 | 0.47 | 1.3 | 0.17 |
| 1985 | 12.6 | 0.41 | 0.54 | 1.8 | 0.22 |
| 1986 | 16.0 | 0.49 | 0.63 | 1.9 | 0.31 |
| 1987 | 21.4 | 0.49 | 0.76 | 1.7 | 0.37 |
| 1988 | 20.3 | 0.59 | 0.74 | 2.1 | 0.44 |
| 1989 | 21.1 | 0.67 | 0.73 | 2.3 | 0.49 |
| 1990 | 20.6 | 0.49 | 0.78 | 1.8 | 0.38 |
| 1991 | 16.6 | 0.55 | 0.80 | 2.6 | 0.44 |
| 1992 | 21.3 | 0.52 | 0.77 | 1.9 | 0.40 |
| 1993 | 20.9 | 0.63 | 0.79 | 2.4 | 0.50 |
| 1994 | 25.5 | 0.62 | 0.83 | 2.0 | 0.52 |
| 1995 | 19.5 | 0.69 | 0.85 | 3.0 | 0.59 |
| 1996 | 20.2 | 0.80 | 0.81 | 3.2 | 0.65 |
| 1997 | 20.2 | 0.98 | 0.74 | 3.6 | 0.72 |

续表

| 年份 | P/E | P/M | M/GDP | E/GDP（%） | P/GDP |
|---|---|---|---|---|---|
| 1998 | 21.4 | 1.10 | 0.82 | 4.2 | 0.90 |
| 1999 | 25.6 | 1.36 | 0.84 | 4.5 | 1.14 |
| 2000 | 28.8 | 1.25 | 0.76 | 3.3 | 0.95 |
| 2001 | 24.1 | 1.09 | 0.73 | 3.3 | 0.79 |
| 2002 | 21.9 | 0.84 | 0.75 | 2.9 | 0.63 |
| 2003 | 17.1 | 1.03 | 0.81 | 4.9 | 0.83 |
| 2004 | 19.9 | 1.10 | 0.84 | 4.6 | 0.92 |
| 2005 | 17.4 | 1.23 | 0.79 | 5.6 | 0.98 |
| 2006 | 18.2 | 1.33 | 0.85 | 6.2 | 1.12 |
| 2007 | 17.2 | 1.29 | 0.96 | 7.2 | 1.24 |
| 2008 | 14.7 | 0.65 | 1.02 | 4.5 | 0.66 |
| 2009 | 9.6 | 0.87 | 1.10 | 10.0 | 0.96 |
| 2010 | 18.7 | 0.92 | 1.13 | 5.5 | 1.04 |
| 2011 | 15.9 | 0.77 | 1.15 | 5.6 | 0.89 |
| 2012 | 12.8 | 0.84 | 1.16 | 7.7 | 0.98 |
| 2013 | 15.0 | 0.97 | 1.14 | 7.4 | 1.11 |
| 2014 | 15.7 | 1.00 | 1.11 | 7.1 | 1.11 |
| 2015 | 17.1 | 0.97 | 1.07 | 6.1 | 1.04 |
| 2016 | 16.2 | 0.99 | 1.06 | 6.4 | 1.04 |
| 2017 | 19.0 | 1.12 | 1.10 | 6.5 | 1.23 |
| 2018 | 20.1 | 0.96 | 1.08 | 5.2 | 1.04 |

资料来源：CrossBorder Capital。

根据这一数据，1999年全球P/M比率达到了1.36倍的峰值，比1980年的水平高出3倍，而在距今更近的2008年则触及了0.65的低点。2019年的P/M比率为0.96，略低于中点。在一个只有两种资产的世界里，0.96的权益－现金比相当于一个投资组合在权益和流动资产之间几乎平均的分配。尽管2008年全球P/M比率大幅下降，但全球金融危机的主要推动因素并不再是像2000年那样的市场估值极端，而更多是美国影子银行业崩溃后流动性

（M）的下降。这随后导致了P/M比率的下降，因为投资者变得更加厌恶风险。同样，1997—1998年的亚洲金融危机是由跨境资本流动的突然逆转引发的，这反过来破坏了国内的流动性。自全球金融危机以来，全球股价的反弹在很大程度上要归功于各国中央银行通过量化宽松政策注入的巨额流动性，这有助于刺激投资者风险偏好的复苏。

图10.4、图10.5分别显示了P/E与P/M（相关系数0.47）、P/GDP（相关系数0.30）之间的同步变化。数据还显示了P/M和过剩流动性期限之间的显著正相关（相关系数0.57）。这告诉我们，流动性的增加往往与资产配置向风险资产的转移有关。换句话说，当流动性充足时，冒险行为普遍存在。此外，在流动性匮乏的时期，往往伴随着市场恐慌和投资者对"安全"资产的追求。这似乎是合理的，因为随着可用流动性池的增加，违约和其他系统性风险往往会减少，从而降低持有预防性安全资产的必要性，并进而允许投资者扩大其投资范围，持有更多风险资产。相反的是，当流动性紧缩引发系统性风险时，投资者将转向持有现金存款等更安全的资产。

选择一个估值基准（比如P/E），而不是另一个（比如P/M），并没有对错之分。最终，评估方法的选择是主观的，它可以归结为从投资证券的角度（使用P/E）或从投资者的角度（使用P/M）来分析未来的机会。传统的P/E模型是一种公认的统计方法，在评估单个证券的价值时显然更为实用。然而，当没有盈利和盈利特别不稳定时，它的准确性就会受到损害。此外，正如之前的P/E分解所暗示的那样，它在总体市场层面的真正含义还不太清楚。P/M方案的吸引力在于它与投资者有关，而不是与投

图10.4 1980—2018年世界P/E和P/M比率

资料来源：CrossBorder Capital。

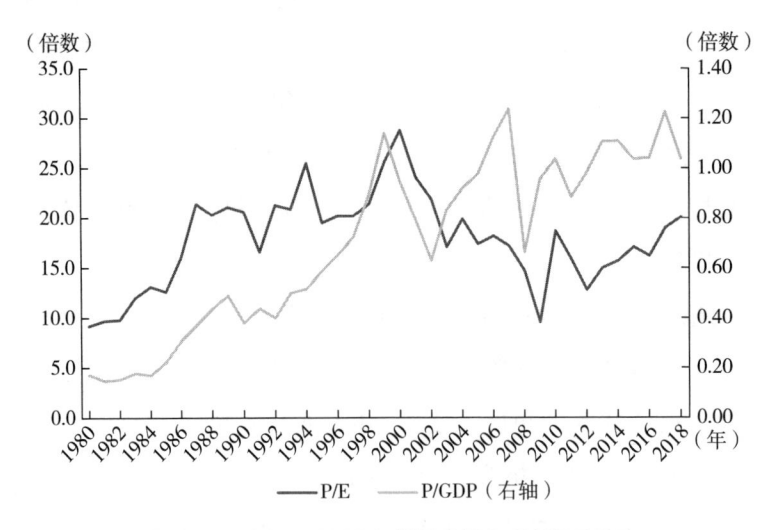

图10.5 1980—2018年世界P/E和P/GDP比率

资料来源：CrossBorder Capital。

资（如证券）相关。在试图分析投资群体不断变化的情绪时，P/M方法尤其有效。因此，它可以直接用于对行为的解释，并让我们更好地理解流动性对资产配置的影响。综上所述，我们倾向于选择 P/M 或投资者权力模型，原因有三：（1）它是一种更直观的理解投资者行为的方式，因为它与资产配置直接相关；（2）该框架包含了流动性，而流动性是决定投资者和市场行为的一个关键因素；（3）在实践中，我们发现 P/M 比 P/E 更加稳定，而且更加趋向于均值（或趋势），而 P/E 在利润衰退时可能飙升得更高，因为此时"E"会出现崩溃，从而扭曲对未来机会的估值（见图10.4）。

## 流动性冲击向债券和外汇市场的传导

上一节更侧重于投资者的定位，并以股票为主要例子，而本节则将更详细地研究流动性是如何影响固定收益和货币市场的。流动性冲击主要通过改变资产价格中的隐含风险和期限溢价这两个渠道在国内金融市场传播。这些期限溢价和风险溢价反映了资产负债表的错配，如货币敞口（即外汇风险）、持有政府债券的利率期限结构（即到期风险）、企业信用质量（即违约风险）或三者的某种组合（即久期风险）。[3] 我们确定了现代金融体系中两个关键的流动性传导渠道：

1. 数量：流动性绝对量的变化直接影响投资者的风险偏好。当流动性充足时，冒险行为普遍存在，但在流动性匮乏的时期却往往与市场恐慌联系在一起，因为投资者急于寻求某种"安全地带"。这种行为表现在各种息差和风险溢价的变动中,如到期息差或收益率曲线斜率。

2. 质量:货币和流动性是分等级的,因此流动性的质量组合将影响货币的"价格",即汇率。一个能带来大量现金的充满活力的私人部门,很可能会吸引投资。然而,由于国内货币在国际市场上的用处不大,所以当中央银行主动提供的资金多于(少于)私人部门的需求时,货币的质量组合就是差的(好的),而这将导致汇率走弱(强)。基于类似的理由,流动性组合质量的提高也应该有利于私人部门的公司债券,而不是政府证券。

为了更好地理解这些传导渠道,我们需要从安全资产的供给和需求的角度来界定流动性。我们将在第十一章中更正式地定义"安全"资产,但从本质上讲,它源自资产覆盖预期负债的能力。典型的"安全"资产是10年期美国国债。国债被大部分投资者认为是"安全"资产,而公司债券通常被认为是风险较高的资产,因为它们的违约风险更大,反过来,像穆迪、标准普尔公司这样的信用评级机构给发行人分配的质量信用等级,也隐隐地评估了违约风险。通过减少摩擦和降低违约概率,更多的流动性对系统性风险具有潜在的巨大影响。经济主体违约通常是因为它们缺乏流动性,而不一定是因为它们资不抵债。现代金融理论认为,这是不可能发生的,因为一个有偿付能力的实体理论上总是可以借到钱的,但事实上违约仍然发生了。流动性的增加意味着违约风险的降低,这导致厌恶风险的投资者减少了对安全资产的持有,并转而投资股票等风险更高的资产。一般来说,当流动性充足时,对风险资产的需求往往会超过对安全资产的需求,反之亦然。

由此可见,中央银行流动性供应的变化,例如量化宽松政策,通过影响投资者的风险偏好和安全资产的供需来影响债券期限溢价。这反过来——如我们在下面列示的那样——会影响利率期限结构的水平和形式。然而,大多数债券市场投资者的注意力通常都集中在政策利率的宣布上,评论人士经常相互竞争,猜测美联储是否会宣布将联邦基金目标利率下调25个基点,甚至50个基点。然而,这只是资产收益背后的一个因素,且绝不是最强大的因素。在我们看来,比短期利率更重要的是横跨未来时期的整个利率期限结构,比如5年、10年,甚至30年。

期限结构通常用所谓的即期收益率[4]或理论上的零息债券在同一时期内的平均收益率来表示。因此,一个2年期债券第一年的收益率为2%,第二年为3%,即期收益率为2.5%。任何收益率期限的利率期限结构都可以被认为包括:(1)一个政策利率预期的组成部分,衡量在该期限内的平均政策利率;(2)一个期限溢价,补偿投资者将资金捆绑较长时间,而不是不断展期短期工具。因此,每个即期收益率($y_t^m$)的期限结构包括持有期限($m$)内的预期短期利率($r_t$)加上名义期限(或债券到期[5]风险)溢价($tp_t^m$):

$$y_t^m = \frac{1}{m}\sum_{i=0}^{m-1} E_t r_{t+i} + tp_t^m \qquad (10.6)$$

其中,$y_t^m$ 表示到期债券 $m$ 在 $t$ 时刻的即期收益率,为期望算子,是利率,$tp_t^m$ 表示持有期限为 $m$ 的债券的名义期限溢价。

这些期限溢价涵盖了未来的通货膨胀和市场波动风险,还包括政府限制新发行债券的紧缩政策或要求更多"安全"资产的严格监管所产生的债券过度供给或过度需求的影响。随着系统性风险的增加，投资者将要求越来越多的安全资产，从而压低期限溢价。

传统的说法是，中央银行通过发出的"前瞻性指引"政策控制着政策利率的路径，并且它们自己可以通过大规模资产购买或量化宽松政策购买政府债券来压低期限溢价，从而压低长期收益率。使用不同市场的平均反应进行校正的事件研究旨在表明，作为一个普遍的经验法则，购买占 GDP 10% 的资产会减少 10 年期国债收益率 50~100 个基点。换句话说，根据该观点，货币扩张包括同时进行的降息和量化宽松，这应该意味着整个期限结构的收益率下降，甚至是更低的长期收益率，即收益率曲线将趋平。然而，事实却恰恰相反。图 10.6 表明，美联储量化宽松周期和美国 10 年期国债的期限溢价之间存在明显的正相关关系：在量化宽松计划下，期限溢价平均上升（而不是下降）135 个基点（阴影部分），随着量化宽松计划到期或进入量化紧缩阶段，期限溢价有所下降。

其中的错误在于，标准的叙事忽略了这样一个事实：随着中央银行发出行动信号，对安全资产的需求本身也可能发生变化。私人部门对安全资产的需求取决于投资者对政策制定者的预期。对安全资产的需求取决于系统性风险，特别是能否获得足够的流动性以进行再融资。如果作为量化宽松的必然结果，金融市场的现金量被充分提高，从而显著降低了系统性威胁，那么投资者对安全资产的需求就会相应下降：

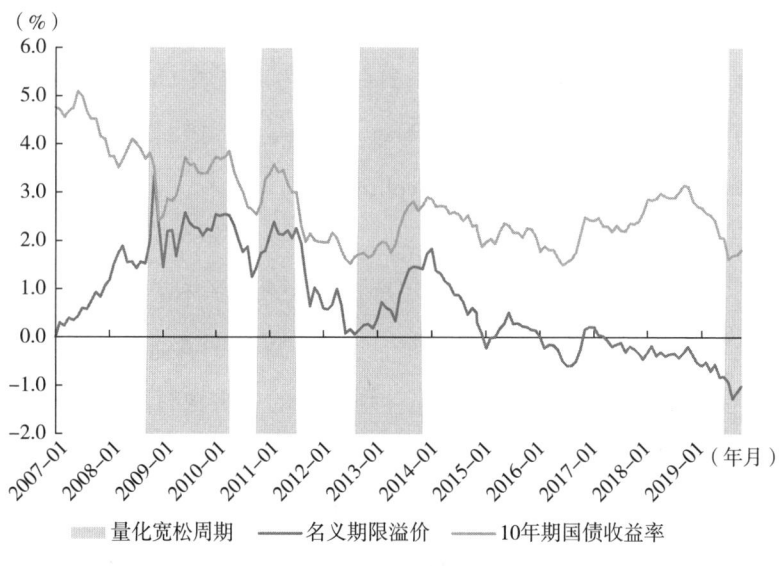

图10.6　2007—2019年美国量化宽松周期、
美国10年期国债收益率和期限溢价

资料来源：CrossBorder Capital。

……许多最近的对大规模资产购买的研究（Krishna-murthy and Vissing-Jorgensen，2011；Gagnon，2016）都有缺陷，例如，他们忽略了导致对安全资产（如国债）总体需求变化的替代和动态效应。因此，这些对资产价格的事件研究常常得出错误的结论，且很少承认大规模资产购买的有效性实际上通常取决于经济状况，因为持续的政策传导关键取决于现有信息和市场摩擦的持续性……

大规模资产购买政策有效地迫使私人部门用现金替代债券。减少对私人部门的债券供应量会降低未偿久期风险的数量，并且根据优先置产理论，此举还会引发稀缺性效应，从而降低期限溢价。然而，宣布政策行动的影响，加上向市场注入更多流动性，降低了可感知的系统性风险，增强了投资者的信心，从而鼓励私人部门降低对安全资产（包括国债）的需求。因为投资者变得更加追求风险，到期需求曲线将左移，从而推高期限溢价（Howell，2017）。

换句话说，期限溢价反映了国债供求之间的不平衡。不平衡具体来源于安全性和久期的特征，事实上，这两者通常是联系在一起的。通过大规模资产购买计划实施的中央银行量化宽松政策，明确地减少了私人部门资产久期的有效供应（D），并可能低于其目标水平（如$D^*$）。这增加了风险，并刺激了对股票等具有较长久期的资产的追逐。同样，正如我们之前提到的，对大多数投资者来说，最安全的资产是10年期美国国债。对私人部门国债供应的减少，是由以下三类因素引起的：（1）政府紧缩政策；（2）更严格的监管；（3）作为中央银行量化宽松政策一部分的大规模资产购买将导致稀缺性，并压低期限溢价。然而，如上所述，对安全资产的需求受到系统性风险威胁的制约。较低的流动性水平会增加系统性风险，因为它们与更高的违约率相关联。个人和公司会违约，往往是因为他们无法获得资金，也就是说，他们缺乏流动性，而不一定是因为他们无力偿债。因此，通过降低系统性风险来增加流动性，会导致目标资产久期（$D^*$）的增加，并造成对安全资产需求的下降。而这将导致更高的债券期限溢价。反过来，这解释了流动性、期限溢价和收益率曲线斜率之间的密切联系。然而，中央银行通过公开市场操作进行干预，同时购买政府债券以提振流动性，可能会搅浑局面。这是因为那些私人部门信贷提供者使用美国国债作为回购融资的抵押品。因此，当私人部门的流动性供应扩大时，长期抵押品的可获得性可能会收缩，从而使流动性净供应变得不确定。

因此，尽管对私人部门的"安全"资产国债的有效供应可能会减少，但净效应，以及图 10.6 数据所显示的效应，是对安全性过度需求的进一步削减（如 D* –D，按久期计算）。换句话说，大规模资产购买或量化宽松政策都与对安全资产较低的净需求以及债券较高的收益率有关。反过来，反向量化宽松政策又与债券收益率下降有关。而且，根据定义，随着债券到期日的延长，期限溢价在收益率中所占的比例逐渐增大[6]，因此量化宽松政策必然导致收益率曲线趋于陡峭。我们在第七章中也注意到类似的结果。由于在评估长期项目的可行性时，长期利率很重要，而且银行的盈利能力往往取决于收益率曲线的斜率，因此，这些期限结构的变动将对实体经济产生重要影响。图 10.7 和图 10.8 使用跨境资本全球流动性指数[7]来证明流动性与收益率曲线斜率之间的密切联系。这些图表明，美国流动性指数（提前 9 个月）和 10 年期与 2 年期美国国债收益率差值的变动之间存在高度相关性。流动性具有很强的单向格兰杰因果关系（$p$=0.0335, 0.3278），如表 10.2 所示。这一框架似乎证实，更多的流动性——比如通过量化宽松——会提高期限溢价并使收益率曲线变得陡峭。但更少的流动性——比如量化紧缩——会使期限结构更加平坦。如前文所述，收益率曲线会顺周期变陡或变平，是因为期限溢价对收益率的贡献随着到期日的延长而增加。因此，期限溢价的任何变化对较长期债券的影响都大于较短期债券。

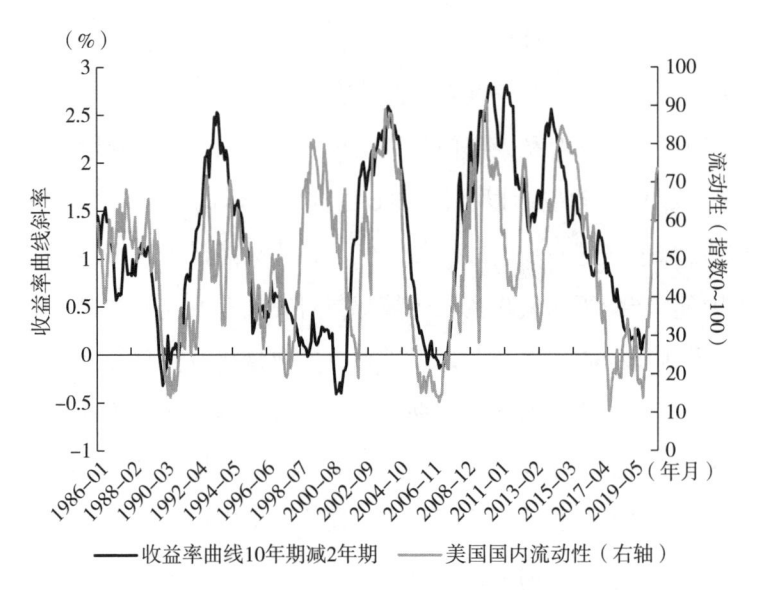

图10.7 1986—2020年美国流动性（提前9个月）和10年期与2年期美国国债收益率差值曲线斜率

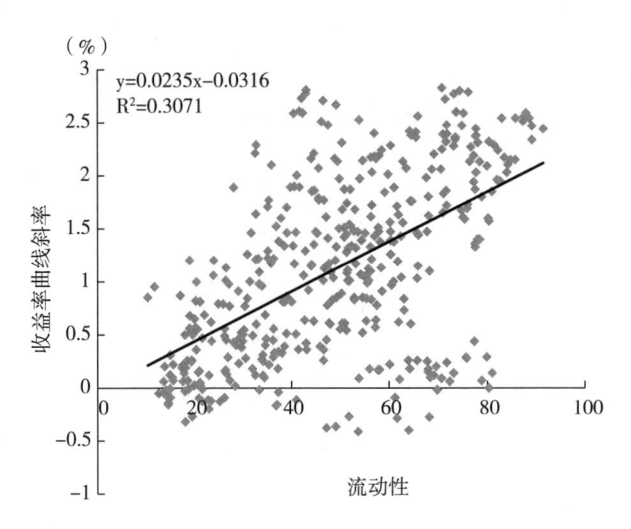

资料来源：CrossBorder Capital。

图10.8 1985—2019年美国流动性和10年期与2年期美国国债收益率差值曲线斜率的散点图

注：流动性数据为提前9个月，指数范围0~100。

表 10.2 格兰杰因果关系检验：美国 10 年期与 2 年期国债收益率差值曲线（YC10-2）和美国流动性

| 样本：1985 年 1 月和 2019 年 12 月 ||||
|---|---|---|---|
| 滞后期：6 ||||
| 原假设 | 样本量 | $F$ 统计量 | P 值 |
| 美国流动性不是 YC10-2 的格兰杰原因 | 419 | 2.30685 | 0.0335 |
| YC10-2 不是美国流动性的格兰杰原因 |  | 1.15843 | 0.3278 |

还可能有另一种反馈机制，因为较低的期限溢价反映了更大的系统性风险和对安全资产的过度需求，这本身就可能促使审慎的政策制定者进一步放松货币环境。期限溢价的收窄表现为债券收益率的下降，因此，这可以解释为什么长期利率往往先于短期利率向相似的方向变化。中央银行的干预将导致更高的未来期限溢价，这反过来有助于解释收益率曲线看似规律的周期性变化。

矛盾的是，普遍的共识认为，只有中央银行才能制定利率，但流动性分析的一个结论是，市场起到了主导作用，而中央银行只是通过改变政策利率来跟上市场的走势。换句话说，长期利率决定短期利率，而不是像教科书中所说的那样由短期利率决定长期利率。这可以通过格兰杰因果关系检验来证明。表 10.3 的格兰杰因果检验告诉我们，长期收益率不是联邦基金利率的格兰杰原因的概率接近于零，其格兰杰因果关系成立的概率超过反向因果关系成立概率的两倍。无论是对原始值还是对一阶差分进行检验，结果都成立。

表10.3 格兰杰因果关系检验：10年期美国国债（R10）和联邦基金

| 样本：1985年1月和2019年12月 ||||
|---|---|---|---|
| 滞后期：3 ||||
| 原假设 | 样本量 | F 统计量 | P 值 |
| R10 不是联邦基金的格兰杰原因 | 419 | 7.42625 | 0.0000 |
| 联邦基金不是 R10 的格兰杰原因 |  | 0.51041 | 0.6753 |

当然，这些观点并没有被广泛接受。根据美联储的说法[8]："实施（量化宽松）的一个主要渠道是收窄所购买资产的风险溢价。通过购买特定资产，美联储减少了私人部门持有的证券数量，淘汰了一些投资者，并减少了其他投资者的持有量。为了让投资者愿意做出这些调整，证券的预期收益必须下降。换句话说，买家抬高了资产的价格，从而降低了资产的收益率。预计这些影响将溢出到其他性质类似的资产，最终达到投资者愿意在资产之间进行替代的程度。这些模式描述了研究人员通常所说的投资组合平衡渠道。"美国联邦公开市场委员会前成员杰里米·斯坦（2012）同样毫不含糊地表示："……从数据来看，有一点似乎很清楚，如果你大量购买长期美国国债，这将对其收益率和期限溢价施加巨大的下行压力……"英格兰银行的安德鲁·豪泽[9]也不甘示弱，他警告说："量化紧缩一旦出现，可能意味着收益率曲线比我们现在看到的更陡峭。"此外，他的同事、货币政策委员会成员格特詹·弗利格[10]甚至更直截了当地表示："要解释长期利率为何在后危机时期下降，我们必须考虑利率预期，而不能想当然地归因于资产购买的机械影响……数据显示，长期利率的下降在很大程度上不是由于风险溢价，而是由于对政策利率未来走势的预期的变动。"

事实上，收益率曲线的斜率本身就不是一个能够可靠地预测未来商业周期的指标（Howell，2018）。期限结构的曲率也同样重要，而这通常由期限溢价的模式决定（Howell，2019）。这些期限溢价经常会削弱收益率曲线的预测效力，这意味着它们可能包含更多关于金融经济而不是纯粹的实体经济的信息。这也许可以解释为什么英格兰银行开发了五个作用范围更广泛的渠道，通过这些渠道，量化宽松和流动性可以影响整体经济：

1. 政策信号效应：量化宽松向市场参与者传递了中央银行承诺实现通货膨胀目标的信号，这使市场参与者预期政策利率将在较长时间内保持在低水平上。通过锚定预期，资产购买可以支持支出的增加。

2. 投资组合再平衡效应：中央银行的资产购买提高了所购买资产和其他资产的价格，导致投资者重新平衡其投资组合，以囊括具有更高收益的资产。资产价格的上涨有助于降低收益率，从而降低企业的借贷成本，支持投资和支出的增加。

3. 流动性溢价效应：资产购买可以通过积极地鼓励交易行为来提高市场流动性。只有在资产购买仍在进行时，这一渠道的影响才会持续。

4. 信心效应：资产购买可能有助于提振信心，导致投资和消费者支出增加。

5. 银行贷款效应：银行持有的准备金和流动资产水平提高，将会鼓励银行增加对企业和消费者的贷款。

虽然我们仍然支持"安全"资产或风险渠道的成立，但和美联储一样，英格兰银行也认为投资组合平衡渠道才是该方法中最重要的元素，这就是为什么购买行为一直针对由保险公司和养老基金等非银行金融机构持有的长期资产。此举旨在鼓励投资者转向公司债券和股票等风险更高的投资。银行缩减资产负债表规模和重建资本储备的压力，可能会减弱银行贷款渠道的影响。

然而，这些官方和半官方观点的共同点是，更多的流动性将压低政府债券收益率。就算这些都是正确的，它也只是稍纵即逝的真理。加尼翁[11]的文章很好地总结了众多关于中央银行量化宽松政策影响的学术研究，如表10.4所示。对研究结果进行标准化后，加尼翁发现规模相当于GDP 10%的量化宽松政策会导致债券收益率平均下降67个基点：欧元区降幅略高，日本降幅略低。在实践中行得通的操作似乎在理论上行不通！我们（和市场）完全不同意这一观点，因为更多的流动性压低了安全资产的价格，并推高了风险资产的价格——通常无论是绝对价格还是相对价格都是如此。因此，在流动性充裕的时期，政府收益率曲线会变陡；信贷息差将收窄，并且由于价值型股票相对于成长型股票能够获得更多的收益，股票表现将优于债券。

表10.4 量化宽松（大规模资产购买）对10年期债券收益率的影响估计

| 文献 | 样本期（年份） | 方法 | 收益率下降（基点） |
| --- | --- | --- | --- |
| 美国 | | | |
| Greenwood and Vayanos (2008)[a] | 1952—2005 | 时间序列法 | 82 |
| Gagnon, Raskin, Remache, and Sack (2011) | 2008—2009 | 事件研究法 | 78 |
| Gagnon, Raskin, Remache, and Sack (2011) | 1985—2007 | 时间序列法（仅期限溢价） | 44 |
| Krishnamurthy and Vissing-Jorgensen (2011) | 2008—2009 | 事件研究法 | 91 |

续表

| 文献 | 样本期（年份） | 方法 | 收益率下降（基点） |
|---|---|---|---|
| Krishnamurthy and Vissing-Jorgensen (2011) | 2010—2011 | 事件研究法 | 47 |
| Hamilton and Wu (2012) | 1990—2007 | 仿射模型 | 47 |
| Swanson (2011) | 1961 | 事件研究法 | 88 |
| D'Amico and King (2013) | 2009—2010 | 微观事件研究法 | 240 |
| D'Amico, English, Lopez-Salido, and Nelson (2012) | 2002—2008 | 周度时间序列法 | 165 |
| Li and Wei (2012) | 1994—2007 | 仿射模型（仅期限溢价） | 57 |
| Rosa (2012) | 2008—2010 | 事件研究法 | 42 |
| Neely (2012) | 2008—2009 | 事件研究法 | 84 |
| Bauer and Neely (2012) | 2008—2009 | 事件研究法 | 80 |
| Bauer and Rudebusch (2011)[b] | 2008—2009 | 事件研究法（仅期限溢价） | 44 |
| Christensen and Rudebusch (2012)[b] | 2008—2009 | 事件研究法（仅期限溢价） | 26 |
| Chadha, Turner, and Zampolli (2013) | 1990—2008 | 时间序列法（仅期限溢价） | 56 |
| Swanson (2015)[b] | 2009—2015 | 收益率曲线（仅期限溢价） | 40 |
| Christensen and Rudebusch (2012)[b] | 2008—2009 | 事件研究法（仅期限溢价） | 15 |
| 英国 | | | |
| Joyce, Lasaosa, Stevens, and Tong (2011) | 2009 | 事件研究法 | 78 |
| Joyce, Lasaosa, Stevens, and Tong (2011) | 1991—2007 | 时间序列法 | 51 |
| Christensen and Rudebusch (2012)[b] | 2009—2011 | 事件研究法（仅期限溢价） | 34 |
| Churm, Joyce, Kapetanios, and Theodoris (2015) | 2011—2012 | 国际比较 | 42 |
| 日本 | | | |
| Fukunaga, Kato, and Koeda (2015) | 1992—2014 | 时间序列法（仅期限溢价） | 24 |

续表

| 文献 | 样本期（年份） | 方法 | 收益率下降（基点） |
|---|---|---|---|
| Fukunaga, Kato, and Koeda (2015) | 2013–2014 | 事件研究法 | 17 |
| 欧元区 | | | |
| Middeldorp (2015)<sup>c</sup> | 2013—2015 | 事件研究法 | 45~132 |
| Altavilla, Carboni, and Motto (2015)<sup>d</sup> | 2014—2015 | 事件研究法 | 44 |
| Middeldorp and Wood (2016)<sup>c</sup> | 2015 | 事件研究法 | 41~104 |
| 瑞典 | | | |
| De Rezende, Kjellberg, and Tysklind (2015) | 2015 | 事件研究法 | 68 |

注：a. 格林伍德和瓦亚诺斯根据国债市场的相对大小对影响效应做了标准化，这里的估计值是基于 2015 年国债占 GDP 之比；b. 这些文献进一步区分了信号效应和组合效应，这里报告的估计值只是组合效应；c. 较小的估计值是德国债券，较大的估计值是意大利债券；d. 这里估计的是欧元区债券的平均值。资产购买根据 GDP 的 10% 进行了标准化。100 个基点等于 1%。多数文献给出了估计值区间。表中呈现的是相应文献中最偏向的估计值，当没有最偏向的估计值时，则呈现区间中值。对于使用事件研究法的文献，资产购买使用全部长期债券进行标准化，而不仅仅是政府债券。一部分非事件研究法文献包括了非政府债券购买，另一部分则没有。标记"仅期限溢价"，是指这些文献试图估计债券收益率变动的期限溢价构成。对于事件研究法，标准化是基于事件最后一年的 GDP。

资料来源：Gagnon（2016）。

# 汇　率

我们已经详细地讨论了汇率问题。读者可参阅第五章。概述如下，我们之前提出汇率取决于私人部门（或"好的"）流动性和中央银行（或"坏的"）流动性之间的流动性质量组合。中央银行的流动性代表了货币的额外供应。虽然这可能有利于国内风险资产，但额外的供应会使汇率变得疲软。相比之下，私人部门的流动性是衡量一个经济体产生现金流能力的指标。这可能会随着实体经济的周期性变动而变化，甚至略早于商业周期。更强劲的经济活动应该会鼓励投资和刺激资本流入。由于这些都会被现金流所吸引，因此汇率应该会上升。综上所述，私人部门流动性和中央银行流动性之间的差异很可能预示着未来的汇率走势。这一观点与上一节中关于国内资产市场概述的观点不同，该观点认为，私人部门和中央银行流动性的总和（而不是差异）决定了债券期限溢价。这一观点也与标准货币主义者关于汇率决定的观点相反，货币主义者通常不区分这些不同类型的流动性，而是把它们的总量作为衡量供给的标准。不过我们支持这种货币质量理论。

## 风险资产

我们已经证明，更多的流动性会降低私人部门可获得的平均资产久期（D），并通过降低违约率，减少发生系统性风险的可能性。这进而又增加了久期目标（D*），提高了安全资产（如政府债券）的期限溢价，并相应地降低了风险资产要求的风险溢价。换句话说，更多的流动性会推动投资者追逐更长的久期，从而推高风险资产价格。我们研究了两个主要类别：房地产市场和股票市场。

### 风险资产 1：房地产

房地产和流动性之间的关系可以分为私人住房市场和商业地

产市场，后者又包括零售和工业地产。在这三种情况下，流动性冲击和房地产市场反馈之间的作用时间都相对较长，在3年左右，它们之间具有很强的正相关关系且在统计上显著。图10.9展示了时间序列数据和回归结果。这些图显示了发达经济体的情况。房地产价格来源于国际清算银行数据库，总量的构建是通过简单求和，而非各经济体的加权平均。住房价格是从2000年开始的月度数据，而商业地产价格是从1991年开始的季度数据。流动性变量是发达市场的跨境资本全球流动性指数。根据图中详细的回归结果，全球流动性指数（范围0~100）每上升10%，则房地产价值每年会相应地上升约2%，商业地产略高，住宅略低。

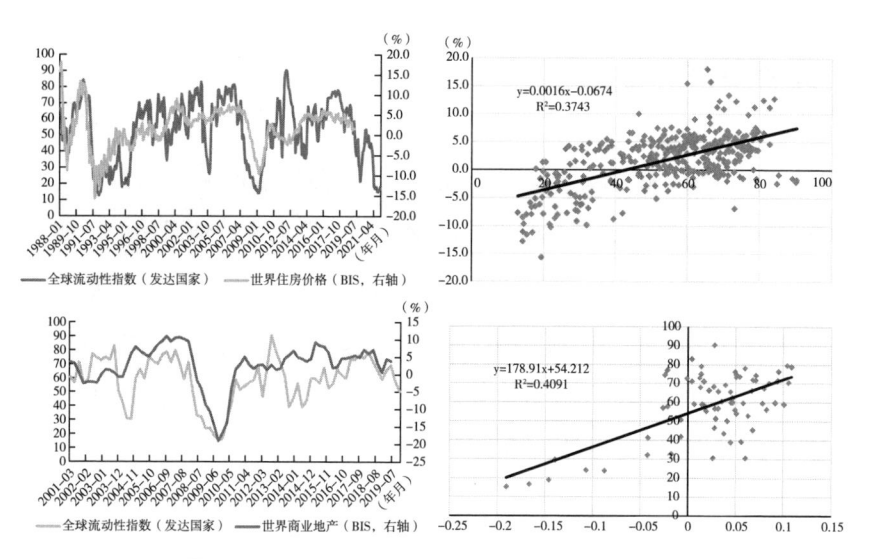

图10.9　1988—2019年房地产价格和全球流动性

资料来源：国际清算银行，CrossBorder Capital。

**风险资产 2：股票**

我们已经提出：第一，流动性的定量流动推动债券和房地产市场；第二，流动性的质量组合决定汇率。我们接下来想说明的是第三点，流动性（以及广义的安全资产）在投资组合中的定位被证明是影响股票市场收益的一个主要因素。这意味着存在某种投资者遵循的资产配置"规范"，它可能是以久期衡量的，并且根据这种规范，每当投资者的风险偏好发生变化时，就会导致他们将资金投入或撤出风险资产。事实上，股票（通常是长期资产）可能是一种可以被投资者用于快速调整其投资组合的边际或摇摆资产类别。换句话说，固定收益和外汇市场的失衡与紧张往往通过股票表现出来。这是一个实证问题。从另一个角度来说，这或许可以解释为什么在股市最贪婪、最可怕的时候，做一个与众不同的逆势投资者往往会有回报。

图 10.10、图 10.11 和图 10.12 显示了由股票、债券和流动资产的持有量表示的资产组合。这些数据涵盖了所有投资者，显示股票、债券和流动资产这三种主要金融资产类别所占的百分比，有形资产——比如土地和房地产等——被排除在外，此外我们还考察了投资基金等次级工具的主要基础资产成分。尽管这些资产组合在不同经济体之间存在显著差异，但随着时间的推移，它们看起来非常稳定，有明显的均值回归或趋势回归的迹象。例如，图 10.11 中的数据显示，美国投资者持有的股票比例最高（36%），日本投资者持有的比例最低（20%）。英国（35%）和欧元区投资者（34%）的股票敞口接近美国的水平，而新兴市场投资者（24%）的股票持有比例接近日本。债券敞口也显示出类似的变

化。欧元区投资者（48%）对固定收益资产的敞口最大，其次是美国投资者（46%）和日本投资者（45%）。新兴市场的流动资产持有比例（45%）远高于其他地区。综上所述，全球总资产组合中的31%投资于股票，非常接近其自1990年以来28%的长期平均水平；40%投向债券，29%投向流动资产。2007年10月，在全球金融危机来临之前，全球股票配置达到了36.4%的峰值，比平均水平高出2个标准差（即2×4%），2000年8月，在互联网泡沫期间，全球股票配置也达到了类似的极端峰值——38.1%。全球金融危机之后，投资组合中的股票比例跌至19%以下，比平均水平低了2.5个标准差。

如何解释资产配置的跨国差异？为什么美国投资者青睐股票，日本投资者青睐债券，而新兴市场投资者喜欢持有大量现金？其中有文化、制度和人口因素，以及经济因素，如预期通货膨胀、国内税收结构和人均收入。这些因素共同决定了未来负债的规模和久期。然后，全国投资者将根据自己的风险偏好，选择与这些未来负债的模式和时机相匹配的资产组合。例如，在人均收入相对较低、金融机构不发达的经济体，投资者更有可能持有大量的流动资产。同样，拥有年轻劳动力的发达经济体的投资者更有可能青睐股票。然而，随着劳动力平均年龄的增长，以及通货紧缩压力的累积，代表性资产组合将不断调整，越来越倾向于债券。除了投资者风险偏好的变化，上述因素的变化在很大程度上都是相对缓慢的。

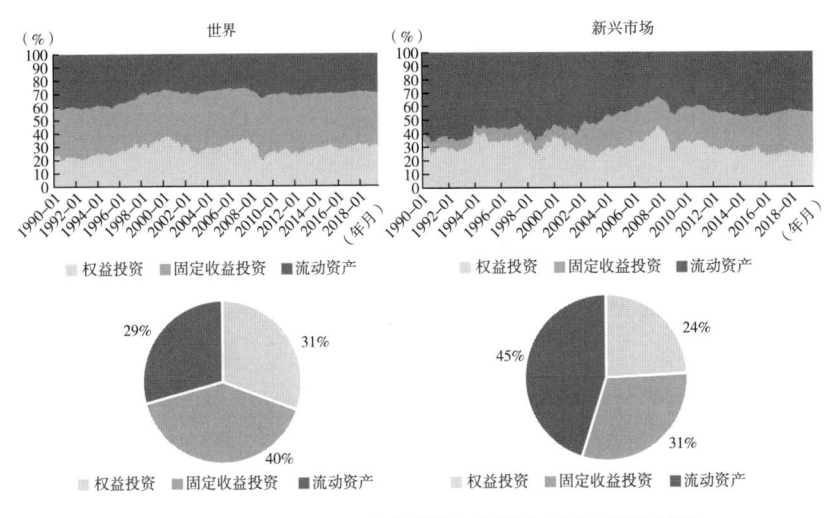

图 10.10　1990—2019 年世界、新兴市场主要资产结构

资料来源：CrossBorder Capital。

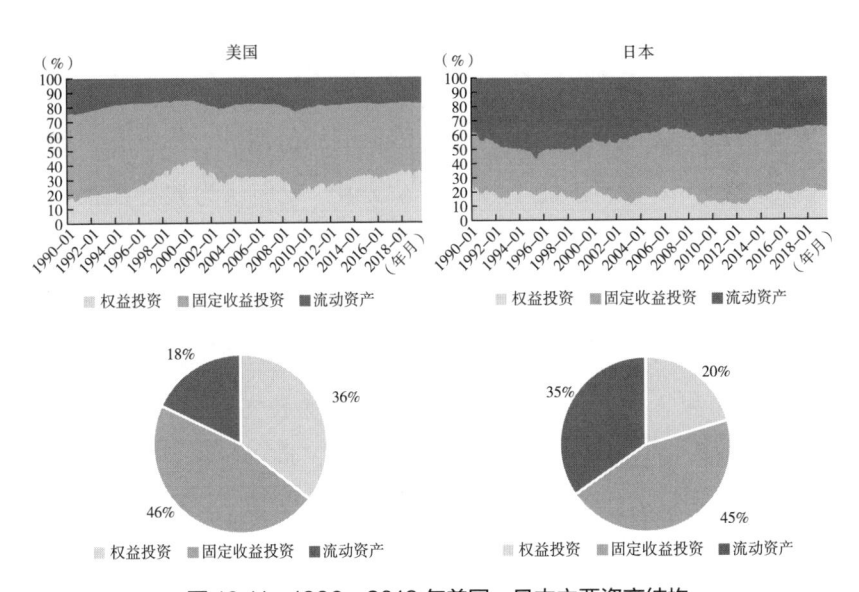

图 10.11　1990—2019 年美国、日本主要资产结构

资料来源：CrossBorder Capital。

第十章
流动性传导机制：理解未来宏观估值的变化

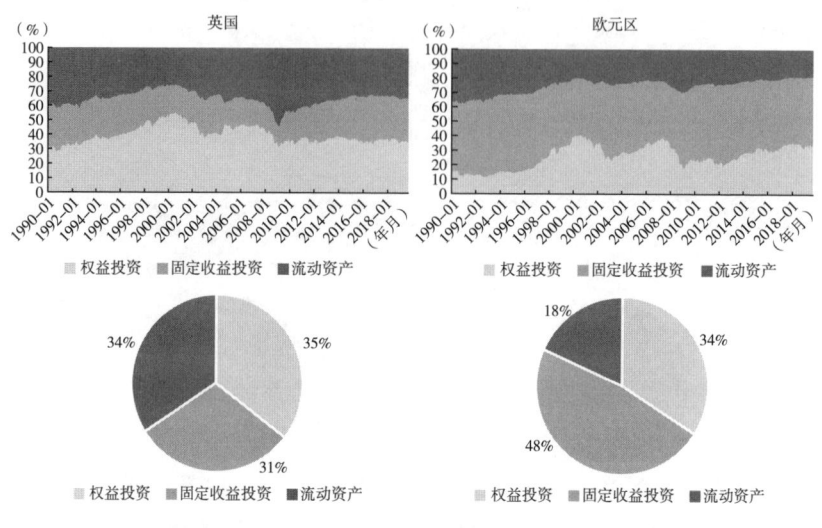

图10.12 1990—2019年英国、欧元区主要资产结构

资料来源：CrossBorder Capital。

因此，通过将股票（即风险资产）份额相对于流动资产（即安全资产，在这个例子中是政府债券）的份额进行标准化，如图10.13所示，使用41个月的滚动z值，我们认为残差在很大程度上反映了投资者风险偏好的变化。图10.13中的堆积图显示出我们对全球投资者持有的230万亿美元资产的主要一级资产类别组成的估计。图10.14绘制了用z值度量的风险偏好随时间变化的结果（均值为零，标准差为20个单位）。绝对值大的正风险偏好数值反映出相对较高的股票配置，同样，绝对值大的负风险偏好数值表明当前的资产配置严重偏离股票，转向了安全资产。许多因素都可以改变投资者的风险偏好，其中资金流动和地缘政治往往扮演着重要角色，但图10.14将世界商业周期与风险偏好进行了比较，两者表现出特别密切的相关性。图10.14表明，资产配置既是高度顺周期的，同时也容易受到大幅过度调整的影响。

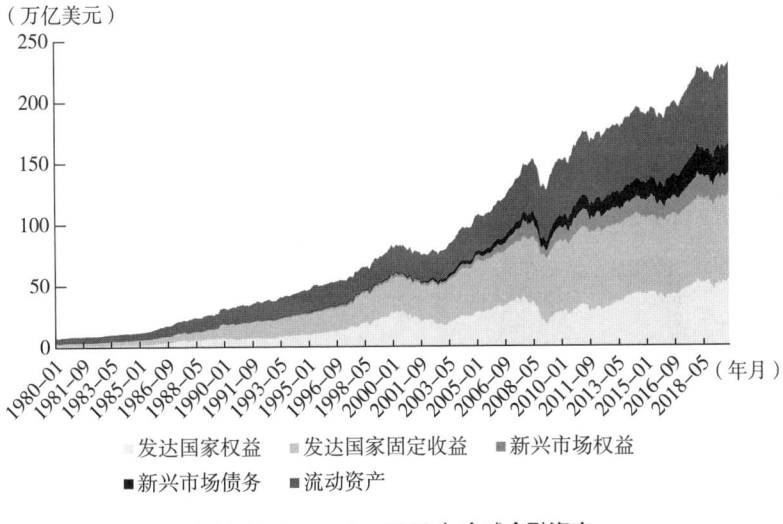

图 10.13 1980—2019 年全球金融资产

资料来源：CrossBorder Capital。

假设投资者的目标是资产配置，我们预计实际资产组合会随着时间的推移向这些"规范"趋同（见图 10.15）。与目标的偏差将启动再平衡过程。然而，只有三种方式可以改变资产组合：（1）安全资产（19% 的调整）和风险资产（21%）的相对价格变化；（2）安全资产供给的变化（27%）；（3）风险资产供给的变化（22%）。在实践中，通常会出现所有这些方式的某种组合。

股票价值的大幅上升可能会使投资组合的天平过度偏向高风险资产。这可能导致相对资产价格的逆转，因为持有的股票被置换为债券。在实践中，风险资产的价格通常承担了大部分的调整负担，因为安全资产（如现金和政府债券）的价格波动幅度更有

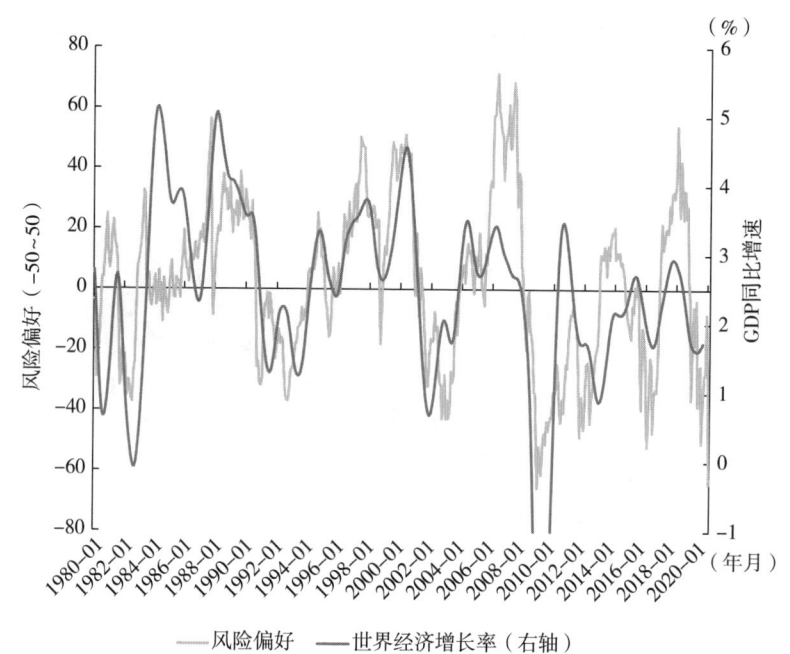

图 10.14　1980—2019 年世界风险偏好指数和 GDP 增速

注：指数的正常范围为 −50~50。

资料来源：CrossBorder Capital。

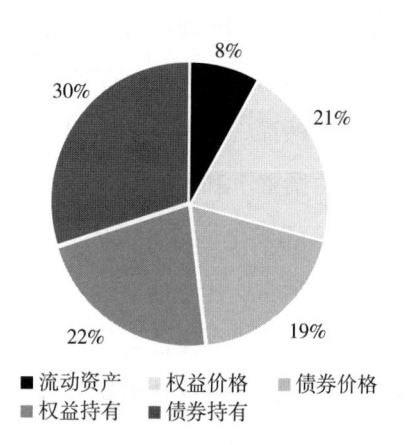

图 10.15　2000—2019 年世界投资者投资组合变动的贡献

资料来源：CrossBorder Capital。

282　资本战争

限。另外，安全资产供应的变动幅度可能很大。在2007—2008年全球金融危机之前，"安全"资产的供应以每年10%~15%的速度增长并不罕见。同样，这可能导致投资者抛售现有债券，将新的现金投资于股票。自全球金融危机以来，由于紧缩政策和各国中央银行不同的量化政策，安全资产的供应一直受到刻意限制。最重要的是，许多美国公司已经在积极地使用现金回购股票。这意味着，相较于标的证券的收益和股息，投资者的行为往往更为多变。因此，如果能够知道资产配置什么时候会显著偏向风险资产，就可能预见到未来大量投资者的抛售行为，以及由此引起的更低的股票收益。图10.16显示了风险资产（股票）和安全资产（政府债券和现金）之间的比率（R/S）如何影响未来两年的股票收益。我们考虑两个时期（1980—2019年和2000—2019年），并将美国股票和安全资产比率（R/S）与美国席勒CAPE（经周期调整的市盈率）倍数进行比较。在这两个时期，美国的R/S比率（$R^2$为59%和80%）比CAPE（$R^2$为21%和50%）能够更好地解释未来的收益。

20世纪80年代和90年代都是股市收益丰厚的时期（标准普尔综合指数上涨了1 225%），但同时也是收入温和增长（+218.4%）的20年。在此期间，股市最重要的推动力是流动性资产配置的大幅下降和风险资产偏好的增加，到1999年底美国股市投资占全国金融财富总量的比例从14%左右上升到42%。如今，股票投资约占美国金融财富的36%，显著高于1990年后29%的平均配置比率。

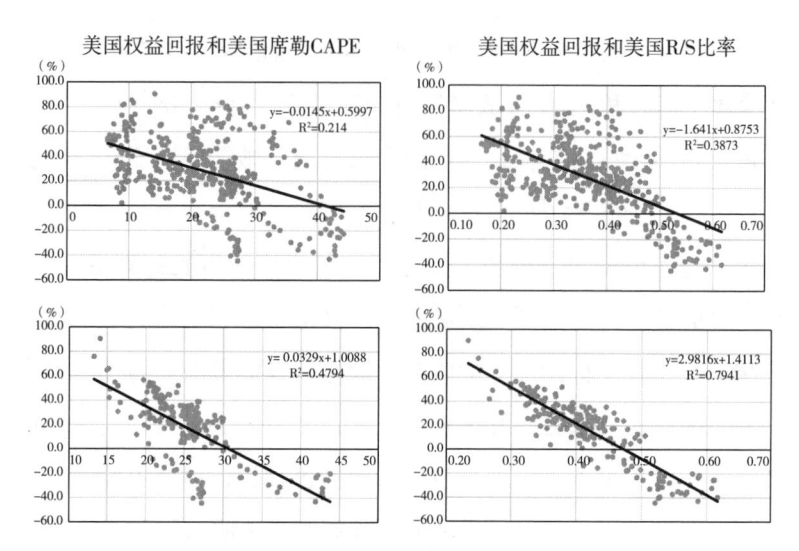

图 10.16　1980—2019 年、2000—2019 年美国席勒 CAPE 和美国风险资产 / 安全资产比率对未来两年股票收益预测的有效性

资料来源：CrossBorder Capital。

展望未来，最新公布的美国席勒 CAPE 和 R/S 比率均处于相对较高的水平，预示着未来的收益率将表现不佳。图 10.17 表明了这一点，它显示了使用图 10.16 中描述的回归模型得到的预测结果。这两个估值指标的历史记录可以与标准普尔 500 指数的两年滚动收益率进行比较。这两种估值方法似乎都很适合投资者，但在 2007—2008 年全球金融危机期间，美国 R/S 比率的表现远好于 CAPE。换句话说，这表明资产估值是一个相对标准，而不是一个绝对标准，从而必然涉及风险资产与安全资产之间的隐含套利。

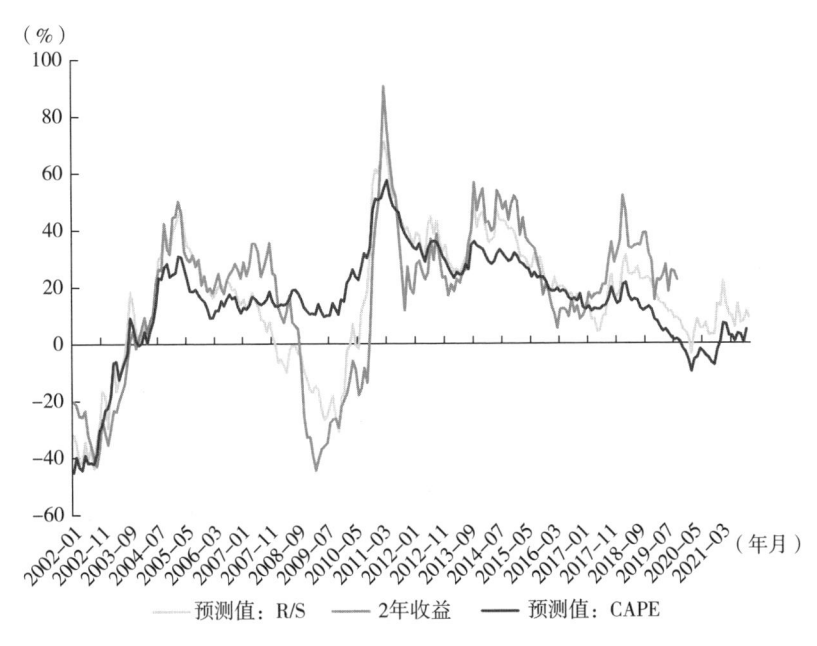

图10.17 2002—2021年使用美国席勒CAPE和美国风险资产/安全资产比率预测未来两年股票收益

资料来源：CrossBorder Capital。

## 资产配置

资产价格的变化是由买卖行为引起的，而买卖行为会受到流动性和投资者风险偏好变化的推动，并导致了需求和供应失衡。我们并不关注单个证券的理论估值，而是使用流动性和资金流动来分析总体投资者群体在各种风险资产和安全资产之间的资产配置行为。因此，当他们需要的资产配置从安全资产（如政府债券）转变为风险更高的资产（如股票）时，这些投资者就会购买更多的股票，股票价格也会趋于上涨。反之亦然。因此，假设资产配置均值随着时间的推移会回归到某种"常态"，那么只要知道什么时候资产配置显著偏向风险资产，就可以预测到未来的抛售，以及股票预期收益的降低。

格雷厄姆和多德的《证券分析》可以说是最著名的价值投资参考著作，它简明扼要地概括了投资的艺术："……市场并不是一台称重机，在这种机器上，每一个发行品的价值都根据其具体的品质由一种精确而客观的机制记录下来。我们更应该说，市场是一台投票机器，无数人在上面登记选择，这些选择部分是理性的产物，部分是情感的产物。"我们只是简单地补充一句，选票就是钱。

因此，了解货币周期，或者更准确地说是流动性周期的总体变化，可以让我们更好地理解资产配置。图10.18汇集了主要信号和拐点。我们展示了两个周期：流动性周期，以及随后的商业周期或风险周期。正如我们在图10.14中所展示的，投资者的风险偏好往往与整个商业周期的运动密切保持一致，并往往略微先于它发生变动。在图10.18上，我们标出了政府债券收益率曲线斜率的转折点（实心圆）和投资者风险偏好的转折点（空心圆）。根据我们的经验，商业周期往往在流动性周期之后15~20个月出现。在流动性周期的波峰（波谷）后的6~9个月，收益率曲线将变平（变陡）。在流动性稀缺（充裕）的时期，最初国债的期限溢价将收窄（变宽），而收益率曲线——长期和短期债券之间的收益率差——趋于平缓（陡峭）。在负面流动性冲击之后，企业的信贷息差很可能也会开始扩大，部分原因是国债收益率本身出现了崩溃。这一预测假设，对投资头寸进行再融资变得越来越困难，进一步的结果是，股票投资者的风险偏好可能也会崩溃，系统性风险开始升级。风险偏好的下降会导致实体经济中长期资本项目的取消或延期。矛盾的是，持续时间最长的投资是已经部分完成的资本项目。随着这些项目与其他项目的停止和搁置，工业活动放缓。因此，投资者的风险偏好也有类似的波峰和波谷，且与商业周期的波峰和波谷基本一致，但正如图10.14所展示的那样，这些波动往往更剧烈，通常能够自我强化，并且经常引发极端的恐惧和贪婪。这意味着，在收益率曲线出现拐点后的一年前后，商业周期通常会出现波峰和波谷。对收益率曲线和商业周期的研究都证实了后一种特征（Howell，2018）。表10.5描述了流动性周期的四个阶段——反弹期、冷静期、投机期和震荡期，并总结了我们在上文中描述的那些可能的资产配置特征。这些标签反映了流动性周期的节奏，但并不一定描述了资产和经济市场的当前特征。通常，流动性周期会提前一两个阶段。因此，股市在流动性的"震荡"阶段达到峰值，在"冷静"阶段下触底。这往往分别与经济繁荣的高峰和经济衰退的低谷相吻合。

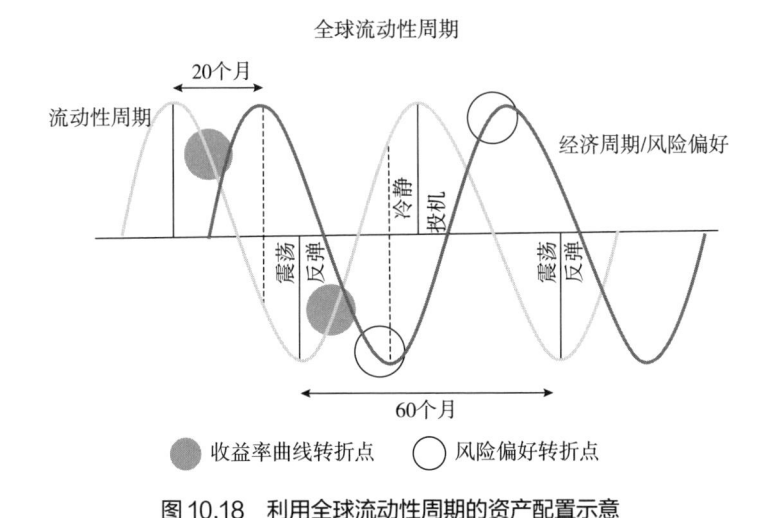

**图10.18 利用全球流动性周期的资产配置示意**

资料来源：CrossBorder Capital。

表 10.5　流动性状况分期和投资机制

|  | 反弹期 | 冷静期 | 投机期 | 震荡期 |
| --- | --- | --- | --- | --- |
| 流动性 | 低/上升 | 高/上升 | 高/下降 | 低/下降 |
| 收益率曲线 | 低谷 | 牛市趋陡 | 高峰 | 熊市趋平 |
| 投资者的风险偏好 | 下降 | 低谷 | 上升 | 高峰 |
| 经济 | 放缓 | 收缩 | 扩张 | 繁荣 |
| 长期收益率 | 小升 | 大降 | 小升 | 上升 |
| 短期利率 | 大降 | 降低 | 上升 | 大升 |
| 久期 | 增加 | 最高 | 减少 | 最低 |
| 波动 | 大升 | 平缓 | 大降 | 上升 |
| 权益 | 弱 | 低谷和上升 | 强 | 高峰和下降 |
| 领域 | 防守价值 | 周期价值 | 周期增长 | 防守增长 |

资料来源：CrossBorder Capital。

# 第十一章
# 金融危机和安全资产

## 金融周期

金融可能是在 18—19 世纪从国家的盈余资金池演变而来的，而今天我们有一个全球性的银行和金融体系，它主要由私营公司组成，这些公司的行为在很大程度上独立于国内经济的需求。我们在第八章指出，资本流入并不能准确地衡量另一个国家的净储蓄，相反，其往往代表了从一个境外金融机构到另一个国家的国内金融机构的信贷流动。例如，尽管英国和美国都存在巨额且持续的经常账户赤字，但它们的金融部门是国际信贷的主要来源。因此，2007—2008 年全球金融危机的重点并不是不可持续的经常账户赤字，而主要在于不可持续的银行资产负债表，这导致了全球流动性的崩溃。

标准的经济学和金融学分析范式忽略了货币和流动性。市场被假定存在于任何时间和任何地方，无摩擦交易被假定会随时发生。然而，矛盾的是，流动性不足才是终极的摩擦，没有足够的流动性，就会出现普遍的市场失灵，也就不会有交易。当货币和信贷供应崩溃，或当不确定性加剧（同样在标准分析范式中被认为不存在）导致投资者出于预防原因囤积现金等"安全"资产时，流动性不足就会出现。在实践中，"不交易"比"交易"更有可能是正常状态。因此，流动性规模的波动影响很大。换句话说，在现实世界中，不完美市场和市场失灵是司空见惯的，而作为金融理论的基石的有效市场假说根本不适用。金融危机总是会发生。

我们之前对全球流动性的定义是建立在以下两个概念之上的：（1）资金流动性——货币流动性的衡量指标，定义为将货币资产在国内和国际市场转换为商品、金融工具和服务的能力；（2）市场流动性——金融市场深度的衡量指标，定义为资产交易相对于货币交易的容易程度，反映了将金融资产转换为货币的成本。虽然我们主要关注的是资金流动性，但它与市场流动性密切相关，两者通过连带效应相互作用。我们早些时候指出，两者都不应被孤立或独立地看待。我们还展示了这些全球流动性的运动是如何高度顺周期的，以及它们是如何迅速蒸发、如何启动自我维持和负面动态影响的，就像在金融危机中经常看到的那样。

全球流动性背后的主要参与者是美联储、中国人民银行和跨境融资市场（如欧洲美元）。中国主要通过管理银行准备金来控制其庞大的零售存款基础。此外，中国还积累美元，因为其出口和外国直接投资大多以美元计价，但鉴于私人部门在国内的人民币债务中占主导地位，中国政府承担着管理整个经济的外汇风险的责任。正如我们在第九章所论述的，这种不对称现象表明，中国本质上是将大量美元再出口，而不是出口人民币。与此同时，美国的流动性越来越依赖于批发货币市场，这些市场主要接收来自公司和机构现金池的中国现金流，以及与之类似的美元的流入。然而，批发市场是杠杆化的和以抵押品为基础的市场，它们面临高质量安全资产工具的结构性短缺，这迫使需求溢出到风险更高、期限更长和更脆弱的信贷替代品上。在利率和监管套利的鼓励下，美元批发存款进入离岸欧洲美元市场，然后再贷回给美国和新兴市场的借款人，这时就会产生进一步的放大机制。反过来，由此产生的流入新兴市场经济体的跨境资本，不仅是额外的银行抵押品，还会在当地中央银行干预其外汇市场时成倍地增加。

流动性周期的这些波动推动了风险偏好的变化，而风险偏好的变化反过来又通过市场流动性对资金流动性产生正反馈，从而放大了周期效应。市场流动性、资金流动性和风险偏好共同构成了学术界所谓的金融周期。图11.1展示了金融周期，其三个关键组成部分在图11.2中被分别展示。用雷伊（2015）[1]的话说："全球金融周期可以关联到资本流动的激增和枯竭、资产价格的繁荣和萧条，以及危机……资本流动、杠杆和信贷增长的经验结果表明，存在一个国际信贷通道或冒险通道，并指向了金融稳定问题。"

第十一章
金融危机和安全资产

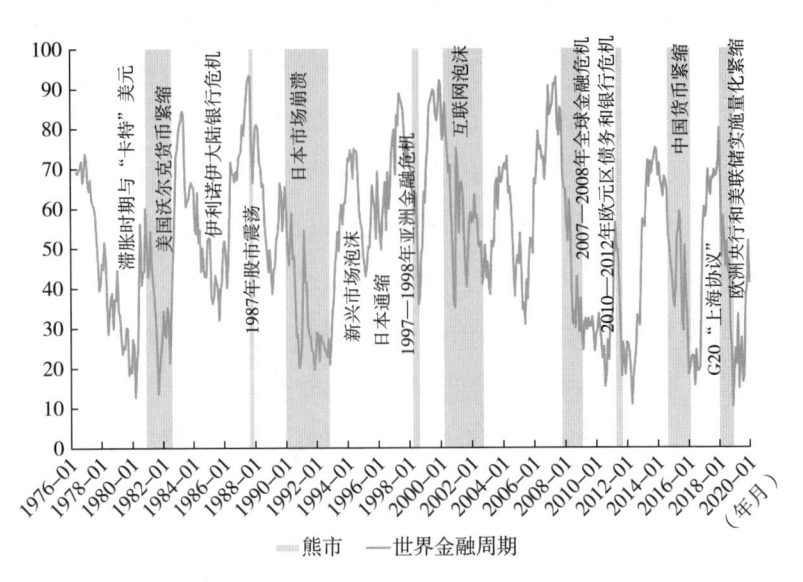

图 11.1　1976—2019 年世界金融周期：资金流动性、
市场流动性与投资者风险偏好的混合

资料来源：CrossBorder Capital。

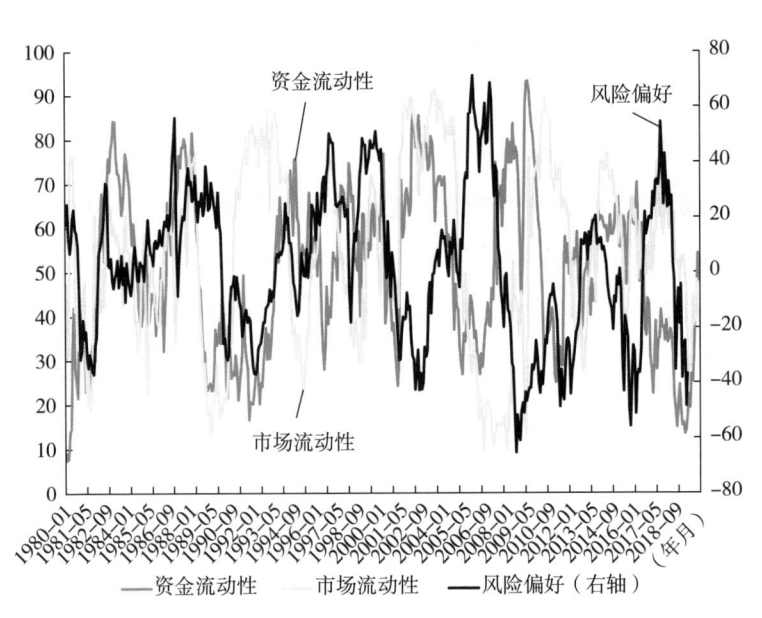

图 11.2　1980—2019 年世界金融周期的组成部分：
资金流动性、市场流动性与投资者风险偏好

资料来源：CrossBorder Capital。

294　　资本战争

## 稳定是否导致不稳定？

自2007—2008年全球金融危机以来的一系列改革实施之后，全球金融体系应该会更加稳定，至少在理论上是这样的。例如，官方监管更多了，也可以说更好了。自《巴塞尔协议Ⅲ》实施以来，银行拥有了更强大的资本缓冲，它们的融资行为对批发市场的依赖程度也有所降低。各国中央银行更加积极有为，最新的跨境资本流动组合中包含的波动成分也更少。现在，流动性覆盖率要求每家外国法定子公司必须提前30天匹配100%的流动性。如今，跨境存款变得更加困难，即使海外资产没有受到明确的制裁，它们也受到了更加严格的审查。此外，尽管监管仍主要来自国家，但国际监管往往更为重要，例如国际货币基金组织和国际清算银行的更多参与，以及对不同制度之间监管套利行为的危险性的认识。这发生在全球金融危机之前，当时美国银行的杠杆率受到严格监管，迫使它们出售贷款，主要卖给对资本比率的限制更严格的欧洲银行，这就产生了一个放大的反馈机制，后来被称为"流动性泵"。

与此同时，我们有必要回想一下丘吉尔的那句名言：一开始，我们创造了自己的机构，最终，它们创造了我们。他的智慧常常适用于金融业。例如，许多政策制定者毫无疑义地采纳了维克塞尔的观点，即货币体系本质上是稳定的，只有中央银行错误的行动才会破坏其稳定："通过强制信贷扩张来对抗萧条，就是在试图用导致它的手段来治愈其本身；因为我们正遭受误导产生的痛苦，我们希望制造进一步的误导——一旦信贷扩张结束，这一过程只会导致一场比之前还要严重得多的危机。"[2] 此外，根据考夫曼（2017）的观点[3]，美联储仍然没有完全理解其货币政策与金融市场之间的联系。同样，我们关注的焦点一般集中在政策制定者：（1）不理解资产负债表的能力对促进债务展期的必要性；（2）未能提供足够的安全资产。换句话说，许多监管机构和政策制定者从未恰当地适应不断变化的金融结构。最重要的是，这些政府推动了金融体系的进一步集中，但同时，它们对日益加剧的金融紧张局势却常常做出缓慢且反复无常的反应。这方面的例子包括全球债务的快速积累，以及其质量的逐步下滑，美国AAA级公司债券数量的大幅下降就说明了这一点。[4] 与此同时，衍生品变得广泛且使用不受控制，到期日和外汇出现错配，证券化和表外融资日益增长。简言之，这是一种贪婪的创新步伐，而全球金融危机本身也凸显出了在处理2007年法国巴黎银行基金停牌这一事件上的重大拖延，以及批准雷曼兄弟破产这一举措所犯的短视错误。

这还不是唯一的错误。美联储前主席艾伦·格林斯潘、美国前财政部长罗伯特·鲁宾和他的副手拉里·萨默斯一起推动了1999年的《金融服务现代化法案》，最终废除了1933年的《格拉斯–斯蒂格尔法案》，后者是在1929年市场暴跌和大萧条后引入的保障措施之一，导致几十年来美国的商业银行业和投资银行业一直处于分离状态。这项新法案加速了美国金融公司的集中，并进一步削弱了美联储的控制。这也许有助于解释为什么超过3/4的美国金融资产被十大金融集团所控制。然而，就在还不太遥远的1990年，当时最大的十家公司还仅仅控制了10%。这一事实引发了对"大到不能倒"的普遍抗议，并迫使美国当局进一步采取干预措施，而这远远超出了它们的传统职权范围。

与其说"大到不能倒",更应该关注的是"联系太紧密而不能倒"。极具预见性的漫画家戴维·洛在大萧条最严重的时候（1932年5月24日）为《伦敦旗帜晚报》画了一幅精准且滑稽的讽刺漫画。他的漫画展示了世界经济在公海上漂浮的情景,并配文:"哟,这里有严重的泄漏。谢天谢地,不是在我们这头。"这幅漫画讽刺了决策者对20世纪30年代初期中欧银行业危机的愚蠢反应。今天来看,这句话很适用于2010—2012年欧元区银行业危机。随后,欧洲央行行长德拉吉那句著名的[5]"……不惜一切代价"拯救了欧洲各银行,这句话开启了大规模量化宽松计划。德拉吉的言论呼应了美联储前主席本·伯南克在2002年11月发表的著名反通货紧缩演讲,即"确保'它'不会在这里发生"的坚定决心。然而,有数据显示,2019年非金融企业的全球债务增长速度最快,政府债务也在扩大,家庭债务负担沉重,并且似乎已经接近饱和点。罗伯特·特里芬国际研究所[6] 2019年的一份报告关注了这些跨境风险,并对资金的脆弱状态提出了警告。该报告指出,美国境外非银行金融机构的美元债务处于创纪录水平,通过进一步挖掘,这暴露了严重的汇率错配和令人担忧的私人部门高杠杆问题,而对国际债券市场的日益依赖也带来了额外的潜在风险。总体而言,从业者对美元的主导地位越来越感到不安,对国际金融安全网的不足也越来越感到担忧。

所有这些无疑都在质疑国际金融体系是否有能力进一步增加信贷,以及各国中央银行是否有能力在未来需要的时候（比如通货膨胀上升时）充分收紧政策。我们在前几章中强调了现代金融如何不可避免地将自身的功能调整为对现有债务进行再融资,而不是继续提供新的信贷。因此,国际货币基金组织估计,虽然影子银行通常参与 2/3 的融资，比如对现有贷款的"重新打包"，但它们只提供了 15% 的新增信贷。影子银行实质上是通过较长、较复杂的中介链条对传统银行的资产和负债进行再融资的，例如 A 贷给 B，B 贷给 C，等等。金融体系的脆弱性，在 2007—2008 年全球金融危机中得到了证明，并突出了这种中介的过程，因为当 A 贷给 B，B 又贷给 C……直到贷给 Z，如果这个批发贷款链条中的任何一个环节被打破，理论上都会导致所有 26 家公司破产，而不是只有一家。最重要的是，基于市场的抵押品的广泛使用为负债引入了一种层次结构，使整个体系更加顺周期化，也比以往任何时候都更加依赖中央银行的干预。在未来充斥着电子和数字货币的世界里，这种依赖必然只会加深。再融资活动相对于新融资的持续主导地位，使获得信贷额度比利率更为重要，并强调了量化宽松和量化紧缩是关键的政策杠杆。在实体经济中，货币很重要，但在金融市场中，真正重要的是信贷和流动性。根据教科书上的模型，信贷通常是通过银行创造的，中央银行提供新的流动性，并由国家存款担保提供资金支持。在 2007—2008 年全球金融危机之前，证券化非常普遍，新的流动性来自银行间市场，融资得到了信用违约互换的支持。全球金融危机之前的模式显然失败了，但在最新的以批发市场占主导地位为特征的不稳定局面中，新的流动性由公司和机构现金池提供，融资则由有时显得并不可靠的抵押品提供支持。

为提高金融弹性所做的努力，反过来推动了超出美联储利率和监管控制范围的跨境资金流动的激增，从而提供了额外的杠杆来源。国际一体化因此突飞猛进。事实上，跨境流动的速度和相关金融溢出的规模严重质疑了经济学家罗伯特·蒙代尔著名的

"不可能三角"的持续有效性。"不可能三角"描述了开放经济体实施独立货币政策的能力。在实践中，一国的国内经济似乎永远无法完全避免这些国际货币冲击的影响。这应该会引起人们对潜在金融不稳定的担忧，并在很大程度上解释了最近国际金融危机的集中和聚集，正如莱因哈特和罗格夫（2009）、舒拉里克和泰勒（2012）以及约尔达等人（2018）所指出的那样。事实上，在实践中，国际金融危机爆发前往往会出现杠杆率水平的积累，而政府的紧缩政策以及影子银行与公司和机构现金池的崛起，几乎肯定会放大不稳定的规模。这一经验似乎印证了海曼·明斯基的金融不稳定假说，该假说认为负债经历了三种不同的融资机制：一是对冲的，二是投机的，三是庞氏骗局。尽管对冲机制对市场和经济来说都是稳定的，但投机机制和庞氏骗局却不稳定。投机计划需要流动性，以使其债务得以展期，庞氏计划则需要流动性和不断上涨的资产价格。根据明斯基的说法，"……稳定导致不稳定"，这意味着，随着时间的推移，对冲的机制最终会倒退到投机的和庞氏骗局的机制。

由于过去积累的大量可见资本，现代资本主义必须运作一个庞大的再融资体系。反过来，这就需要一种能够支持这些债务进行展期的稳定信贷工具。黄金缺乏足够的弹性，政策制定者对低通货膨胀任务的担忧以及对自由市场/放任主义意识形态的尊重，往往会影响国家货币和债务的供应。由此造成的安全资产供应不足鼓励了私人部门主动创造替代品，但这些替代品的定义往往超出了国家监管的范围，因此失去了国家的支持。更重要的是，这些私人部门的工具可能具有高度顺周期性，因此在最需要流动性的低迷时期，它们根本不存在。这种"挑剔"的不守纪律的做

第十一章
金融危机和安全资产

法，使它们不适合作为"安全"资产。

白芝浩有一句名言[7]："金钱不能自我管理。"的确，金融危机的故事往往是这些安全资产失败的故事，这或许可以解释为什么危机会如此令人痛苦和让人感到受伤。虽然投资者做好了承担风险投资损失的准备，但他们不希望在理应安全的投资上承担损失。政策制定者总是试图通过鼓励投资者更多地投资安全资产，使金融体系更加安全。然而，由于无法提供足够多的安全资产，随后又不得不匆忙做出反应，为金融体系纾困，他们最终使许多高风险投资变得安全，从而造成道德风险，结果导致一些最危险的投资却成了一度被认为是完全无风险的投资。事实上，正如我们在第七章中简要概述的那样，考虑到电子和数字货币的快速发展与部署，以及对抵押品的日益重视，这场围绕结算方式的弹性和安全性展开的旷日持久的货币辩论似乎还会升级。

## 全球"安全"资产短缺？

似乎每一场金融危机都涉及某种形式的安全资产的失效。凯恩斯的观点略有不同，他指出，对于整个投资界来说，不可能存在流动性这种东西：必须有人承担风险。我们知道，在金融条件紧张的时期，批发融资市场会要求更高质量的抵押品。这通常以长期美国国债或类似的国际债券的形式出现。然而，目前这种货币供应不足，这一定意味着金融体系更加脆弱吗？美联储和其他中央银行的大规模资产购买通过剥离最好的抵押品挤压了批发市场。一些学术专家认为，由于准备金要支付利息，而且几乎所有地方都存在接近于零的收益率，因此中央银行的货币已经很难与其他所有金融资产进行区分。这是一个有争议的观点。我们已经注意到"流动性"有两个维度——较低的久期风险和有限的信用风险，这意味着它可以立即不打折扣地变成法定货币。我们可以用类似的术语来描述"安全"资产，但不同的是，时间范围是根据资产所有者未来负债的时间进行调整的。因此，"安全"资产可以通过其覆盖预期负债的能力来定义，而不安全的资产则可能与预期负债不匹配，无论是在规模上（偿债能力问题）还是在现金需求随时间变化的模式上（流动性问题）。这种时间不匹配可以通过金融概念中的久期来表达，或者可以认为是有效投资期限。与到期日一样，久期通常以年为单位来衡量。资产的收益溢价可以部分地补偿这种时间错配（或流动性不足）。资本被冻结的时间越长，其潜在的未来收益可能就越大。因此，"风险"资产，即偏离预期久期的资产，应该会获得更高的收益。换句话说，"安全"资产的信用风险较低，且与资产所有者预期未来负债的久期相匹配。对安全资产（比如政府债券）的过度需求，通常表现为债券价格上涨，或者更准确地说，表现为债券期限溢价收窄。我们在之前的第七章和第十章注意到，自2007—2008年全球金融危机以来，以量化宽松和所谓的"紧缩"政策为特征的时期，往往伴随着期限溢价的大幅波动。特别是，每当流动性和/或安全资产稀缺（充裕）时，供应期限溢价就会缩小（扩大）。

我们可以得出两点结论。第一，全球金融体系中最重要的价格始终是主导经济体的主权债务价格，如今这一价格由美国国债收益率加上美元价值构成。第二，对许多美国国内外机构投资者来说，标准的"安全"资产是10年期美国国债，因为与现金等相比，它的久期与负债（如未来的养老金支付）更接近。[8]然而，教科书往往认为，现金（甚至金条）是主要的安全资产，快速增长的公司和机构现金池可以说更青睐一种以美元计价、到期日稍短的工具。资产配置者可以主动决定持有风险资产和安全资产的组合。安全资产更有可能与预期的久期相匹配，但它们提供的收益可能会更小。尽管风险资产可以带来更大的收益，但这可能是以久期不匹配为代价的。这就需要一个平衡。将政府债券和现金视为"安全"资产，将股票和公司债券视为风险资产，风险／安全资产组合可能会在整个经济周期中发生变化，但最终应回归到由预期的未来负债决定的水平，正如第十章所示。反过来，这些负债又取决于人口、税收、潜在通货膨胀和风险规避等长期因素。图11.3显示了美国和世界投资者持有的所有股权证券（即风险资产）的价值与其各自持有的安全资产之间的比率。根据这张图，与历史数据相比，全球投资者（约45%）和美国投资者（约55%）持有的风险资产与"安全"资产的价值比率似乎有所扩大。这警告我们风险水平较高，但不可否认的是，即便如此也仍不及2000年互联网泡沫或2007—2008年全球金融危机之前的水平。

  造成风险资产与安全资产份额之比上升的一部分原因是，限制政府证券发行的紧缩政策和对传统储蓄（如零售银行）日益严格的法规，严重限制了流动性与政府债务的供应，并最终限制了负债的增长。这些新的流动性规则和抵押品要求，增加了银行持有高质量流动性资产的需求，从而降低了它们支持包括回购在内的其他交易的可能性。因此，缺乏可获得的高质量抵押品会对有担保市场的流动性产生重大影响，特别是在金融条件紧张时期。

即使撇开官方规定不提，审慎的原则也大大增加了持有流动性不足资产的机会成本，从而进一步增加了对流动性资产的需求。因此，流动性供应的不足放大了抵押品匮乏的情况，两者共同创造了对安全资产更多的需求，从而进一步夸大了缺口。

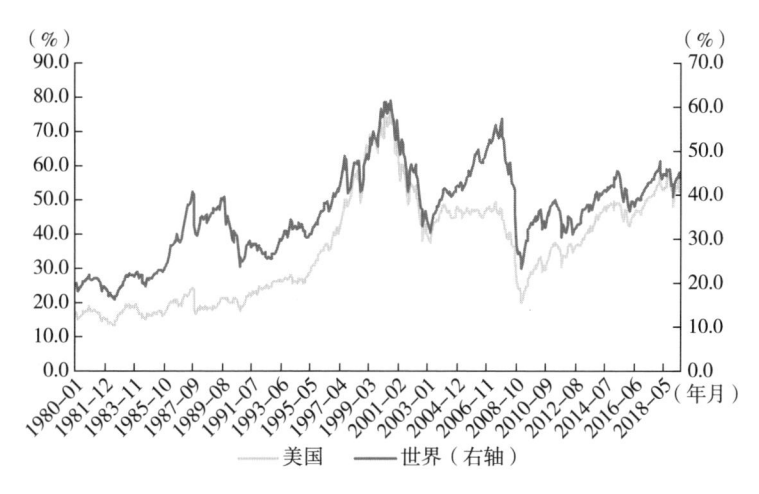

图 11.3　1980—2019 年美国和世界投资者持有的股权证券市值与安全资产比率

资料来源：CrossBorder Capital。

> **安全资产**
>
> "安全"资产可以从其覆盖预期负债的能力来定义。与法律上定义的"储备资产"不同，"安全"资产的评估是主观的。无论是在规模上（偿付能力问题）还是时间上（流动性问题），非安全资产可能与预期负债不匹配。资产的收益溢价可以部分补偿这些错配。通常情况下，当安全资产供应不足时，要么是投资组合受到限制而无法实现增值，要么是私人部门通过提供自己的"安全"资产创造了额外

的弹性。

国际货币基金组织（2012）正式将"安全"资产定义为一种金融工具，它能够提供：（1）较低的市场和信用风险；（2）较高的市场流动性；（3）有限的通货膨胀风险；（4）较低的汇率风险；（5）有限的特殊风险。

在实践中，安全资产的定义往往变得模糊，因为它还涉及地缘政治和心理因素，如信任和信念。一项安全资产只有在别人认同的情况下才是"安全"的。此外，安全资产的历史表明，它们有几个共同的特性：

1. 在经济不景气时，安全资产往往会升值，而股票、企业和新兴市场信贷等高风险资产的表现则不那么好。用金融术语来说，安全资产对市场的贝塔系数为负。
2. 具有深度和流动的市场，其特征是能够围绕现行价格进行大规模自由交易。由此可见，资本管制可能会否定安全资产的地位。
3. 收益率始终低于其他资产。克里希纳穆尔蒂和维辛–约尔根森（2012）估计，美国国债收益率比平均水平要低70个基点左右，因为它们具有更好的安全性和流动性。
4. 更大的财政能力，比如，通过收益率对债务/GDP比率上升的低敏感性，以及强大的（甚至是军事的）国家（如美国）背书来衡量。

> 典型的安全资产是10年期美国国债,但在实践中,安全资产清单包括任何对信息不敏感的工具。[1]

根据国际货币基金组织(2012)的说法:"……不确定性的加剧、监管改革以及各国中央银行与危机相关的应对措施,正推高(安全资产)需求。在供应方面,被认为是安全资产的主权国家债务的数量已经下降,这相当于减少了约9万亿美元的安全资产供应……或大约16%……私人部门安全资产的生产也有所下降,因为美国不良的证券化行为玷污了这些证券,而一些新的监管规定可能损害(供应)……"图11.4展示了全球"安全"资产的供应占GDP的百分比,以及全球流动性的年增长率,这里将"安全"资产定义为发达经济体的政府债券,以及发达国家和新兴经济体的现金与短期金融工具。从图中可以发现,在2007—2008年全球金融危机之前,国际安全资产的新增供应量似乎以10%的速度增长,但自那以后就下滑至几乎为零的水平。即使是连续10年如此低水平的增长,与危机前的趋势相比,仍将产生约80%的巨大缺口。更重要的是,随着安全资产的供应减少,全球流动性的扩张也随之放缓,从而显著加剧了对安全性过度需求的程度,这有助于解释美国国债期限溢价的进一步下跌。

---

[1] G. Gorton, S. Lewellen, and A. Metrick, The Safe Asset Share, *American Economic Review* 102 (3), 2012; Safe Assets: Financial System Cornerstone? IMF Global Financial Stability Report, April 2012, and A. Krishnamurthy and A. Vissing-Jorgensen, Aggregate Demand for Treasury Debt. *Journal of Political Economy*, 120: 233–267, 2012.

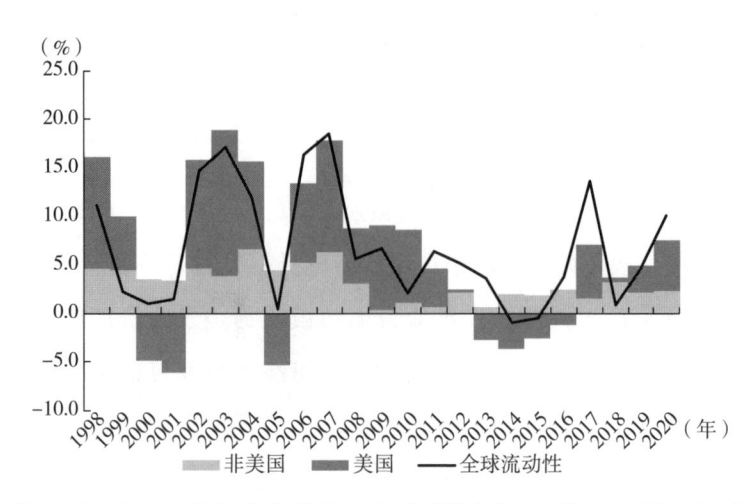

图 11.4　1998—2020 年全球"安全"资产供应（占全球 GDP 的百分比）和全球流动性增长率

资料来源：CrossBorder Capital。

这种短缺不容忽视，因为与传统的基于银行的信贷供应不同，目前盛行的以批发货币为基础的体系，本质上依赖于新抵押品的稳定供应。尽管公司和机构现金池提供了新的资金来源，但它们要求金融体系通过回购操作提供富有流动性且有抵押的储蓄工具。因此，公司和机构现金池的快速增长提振了回购需求，从而增加了抵押品需求。美国国债的结构性短缺，迫使这些机构资金中的很大一部分投入有抵押的且通常是"新造的"私人部门工具之中。例如，从 21 世纪初开始，政客就经常鼓励美国家庭扩大抵押贷款融资。然后这些贷款可以打包合并成更高评级的抵押支持证券。这就导致了银行和影子银行从货币市场借入更多的机构资金，然后贷给家庭和其他非传统借款人，如新兴市场企业。此后情况更加恶化。到 21 世纪初，影子银行贷款机构在规模庞大、流动性强的批发货币市场上借入了非常短期的资金，期限通常只有7~14天，它们确信自己可以轻松地将这些头寸展期，并经常使用抵押支持证券作为抵押，但它们同时也发放长期贷款，有时长达30年，因此承担了巨大的到期风险。2007—2008年的全球金融危机证明，货币市场的深度和流动性不是一成不变的常数。持有英国抵押贷款市场10%份额的英国北岩银行，在2007年8月成为资金流动性迅速蒸发的早期受害者。这些紧张局势发生在可能本来就较高的信用风险之上，原因很简单，就是这些银行面临着新的、基本上不知名的借款者。想想看，如果一笔30年期的证券或贷款以14天票据为支撑，那么在到期之前就需要进行多达778次的再融资，借款者当然面临着极高的风险。这种巨大的再融资负担导致出错的可能性很大。

在全球金融危机爆发后的10年里，安全资产的结构性短缺已被货币市场回购国债和高评级公司债券等高质量抵押品所解决。然而，政府债券的供应仍然有限，这增加了企业发行更多债券的压力。美国资本市场能够从中受益，不仅是因为美元资产的需求特别旺盛，还因为美国拥有全球最大、流动性最强的公司债券市场。因此，美国的信贷息差也已收窄，美国企业的发债规模强劲上升。普遍的资本支出需求较低，意味着这些额外资金中的很大一部分已通过股票回购计划重新流入华尔街股市，从而推高了股价。债券发行与股权回购之间的密切关系如图11.5所示。与此同时，图11.6突出显示了在过去10年里，股权退出量通常平均占美国总市值的1%~2%，因此减少了可用的股票池。

然而，这一切都是有代价的。一个关键的事实是，这种以抵押品为基础的流动性创造机制具有高度的顺周期性，因为新创造的流动性的数量在很大程度上取决于可获得的企业债务的质量，而企业债务的质量又取决于商业周期的状态。这种关联提醒人们，不断扩大的信贷息差可能对流动性供应产生巨大影响。这一机制也可能很脆弱，因为如果企业违约风险增加，就会促使投资者转向本已稀缺的安全资产（政府债券），整个回购体系就可能出现崩溃。2018年12月华尔街的大幅抛售伴随着信贷息差和回购利率的飙升：2018年11月初至12月底，美国B级高收益债券收益率（经期权调整）利差突然扩大200多个基点，至5.84%的峰值。这与2007—2008年全球金融危机之前运行的同样脆弱的顺周期流动性供应体系相呼应，随后集中于抵押支持证券和其他资产支持证券。2007—2008年，美国房地产市场的恶化被证明是摧毁整个系统流动性的重要导火线。

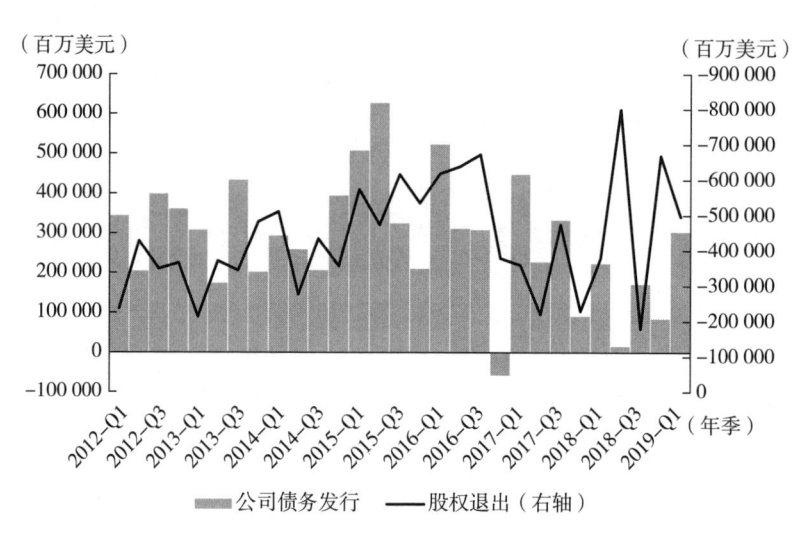

图11.5　2012—2019年美国公司债券发行和净股权退出

资料来源：CrossBorder Capital。

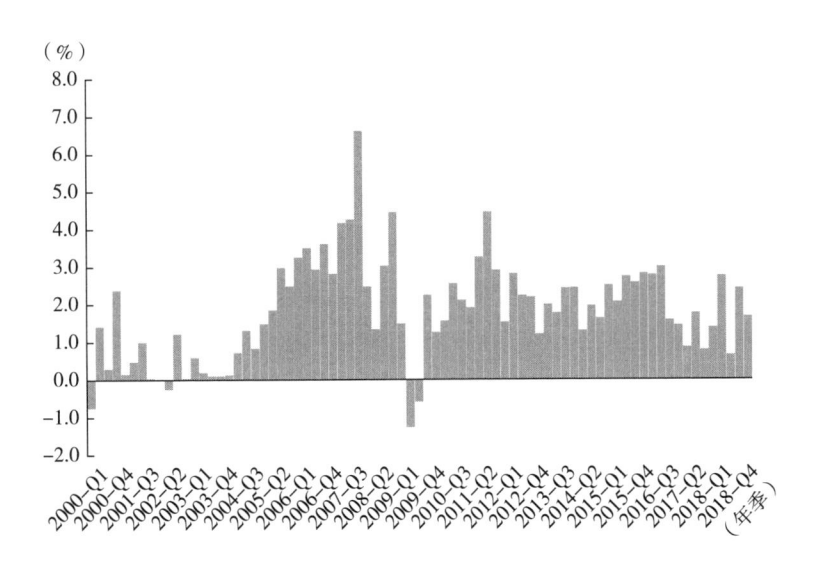

图 11.6　2000—2019 年美国净股权退出（占市值的比例）

资料来源：CrossBorder Capital。

解决"安全"资产短缺的一个办法是，迫使财政部发行更多 30 年期限甚至 100 年期限的长期债券。就像第六章强调的那样，量化宽松政策——比如简单地用美联储票据取代政府债券——效果要差得多，因为它们会吸收抵押品。政策制定者必须找到能够扩大政府整体资产负债表规模（即美国财政部和美联储负债）的动力，并发明更为创新的方法为批发市场释放抵押品。

# 第十二章

# 金融丝绸之路：全球化与资本东移

## 金融丝绸之路

受中国、印度和中亚地区巨大经济机遇的吸引，世界经济重心正逐步向东方转移。1950 年，它在美国东海岸附近。到了 1980 年，理论上它已经转移到了大西洋中部，它在 1989 年前后从西柏林转移到了东柏林，这与柏林墙的倒塌时间大致吻合。2005 年，它继续向东移动，途经赫尔辛基，2010 年前后途经莫斯科，预计到 2050 年，它将在印度和中国之间的某个地方停留。随着经济的增长，资本沿着古老的丝绸之路以每年 133 千米的稳定速度向中国和中亚行进，相当于古代骆驼队每天速度的 3.5 倍。[1] 我们之前将这种资本转移称为"金融丝绸之路"。[2] 这反映出，中国和亚洲的资本供应相对于其巨大的投资需求显得较为短缺。古丝绸之路上的贸易同样是由中国对白银的渴望，以及西方对丝绸、香料和茶叶的需求所驱动的。当时中国的货币体系与比索银币挂钩，在中国流通的银币通常比在墨西哥流通的要多。这些大规模的贸易和资金流动花了半个多世纪的时间，才消除了中欧之间有利可图的白银套利。[3] 18 世纪初，当中国人口的激增导致了对银币的进一步大量需求时，这种套利再次出现。因此，在 16 世纪和 18 世纪，随着资本从西方流向东方，世界经济发生了实质性重塑。

在国际市场上，有一些不相关的事件。这种转变的第一个迹象甚至在柏林墙倒塌的尘雾散去之前就已经清晰了。几乎一夜之间，世界各地的国有企业纷纷挂牌上市，为外国投资者提供了诱人的新机会。两个月后的 1990 年 1 月，墨西哥总统萨利纳斯在达沃斯世界经济论坛上的主旨演讲因代表们对东欧问题的关注而被忽视了，他一回来就加快了《北美自由贸易协定》[4]的谈判，并将墨西哥的银行私有化。争夺外资的竞争突然升温。据墨西哥官员称：

……他（萨利纳斯）做的主旨演讲非常好，也广受欢迎。第二天，有关匈牙利、波兰和民主德国的会议开始了，接着，每个人都去听那些会议以及其他人要说些什么（摘自 1990 年 6 月 3 日的《纽约时报》）。

在许多方面，美国 500 强企业在引领全球资本转移（即全球化）方面一直处于领先地位。尽管它们的总部仍然设在美国，它们的证券在著名的纽约交易所上市，但它们会将业务外包到世界上零部件最便宜、劳动力技能最强的地方，并将利润转移到国家税收最低的地方。这与中国经济形成了巨大反差。中国的国企构成了其工业核心。它们以低利率从国有银行借款，并优先获得政府合同，国有企业和国有银行[5]被用作平衡经济的方便的政策杠杆，当私营企业不太愿意增加贷款和支出时，它们会承担这一职能。同时，国有企业也是经济增长的关键引擎，承担着必要的资本密集型投资，包括支撑中国经济的尖端技术投资。毫无疑问，中国的目标是为中国人民实现国家经济繁荣，它的政策制定者、国有银行和国有企业为此共同承担一切必要的任务。1978年以来，中国经济以年均9%以上的速度增长。尽管GDP增长近年有所放缓，并可能进一步放缓，但它的增速仍快于包括美国在内的世界上几乎所有其他主要经济体。美国的实际工资水平已停滞了40年，巨大的财富差距和日益加剧的不平等已成为现实。经济的快速增长需要大量工业和金融资本的流入，许多美国顶级企业在此期间也在快速扩大其在华业务。

这些资本流入中国和其他地方的一个主要渠道是外国直接投资。外国直接投资主要包括对位于海外的工厂、设备、建筑物和企业[6]的有形投资。正如图12.1所证实的那样，日本一直是外国直接投资的大型净供应国，而新兴市场和前沿市场则一直是发达经济体外流资金的大型净接收国。外国直接投资往往会带来最新的技术和管理技能。因此，外国直接投资被证明是经济增长的主要驱动力，特别是在中国和其他新兴市场。根据图12.2，中国吸收了大规模的外国直接投资，之后有所放缓，原因是国外企业对向中国转让专有技术的担忧日益加剧，以及中国加大了对其"一带一路"重点项目的投资力度。除了统一前后的时期，德国一直是世界其他地区进行外国直接投资的净供应国。研究表明，大约一半的外流资本被再投资到周边地区。因此，中国的外国直接投资主要集中在亚洲，德国的外国直接投资主要集中在欧洲。然而，尽管中国的净外来投资增速明显放缓，但这并没有改变中国自身仍然需要吸引大量外国风险资本进入其国内市场的事实（见表12.1）。

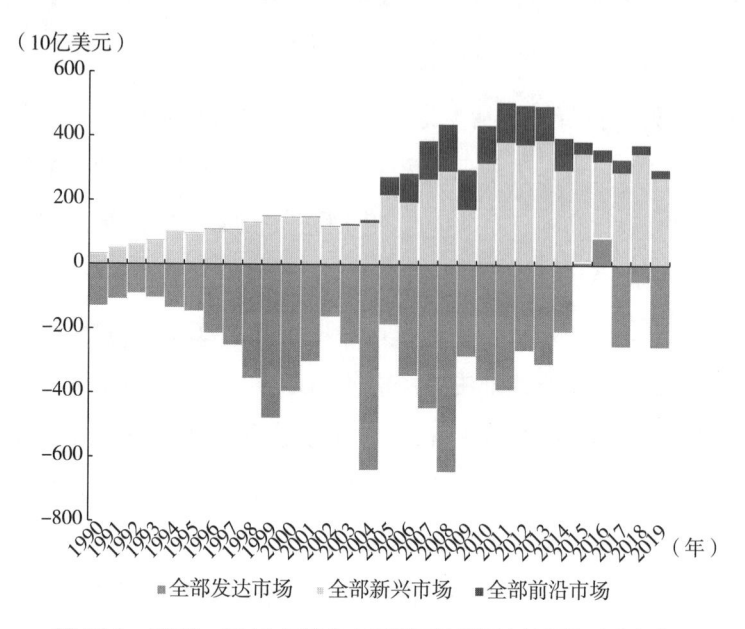

图 12.1 1990—2019 年流向主要地区的外国直接投资（净额）

资料来源：CrossBorder Capital，联合国贸易和发展会议。

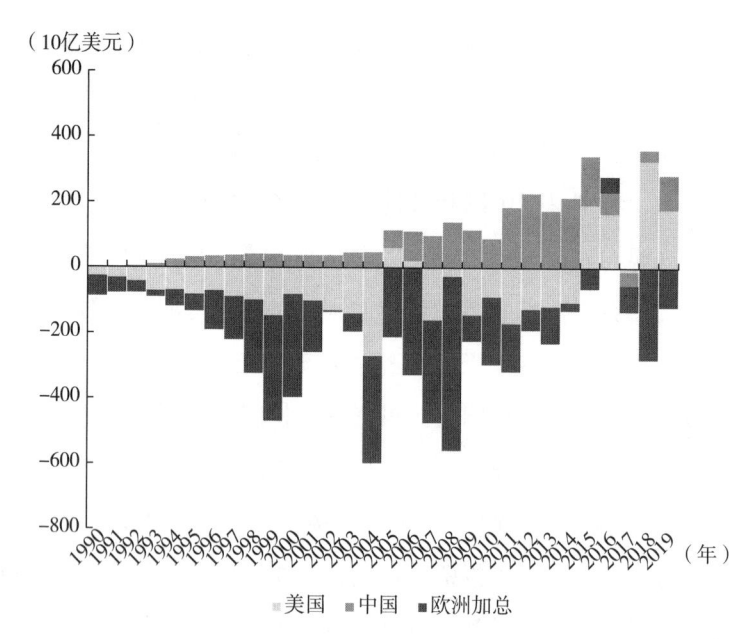

图 12.2 1990—2019 年流向美国、中国和欧洲的外国直接投资（净额）

资料来源：CrossBorder Capital，联合国贸易和发展会议。

表12.1 2000—2019年流向主要地区的外国直接投资（净额）

单位：10亿美元

| 年份 | 发达经济体 | 新兴市场 | 前沿市场 | 美国 | 中国 | 日本 | 英国 | 德国 | 法国 |
|---|---|---|---|---|---|---|---|---|---|
| 2000 | −393.5 | 148.8 | 1.2 | −80.8 | 37.5 | −30.2 | −201.3 | 140.7 | −131.1 |
| 2001 | −299.9 | 150.1 | 1.3 | −100.9 | 37.7 | −35.9 | −49.1 | −12.6 | −41.0 |
| 2002 | −160.7 | 120.9 | 1.2 | −130.3 | 46.6 | −29.5 | −47.3 | 31.6 | −0.1 |
| 2003 | −244.2 | 127.8 | 5.2 | −139.6 | 47.3 | −27.3 | −56.0 | 26.6 | −10.0 |
| 2004 | −637.7 | 140.7 | 9.3 | −270.2 | 53.3 | −29.2 | −79.9 | −32.7 | −23.5 |
| 2005 | −184.5 | 274.0 | 56.2 | 61.0 | 89.7 | −45.3 | 97.8 | −30.3 | −30.6 |
| 2006 | −344.9 | 285.0 | 89.3 | 21.2 | 98.0 | −61.2 | 60.5 | −57.4 | −53.9 |
| 2007 | −444.9 | 385.7 | 118.8 | −159.6 | 139.0 | −52.1 | −156.0 | −90.0 | −48.3 |
| 2008 | −642.9 | 437.9 | 146.1 | −26.5 | 115.4 | −84.7 | −110.9 | −68.2 | −70.2 |
| 2009 | −282.4 | 296.9 | 123.7 | −144.3 | 89.6 | −65.2 | 59.0 | −46.1 | −68.6 |
| 2010 | −357.2 | 434.1 | 116.0 | −88.5 | 186.4 | −71.3 | 6.9 | −58.6 | −33.5 |
| 2011 | −387.3 | 506.1 | 123.0 | −169.4 | 228.4 | −117.6 | −47.7 | −10.6 | −19.5 |
| 2012 | −264.1 | 497.1 | 121.6 | −125.9 | 175.9 | −117.9 | 31.1 | −33.8 | −18.3 |
| 2013 | −307.0 | 494.7 | 105.8 | −117.9 | 215.5 | −145.0 | 42.9 | −26.5 | 9.9 |
| 2014 | −206.2 | 396.0 | 99.8 | −105.3 | 149.0 | −118.4 | 144.4 | −83.3 | −47.5 |
| 2015 | 10.4 | 374.7 | 36.8 | 193.5 | 66.2 | −133.8 | 107.6 | −66.2 | −5.9 |
| 2016 | 86.4 | 274.9 | 37.3 | 167.0 | −42.4 | −139.8 | 197.3 | −46.6 | −37.4 |
| 2017 | −250.6 | 329.7 | 39.5 | −10.6 | 33.6 | −151.8 | −5.8 | −57.2 | −20.3 |
| 2018 | −50.2 | 375.1 | 27.1 | 327.9 | 104.5 | −138.5 | 11.5 | −59.8 | −63.7 |
| 2019 | −252.6 | 298.7 | 24.6 | 179.8 | 80.6 | −335.4 | −39.8 | −40.0 | −10.4 |

资料来源：CrossBorder Capital，联合国贸易和发展会议。

## 德国向东倾斜

历史告诉我们，区域资本的领域往往遵循经济边界，而不是内在的政治边界。欧洲不必把目光投向中国那么遥远的地方，德国的资本流动就为资本的东移和更广泛的地区性集中提供了最新证据。更重要的是，这种正在进行的转变暴露了欧盟的脆弱性，并可能威胁到欧元汇率体系本身的完整性。欧洲政策中心[7]的一项研究强调了这一点，据估计，截至2019年，由于欧元的使用，意大利、法国和葡萄牙三国的人均损失分别高达73 605欧元、55 996欧元和40 604欧元。与此同时，在1999—2017年，德国因为使用欧元，居民人均获益23 116欧元。具有讽刺意味的是，在2016年英国脱欧公投的背景下，英国近年来却正在受益于德国的大规模外国直接投资与低成本的熟练和半熟练的欧盟工人。从英国相对较低的失业率可以看出，这无疑给英国经济增长带来了巨大的好处。然而，在移民劳动力大量定居的欧盟经济体，其经济状况，特别是青年失业率，却与英国形成了巨大反差。对这些经济体来说，更令人担忧的是，英国和其他国家一直能够吸引年轻企业家，这是未来经济增长的一个关键来源。这种"人才流失"现象的一个关键解释是，几个南欧经济体因直接加入欧元体系而出现了经济空心化。货币联盟有其优势，但也会带来高昂的成本。在第五章中，我们通过实际汇率调整，以及在名义汇率固定的情况下更灵活的资产价格和工资所起的作用解释了这一点。最大的代价是，富裕地区变得更富，而贫穷地区变得更穷，这在美国和英国等经济体中长期可见。毫不奇怪，在欧元区内部，德国因此变得更加富裕，而意大利和更为典型的希腊，在收入和财富方面都变得更加贫穷。欧元区较小经济体的资产价值（尤其是房地产价格）大幅下跌，侵蚀了宝贵的抵押品，削弱了它们的银行体系，从而阻碍了经济复苏。美国试图通过税收和社会保障支出，以及国内军事基地的选址和政府采购计划来消除类似的地区不平衡。英国则利用地区援助，并设立独立的政府部门，向威尔士、苏格兰和北爱尔兰等欠发达地区提供财政支持。换句话说，财政转移机制是任何实际货币联盟的一个必要组成部分。欧盟拥有最低限度的区域支持体系和各自为政的财政安排，但在过去20年里，欧盟成员之间的经济失衡水平要求它们采取更大规模的集体行动。这是一场有争议的辩论，尤其是考虑到当英国脱欧事件发生时，德国将是欧盟预算的唯一净捐助国。

从纯粹的经济角度来看，作为欧洲工业引擎的德国资本很可能会继续将目光转向东方。德国占欧盟制造业增加值的近40%，而法国占10%~15%。对外直接投资数据已经显示，德国在南欧和东欧的投资出现了明显的分化。图12.3比较了2000年和2018年德国外国直接投资存量的地域份额。在此期间，投入美国的资本占总资本的份额从29%急剧下降到17%以下，分配给英国的份额则略有上升，接近12%。波动最大的是分配给法国和"其他欧盟"经济体的份额，它们的总份额从11.5%降至6.5%，而分配给东欧经济体的份额则从5.0%大幅上升至10.2%。"世界其他国家"类别指的是中国和其他亚洲经济体，包括中亚地区经济体、印度和俄罗斯。在这些区域，这一数字也翻了一番。这些数据表明，世界经济重心正在从西向东转移。如果我们用更简单的"东部"和"西部"术语（不包括"中部"欧洲经济体，即比荷卢经济联盟、丹麦、奥地利和瑞士）来重新表述德国的数据，这种转变会更加显著，"西部"的投资存量从2000年占德国外国直接投资总额的51.8%下降到2018年的34.9%。而用于"东部"的投资份额大约翻了一番，从15.5%增加到29.8%，并在不到20年的时间里部署到位。资本本质上是通过德国的盈余这一途径从意大利和希腊等国被吸走，并重新部署到东欧的。

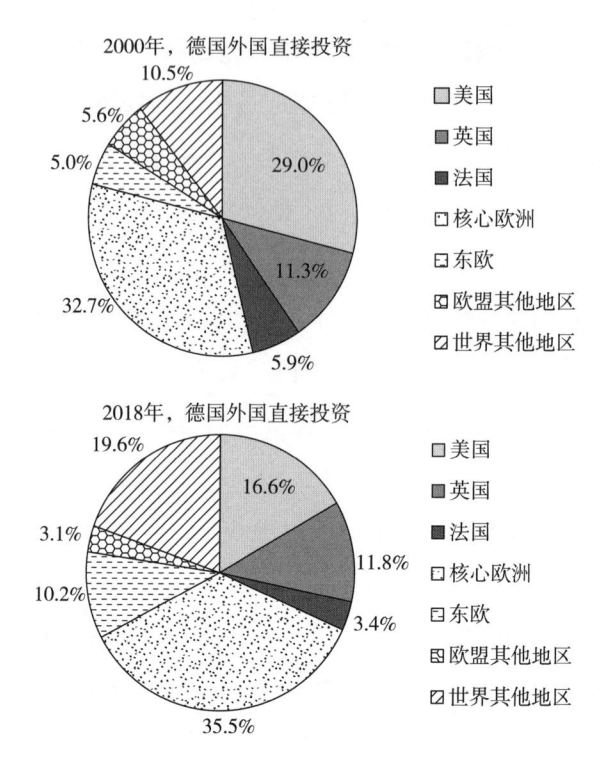

图 12.3　2000 年和 2018 年按地理位置区分的德国外国直接投资持有量（占总量的百分比）

资料来源：德意志联邦银行，经济合作与发展组织，CrossBorder Capital。

## 资本转移的地缘政治影响

许多西方国家仍然认为未来的危险在于小型边界争端或流氓国家。它们还认为，民主是资本主义取得成功的必要条件，这也解释了它们为何会支持追求民主的起义。更重要的是，根据这种观点，所有自由国家都应该不可避免地像西方那样发展，并保持和平，这样西方就可以省去不必要的军事开支。因此，许多西方评论人士将苏联解体误读为意识形态胜利，然而，事实上，在许多方面，俄罗斯的政治模式基本上没有改变。因此，我们又回到了"冷战"时期的棋局中，单调乏味的外交倡议被频繁出现的僵局所阻碍，双方都没有真正赢过。回到20世纪70年代和80年代，当时三个主要大国——美国、苏联和中国——主导了地缘政治。随后，美国奉行"分而治之"的政策，这与19世纪英国对后拿破仑时代的欧洲奉行的政治外交政策类似，即让反对派四分五裂，并且专注于较小的地方事件。如今，政策专家们同样建议美国领导人将俄罗斯和中国分开，但理由不同。换句话说，美国需要与中国达成一项"公平"的贸易协议，并谨慎管控中国对美国技术和风险资本的需求，同时让欧洲全神贯注于俄罗斯的持续威胁。具有讽刺意味的是，在20世纪70年代和80年代，欧洲曾是苏联的眼中钉，但现在情况发生了转变，俄罗斯成了欧洲人的眼中钉。2007—2008年全球金融危机总体上削弱了西方国家的经济实力，但欧盟受害最深。如今，自1957年《罗马条约》签署后美国开始鼓励欧洲一体化以来，美国首次不再将欧盟视为一项外交和地缘政治筹码。更重要的是，资本正在撤离欧洲，但现在的美国不太可能允许欧元区再次使用国际货币基金组织作为个人领地来救助其疲弱的地区银行。事实上，美国白宫的许多人都将欧洲视为竞争对手，并乐于看到欧盟解体。

从内部来看，欧盟似乎已经在经济和社会上发生了分裂。它背负着欧元的重担，这是一种腐蚀性很强的货币机制，且至今仍未如承诺的那样发挥作用，欧盟经济体可能会从一场危机走向另一场危机，直到选民的耐心耗尽。欧洲货币联盟要想生存下去，就必须演变成一个全面的联邦制国家，拥有单一的欧盟财政部和统一的财政结构。这似乎不太可能。从结构上看，欧元区被划分为顽固的债权国集团和债务国集团，它们各自的宏观经济议程相互冲突。近年来，欧洲央行大规模的量化宽松政策和周期性的经济好转掩盖了这些裂痕，但欧洲潜在的南北分歧仍然是长期存在且无情的。我们已经注意到，德国资本的利益与欧盟其他许多国家截然不同。旧的法德轴心曾经是欧盟的核心，但随着1989年柏林墙的倒塌，这一轴心实际上已经过时。任何重组它的新尝试，都只会凸显法国现在的弱势地位。这种转变在英国脱欧的过程中得到了明显的证明：尽管1972年英国在很大程度上是与法国谈判，并加入当时名为"共同市场"的组织，但英国在脱欧过程中不得不说服德国，以便体面地离开。

最重要的是，东欧有可能在基督教民族主义的诱惑下重新转向俄罗斯。最终，欧盟的核心根本问题依然存在：欧洲经济货币同盟既不能调和也不能治愈德国与南方国家相互冲突的需求。整个欧洲在经济竞争力和债务负担方面的差距实在太大了。然而，许多欧盟福音派信徒的本能是不顾一切地前进。

许多欧洲经济体根本不应该使用同一种货币。德国一直倡导在欧洲内部推行自由贸易主义，但在这一过程中，德国通过对最初在欧元诞生时就融入其中的德国马克进行隐性的大幅低估，导致其邻国在经济上破产。与此同时，欧盟因过于依赖美国国防而得以节省了至关重要的大规模军费开支，因此，如果美国撤军，欧盟就会让自己暴露在危险之中，无法管控自己的边境。欧盟正在迅速失去美国的地缘政治支持，与此同时，一个具有讽刺意味但尚不明显的事实是，随着德国资本的东移，欧盟也在失去经济支持。20年来，欧元导致了欧洲南部边缘地区快速去工业化和财富缩水，同时增加了德国企业的收入，可以说未来这一趋势会不可避免地扩张到东欧、乌克兰,最终是俄罗斯。在这些经济体中,消费者更年轻、负债更少,也更有抱负,到目前为止,他们的潜力还没有被发掘。与此同时,欧洲的经济独立性受到损害,因为它位于俄罗斯控制的天然气管道(如"北溪一号"和"北溪二号")的末端,而在更远的东部边境,其面临着多种不确定性。

第十二章
金融丝绸之路:全球化与资本东移

## 第十三章
## 衡量流动性：全球流动性指数

## 跨境资本公司全球流动性指数

跨境资本公司跟踪资本流动，能够评估资本流动对市场和经济的影响。这一方法来源于对资金流动数据的全面研究，并认为资金来源的变化（即资金流动）比资金的使用（即经济支出类别）更为重要。从定义上看，在融资周期发生重大变化时确实如此，这可以通过定期发布的全球流动性指数来衡量（参见 www.liquidity.com）。全球流动性指数为投资者衡量和监控流动性提供了一个实际的例子。[1] 它们是一系列综合指数，旨在以稳健的方式明确评估全球固定的一组经济体的资金流动性状况。该指数涵盖发达国家、新兴市场经济体和前沿市场经济体[2]。针对每个经济体收集了几个关键数据系列，包括中央银行、私人部门和净跨境资本公司流动指标。对流动性的多维测量和广泛覆盖增加了它的准确性和可信度，并有助于消除"错误"信号（见图 13.1）。

自 20 世纪 90 年代早期以来，全球流动性指数一直定期发布。

该指数使用最新的统计技术，利用数据集具有大量共同运动趋势这一事实，从大数据中提取有关货币趋势的共同信号。数据从三个主要来源收集：

- 超国家组织，如国际货币基金组织、联合国和国际清算银行。
- 国家财政部门和中央银行，如美联储、中国人民银行、欧洲央行。
- 贸易组织、主要的借贷公司、货币市场和影子银行。

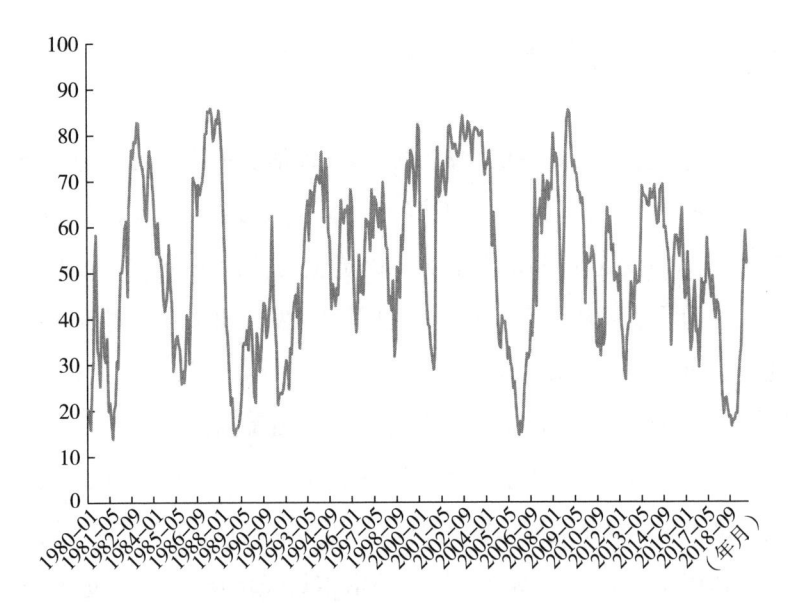

图13.1 1980—2019年跨境资本公司全球流动性指数（指数0~100）

资料来源：CrossBorder Capital。

全球流动性指数可以被证明与许多关键经济和金融数据系列具有格兰杰因果关系，它们通常先于资产价格这一重要指标发生波动。这些指数往往领先债券市场和外汇市场3~6个月，领先股票市场6~12个月，领先实体经济15~20个月。它们涵盖了全球约80个经济体，并且由一篮子z值组成（"标准化"的统计系列），其对每个经济体的大约30个数据系列进行抽样，涵盖传统银行、中央银行、影子银行、企业、家庭和外国投资者。这些数据被清理、交叉检查并组装到一个标准模板中，以方便进行地理和历史层面的比较。

有六种类型的变量可能被纳入：（1）资产价格和信贷成本；（2）信贷息差/风险溢价；（3）杠杆和信贷增长；（4）表外贷款（如影子银行、证券化操作）；（5）贷款指数；（6）证券新发行数据，以及交易所交易基金和共同基金流动。跨境资本公司重点关注第二、第三、第四部分，也就是：

- 广义信贷/金融储蓄总量的增长率。
- 中央银行资产负债表规模的增长率。
- 跨境金融资本净流入相对于国内流动性池的规模。
- 私人信贷提供者的杠杆率。
- 货币市场的短期信贷息差。

贷款调查提供了有用的信息，但经验表明，它们并不具有预测性，并且通常远远滞后于其他信贷措施。发行数据、交易所交易基金和共同基金流动也很有用，但它们只是一种"用途"，而不是资金的"来源"，而且它们往往是不可预测的。出于类似的原因，信贷成本和资产价格被排除在外，除了非常短期的信贷息差，如LIBOR-OIS和TED[3]（国库券/欧洲美元价差），它们主要用于"交叉检查"流量数据。名义流动性流量数据与指数的基本区别在于，指数是趋势调整的，它们是相对于当前的经济活动来衡量的，而且它们更全面，因为它们包括了某些关键的资产负债表比率，而这些比率显然不能用数量来表示。这些指数还隐含了货币流通速度。

指标的构建是通过系统地将定量数据和定性数据结合起来的三个阶段完成的：

- 阶段1：原始数据；
- 阶段2：转换和标准化；
- 阶段3：指标构建。

在实践中，指标的构建涉及几个选择：（1）数据频率；（2）包含的变量数量；（3）每个参考期所涵盖的时间跨度；（4）加权方式。由于指数是一个基准，它需要根据自身的波动进行调整，或与某些特定的历史参考点进行比较：两者都涉及对适当时间尺度的选择。更长的跨度可能看起来更好，但这也更有可能将影响该指数的结构性变化时期涵盖进来。相比之下，更短的时期可能会更稳定，但太少的历史经验不能给出足够的洞察力。类似地，高频数据（如日度数据）可能比月度或季度数据更可取，因为它有助于更频繁地做出决策。然而，这样做的代价是日度的数据可能包含更多"噪声"，因此更不可靠。跨境资本公司通过使用月度数据进行折中处理。指数中包含的信号变量的数量也面临类似的悖论，因为似乎"更多"比"更少"要好。然而，收集大量变量的问题是，样本可能会变得不平衡，包括太多同类型数据，使指数偏向于某个方向，从而变成"过度信号"。通过将不同类型的变量分组到单独的分指数中——例如中央银行的流动性、跨境资本公司流动——并考虑大约30个（而不是100个）不同的经济变量中在统计上显著的个数，可以缓解这个问题。构成各类分指数的数据成分都经过了去趋势化和波动率调整，以确保它们是平稳的。

由此产生的全球流动性指数基本上是由"标准化的"增长率和资产负债表比率组成的。其理念是，金融市场对冲击做出反应，而冲击的大小取决于它们的标准差。投资者会逐渐习惯稳定增长的流动性，但会在增长率突然改变时做出反应。全球流动性指数与标准扩散指数相似。它们由多个子成分组成，这些子成分通过算法加权在一起，然后表示为标准化的z值。扩散指数衡量这些数据在每个特定群体中的分散或扩散程度。总体数据越分散，我们就越有信心得出流动性是"宽松"还是"紧缩"的结论。

这些独立的z值通过基于可能性的方法被组合在一起，当所有的测量值一致时，该方法将产生最强的信号，并且不会因一个或两个子成分的极端值而产生偏差。最终得到的总z值不是组成部分的简单加和，而是包含了一个"置信度"效应。这使它是非线性的。因此，如果所有子成分都有偏"高"的z值，那么综合指数或分指数的总体z值将会高得多，因为它是根据联合概率计算的。每个指数的z值——例如中央银行流动性——都被表示为0~100的"标准化"区间，其平均值设为50；一个标准差设置在60，2个标准差设置在80，-1个标准差设置在40；-2个标准差设置在20。全球流动性指数或其分指数读数超过50，表明该经济体金融部门的流动性较41个月的趋势水平有所增加。该指数低于50则表示流动性低于趋势水平。与前一个月相比增加（减少）表明变动加速（减速）。指标值越大，表明变化率越快。

图 13.2 显示了美联储的流动性分指数及其五个关键的子成分，如总体资产负债表增长、银行超额准备金和政府债券持有情况。选择这些（有时是重叠的）子成分，是为了提供一种衡量量化宽松和紧缩政策的明确方式。它们被组合到美联储流动性指数（范围 0~100）中，该指数应被解读为一个累计概率得分。当子成分通过相似的信息相互加强时，指数就会呈现出一个更极端的值。不同的子成分值则更有可能给出一个中性的指数读数。同样，图 13.3 显示了构成整体新兴市场流动性的三个分指数——中央银行流动性、私人部门流动性和跨境资本公司跨境资本流动——与总体新兴市场指数之间的协同运动。

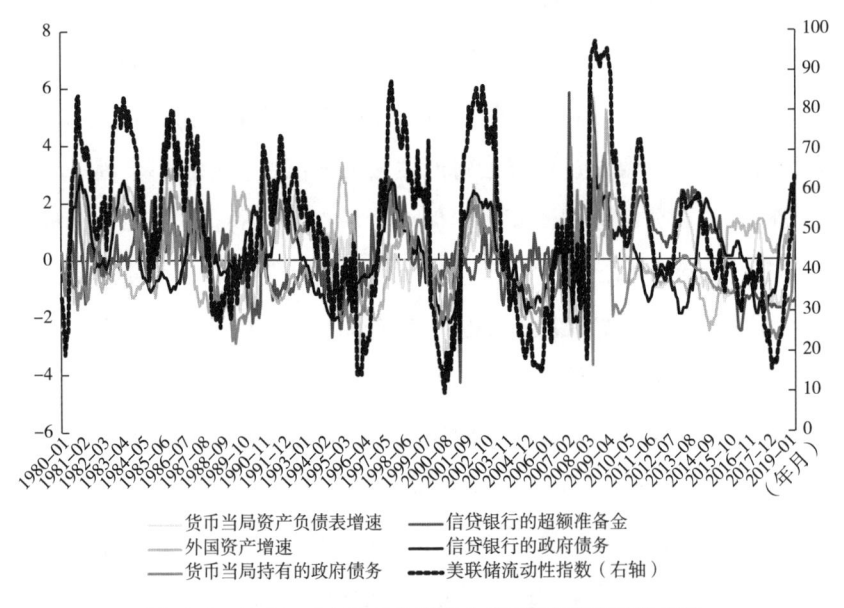

图 13.2　1980—2019 年跨境资本公司美联储流动性指数和主要子成分（指数 0~100 和 z 值）

资料来源：CrossBorder Capital。

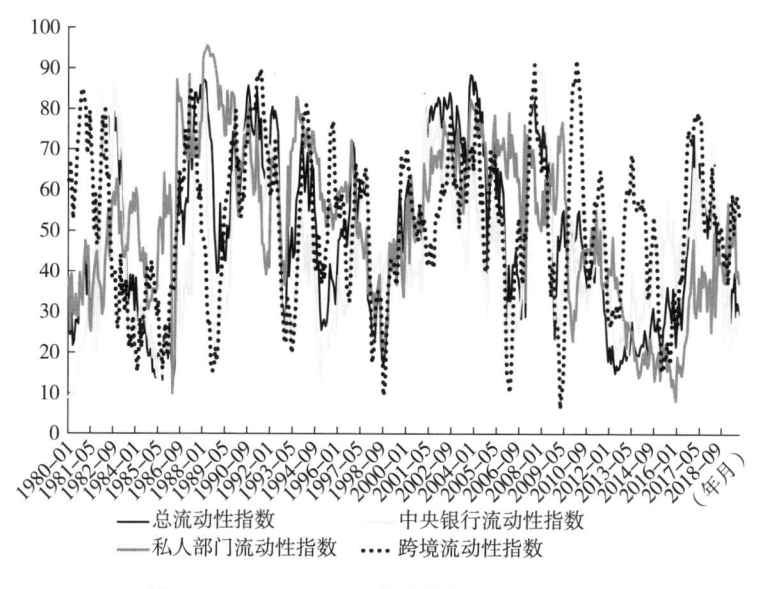

图 13.3　1980—2019 年跨境资本公司新兴市场
流动性指数和分指数（指数 0~100）

资料来源：CrossBorder Capital。

关于如何将这些分指数加权到国家和总全球流动性指数中，基本上有两种选择：(1) 基于规模的权重；(2) 基于数据表现的权重。规模权重是由每个类别中流动性的存量决定的。数据表现权重则通常包含由解释变量与目标数据系列的相关系数确定的基于回归的权重，以及由它们对数据中共有变量的第一主成分的贡献确定的权重。由于这两种方法各有优缺点，跨境资本公司采用了一种混合方法，也就是使用主成分权重和由流动性存量决定的权重的优化组合。实际上，这让中央银行的流动性在指数中占据了比单纯考虑其规模的情况下更高的比例。平均而言，中央银行和私人部门的流动性各占 32% 的权重，跨境流动占 20%，短期流动性利差占 16%。

指数构造方法可以用如下表达式表示：

$$\text{GLI}_t = \sum_1^{80} w_i \cdot \left[ pc_1 \cdot \sum_1^{10} u_k \cdot \text{CBL}f_{i,k,t} + pc_2 \cdot \sum_1^{15} v_l \cdot \text{PSL}f_{i,l,t} \right.$$
$$\left. + pc_3 \cdot \sum_1^{5} x_m \cdot \text{CS}f_{i,m,t} + pc_4 \cdot \text{CBF}f_{i,t} \right]$$

其中 $w_i$ 是国家权重，$pc_i$ 是基于主成分的分指数权重，$u_k$、$v_l$ 和 $x_m$ 是因子权重，$\text{CBL}f_i$、$\text{PSL}f_i$、$\text{CS}f_i$ 和 $\text{CBF}f_i$ 则分别是中央银行、私人部门、短期信贷息差和跨境流动性因子的权重。$t$ 为每个以月为单位的时间段。

由此得出的全球流动性指数如图 13.4 所示。区域和国家经济的各项指数将根据它们以 2010 年为基准年的流动性存量（以美元计价）相对规模进行加权，从而计算出总全球流动性指数。

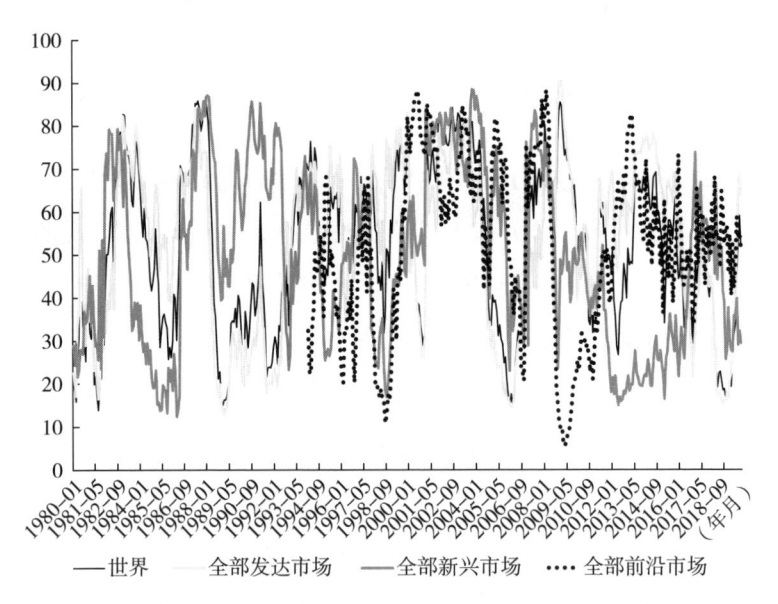

图 13.4　1980—2019 年跨境资本公司全球流动性指数和主要区域分指数（指数 0~100）

资料来源：CrossBorder Capital。

此外，跨境资本公司还展示了主要的区域组成部分——发达经济体、新兴市场经济体和前沿市场经济体——的情况。目前存在一些明显的异常现象，例如20世纪90年代初，随着跨境流动竞相利用地缘政治变化，新兴市场经济体流动性表现强劲；在中国两次货币紧缩之后，新兴市场经济体流动性在2012—2016年以及2018—2019年出现大幅下降，前沿市场经济体流动性则在2007—2008年全球金融危机之前急剧下降。

# 第十四章

# 结论：高水位警戒线？

## 流动性峰值：全球化会成为资本战争的首个受害者吗?

在葛底斯堡内战战场上，沿着墓园山脊保护联邦阵地的石墙，长期以来一直是"南军高水位警戒线"的标志。在国际金融的交易屏幕上没有这样的指示，但人们能否感觉到，全球流动性的浪潮可能也在消失？促成这一转变的因素是美国正在推行的政策，即不再完全欢迎中国的参与，而是通过对贸易、技术转让和资本流动等进行管控的方式，来应对中国在经济和地缘政治方面的挑战。同样，中国也声称，已经采取了类似的政策来挫败美元霸权。尽管迄今为止，从全球化向区域主义的倒退（既基于意识形态，也基于地理位置）集中在贸易而非资本流动上，但我们是否会达到类似的全球流动性高水位，即"流动性峰值"？我们预计，未来将出现去全球化趋势和新地区主义，资本领域将受制于地缘政治因素。

贸易战本身并不总是容易取胜的。然而，无论输赢，经济的主导地位远比商品贸易重要，打压工业竞争对手的方式也远不止关税。资本和技术流动至少与商品流动同等重要，甚至可以说比商品流动更重要。今天，中美竞争的中轴线贯穿了人工智能、5G（第五代移动通信技术）、数字货币和量子计算等，每一种都有可能重塑经济、网络安全和军事领域的地缘政治力量平衡。因此，资本保护主义和限制技术转让对中国和其他国家造成的经济威胁，可能比单纯的贸易保护要大得多。中国需要引进"聪明的"和追求风险的资本来保持其经济增长和稳定，近年来中国逐步取消对外国投资长期设置的障碍，2019年9月香港证券交易所主动提出收购伦敦证券交易所就是明证。这将为资本向东流动打开一条重要渠道，而且几乎可以肯定是受到了中国政府的影响。2019年，中国国家外汇管理局宣布，国际投资者在购买中国股票和债券时将不再受配额[1]的限制，从而消除了近20年来一直存在的外来投资壁垒。资本战争不容忽视。

我们首先提出这样一个问题：如果金融驱动了世界经济，那么是谁或是什么推动了金融的发展？我们还看到，中央银行确实拥有权力，但并不总是能够控制局面。流动性供应日益成为一种全球现象，并依赖于潜在的不稳定的抵押品基础。与此同时（2019年），美元继续扮演着关键角色，尤其是在跨境市场上。事实上，我们注意到一个悖论：在实行固定汇率的布雷顿森林体系消亡后的几十年里，世界变得更加以美元为中心。换句话说，尽管美国经济的相对规模出现下滑，但全球投资者仍依赖于美联储和美国政府的决策。具有讽刺意味的是，政治上敏感的美国贸易逆差，在很大程度上是由美国金融市场的竞争力带来的，而不是之前认为的其缺乏竞争力的工业产业。

我们有时拒绝接受这样的结论，即世界将不可避免地走向多极汇率体系：双边（如果纳入欧元则成为三边）的结果似乎更合理。人们经常将其与19世纪晚期的情况进行类比，当时尽管表面上是英国在监督着金本位制，但法国和德国也都定期为这一体系提供重要支持。在实践中，这些安排似乎与当前美元与日元、欧元和英镑等其他货币平分秋色的状况没有什么不同。但这并不能改变这样一个事实：2/3~3/4的实体和金融市场活动是以占主导地位的美元进行交易和结算的。

所有这些事实确保了金融周期将继续保持高度的顺周期性，它有时是脆弱的，但总是难以预测。反过来，它们可能解释了我们的核心命题：为什么投资领域在变得越来越大的同时，它也变得越来越不稳定？过去30年里，全球流动性供应无疑变得更加不稳定。向全球市场提供全球货币的主要国家是一个规模庞大、生产率增长缓慢、金融市场高度发达且资本存在盈余的经济体。而流动性的主要使用者，越来越多地利用其全球价值链，则是一个大型、生产率高速增长、金融市场不发达、更需要进口风险资本的经济体。这种鲜明的分歧体现了中美之间日益激烈的经济竞争：中国现在可能享有工业强国的地位，但美国仍是金融强国，中国被迫过度依赖美元，这本身就代表着全球市场中存在的进一步风险。

## 金融丝绸之路

我们曾认为，1989年柏林墙的倒塌象征着关键的经济和地缘政治变化：在摇摇欲坠的二冲程特拉班特车[2]向西移动的同时，它们被向东流动的西方资本所取代，最终导致20亿~30亿"新生产者"的经济解放。这些力量还加速了仅仅发生在那之前几年的中国自身的经济改革，并推动了拉丁美洲各地类似的改革运动，如在墨西哥卡洛斯·萨利纳斯总统领导下的私有化计划和《北美自由贸易协定》。结果是，各经济势力之间的边界正在被重新划定。

风险资本永远在周期性地被逐出大型货币中心，但与此同时，它也被拉向增长更快的经济体。风险资本促进了经济的"赶超"，许多人认为这是现代工业时代唯一有保障的增长来源。中国和其他新兴市场由此产生的生产率快速增长，实际上迫使美国通过复杂的实际汇率调整，实行近乎永久的宽松货币政策，并让全球市场承受着泡沫带来的不良后果。中国和其他新兴市场等仍处于萌芽阶段的金融体系，让美国宽松的资金通过资本流入溢出到其国内市场，从而推动了多个地方的信贷繁荣。此外，新的产业竞争刺激了成本削减，侵蚀了西方的利润率和经济增长，迫使许多公司削减甚至放弃新的资本支出计划，因为资本的边际收益率降得太低了。相反，许多企业专注于通过削减现有资本的运营成本来提高平均资本收益率。通过加大对场内资产的利用力度，它们助推了产业现金流的流动，这些现金流以批发货币市场为媒介，而不是流入零售银行，或者流入聚焦全球产业的大型并购交易，以及会提高金融杠杆的股票回购。金融市场被迫更多地关注资本分配和再融资，而不是充当传统的融资机制。这种角色的变化，使资产负债表能力（即流动性的总量）比资本成本（即利率）要重要得多，因为前者能够满足令人精疲力竭的源源不断产生的债务展期需求，而后者只能为现在似乎已经不那么频繁的新资本项目融资。此外，通过鼓励建立公司和机构现金池，这些新力量有效地扭转了国际金融体系的两极分化。由此产生的对"安全"资产的过度需求强化了全球流动性的顺周期性，并增加了一个令人担忧的脆弱性因素。

这种趋势带来了社会和政治成本。在西方国家，随着成本削减对中产阶级劳动力造成冲击，公司赋予了高层管理人员宝贵的股票期权。随着就业模式的改变，许多常规认知的和半熟练的体力工作已经消失。工作时间大幅减少，新工作大多来自"低工作时间"的行业和零工经济。受低工资增长的影响，西方家庭被鼓励更多地进行借贷和抵押，以保持他们的消费支出率。随着工业转向"轻资产"商业模式，资本支出下降，尤其是在石油和零售领域，剩下的资金则集中在高科技领域。医疗保健和科技等行业的债务激增，在很大程度上抵消了更传统的工业企业（如能源、汽车和化学品）新增债务的下降。这些变化，再加上普遍下降的人口数量，削弱了潜在的经济增长。据称尽管总就业率很高，但由于缺乏工作机会而造成的社会疏离使工人灰心丧气。由此产生的巨大财富差距正在摧毁政治上的中间地带，并导致所谓的民粹主义政策，而这一主张又正在分化为左翼和右翼两个极端。由此可见，资本至关重要。

## 回购交易的兴起

历史表明，随着经济体系的演变、整合和集中，大型企业实体和既得利益集团有控制和限制价格波动的倾向。这些黏性价格和工资迫使货币数量与资产价格进行更多调整，进而对资产负债表和收入造成影响。2001年,中国加入世界贸易组织,既促进了区域供应链的广泛发展,也加速了美元在这些平台中的密集使用。这既强调又扩大了国家货币相对美元汇率稳定的必要性,进而导致了许多新兴市场经济体大幅增加外汇储备缓冲规模,并平行地建立主权财富基金来帮助管理这些现金池:这在一段时间内频繁被评论家称为"布雷顿森林体系 II"。这些来自东方的资金在集中的公司和机构现金池中占了很大一部分,这些资金在提供安全、流动资产的能力方面已经超过了传统零售银行,而这对成熟的西方工业企业新近建立的同样庞大的美元现金池是一种补充。回购的兴起以及随之而来的对美元的永无止境的需求——既作为安全资产持有,又作为供应链中的流通手段——与增长缓慢的官方供应形成了鲜明对比,迫使它们将私人部门的供应作为替代。这种需求提高了金融弹性,又推动了美联储利率和监管控制范围之外的跨境流动的大幅增加,从而通过欧洲美元市场直接或间接地提供额外的杠杆来源。这些离岸的自由资本池是不受监管的批发融资的现成来源。它们没有国籍,没有边界意识,而且能够以仅受最新通信技术限制的速度快速移动,从而放大了全球流动性的周期。

综上所述,19世纪和20世纪初金融市场的波动性特征似乎又回来了。这段漫长的历史警告我们,尽管无法否认资本主义在总体财富创造方面的表现是出类拔萃的,但它之所以能够如此,是因为它摧毁了工业成本结构,建起了一座高耸的金融上层建筑。如果放任自由市场不受控制,就会造成价格通货紧缩,但同时也会导致资产价格出现通货膨胀,并在这些资产泡沫破灭时引发更多的市场波动。西方私人部门需要越来越多的债务来实现增长，但债务流量越大，其质量就越差，最终需要更多的未来资产负债表能力为其再融资。资产负债表能力是表达金融流动性的另一种方式。然而，这种流动性是建立在已经被不稳定的私人部门债务所掺杂的安全资产池之上的。在这个恶性循环中，更多低质量的债务正由更多同样低质量的私人部门债务提供资金。

货币的历史告诉我们，支付系统需要一定程度的流动性支持，这是除了大国外的任何私人实体都无法提供的。换句话说，这些以市场为基础的解决安全资产短缺的方案，只能在一定程度上奏效。然而，国家在控制货币体系方面的效力时增时减。它们之间的关系经常令人担忧，并且已经不可避免地演变成一场斗争，一方面是私人部门寻求更大的弹性，另一方面是政府通过新工具和更强大的权力来限制债务增长。资本主义需要一种稳定的信贷工具，能够支持资本的积累和扩张。黄金没有足够的弹性，而国家货币的供应又常常与低通货膨胀政策和"健康货币"的意识形态相矛盾。美元确实发挥了作用，但美元体系能否经受住另一场全球危机仍有待观察。私人部门总是在不断创新，以创造新的替代品，但这些往往不受国家的控制和支持，而且具有高度的顺周期性。全球流动性周期的剧烈波动在很大程度上要归功于私人部门的供给机制，尤其是来自非官方渠道的高能货币的变化，也就是我们所说的"影子基础货币"。由此可见，在最需要流动性的低迷时期，流动性根本就不存在。结果是金融体系变得更加脆弱，更加顺周期。

诚然，这也有积极的一面。在过去20年里，美国和世界经济的大规模金融化，让许多投资者的账面财富远远超过了2000年互联网泡沫达到顶峰时的水平。在这些账面财富的背后，是廉价的、自由流动的全球流动性的过剩供应，其中很大一部分是非常规货币政策的结果。随着各国中央银行创造新的货币，决策者和企业将金融工具从一般市场上撤出，可供私人部门购买的资产（尤其是高质量资产）大幅萎缩，而追逐这些资产的资金却在增长。因此，过度需求或货币力量支撑着这些不断增长的资产估值。20世纪90年代末以来，在许多人声称格林斯潘领导下的美联储开始向持续宽松的货币政策进行危险转向的同时，美国名义GDP年均增长4%~5%。但股票、住宅和商业地产、农业用地、美国国债、投资级和高收益公司债券、垃圾债券和杠杆贷款的收益率，都在增长步伐上超过了经济基本面这一它们取得强劲增长的动力来源。因此，很容易理解为什么未来收紧货币政策的可能性会给许多投资者敲响警钟。

面对这种威胁，政策制定者即便使用最新的工具来确保稳定，成效也是有限的。英格兰银行前行长默文·金在2019年国际货币基金组织年会上警告称："通过坚持货币政策的新正统观念，假装我们已经让银行体系变得安全，我们正在梦游般地走向那场危机。"最新估计显示，美国的自然利率为2%~2.5%，大致相当于美联储2019年的政策利率。如此低的上限意味着，当下一次危机来袭时，美国政策制定者进一步降低名义利率的空间将十分有限。降息仍然是他们的本能，这句话对美联储来说是适用的，对其他主要中央银行（即欧洲央行和日本央行）来说也是如此。诚然，一些政策制定者有时会尝试负利率，但这是以潜在地破坏重要的回购机制和损害商业银行盈利能力为代价的。换句话说，负利率或接近负利率的可能性会反常地破坏流动性供应。[3]谨慎的中央银行行长延长这些试验期限的举动一定是不明智的吗？流动性理论的一个主要原则是，利率并不是货币的价格，汇率才是。低利率反映的要么是工业资本的低收益，要么是对"安全"资产的大量过度需求。通过维持紧缩政策、降低利率以及拒绝扩大金融体系中的流动性，政策制定者面临着破坏信贷机制的风险，就像他们在20世纪30年代初所做的那样。

贝莱德的固定收益部门主管里克·里德[4]对通货膨胀和通货紧缩力量进行了一项经过深思熟虑的研究，列举了自20世纪70年代以来重新出现的巨大且长期的通货紧缩力量。活跃的资本主义总是会造成成本通货紧缩。他列出了一系列因素，包括婴儿潮一代人口的减少、女性劳动力参与率的提高，以及新技术的崛起和石油输出国组织的沉寂，我们可能还会加上大规模生产带来的收益增加的影响，但关键是，"钱"在这里并没有作为一个因素被提到。事实上，与这些供给侧结构性变化的规模相比，中央银行的举措甚至可以被指责为蹑手蹑脚的。至少20年来，美联储一直遵循2%的全国物价通货膨胀目标。如果通货膨胀不再"无论何时何地都是一种货币现象"——货币主义代表人物米尔顿·弗里德曼长期推崇的说法，如果广受欢迎的菲利普斯曲线已经消亡，那么他们就是在浪费时间。但更重要的是，他们一直忽视了货币政策发挥作用的一个领域，即金融稳定。在全球化和中国加入世界贸易组织共同造成的通货紧缩性供应冲击中，以低通货膨胀为目标的做法导致了资产泡沫。各国中央银行似乎拒绝承认这对金融稳定的影响。毫不奇怪，货币理论的两大争论现在都涉及数字货币和现代货币理论在未来扮演的角色。两者都反映出人们对中央银行是否有能力掌控当前拜占庭式的全球金融体系的潜在怀疑。

## 再融资与新增融资体系

接下来会发生什么？中央银行和监管机构需要重新关注金融稳定，特别是提供足够数量的"安全"资产和流动性，而不是试图对高通货膨胀做出微调。通货膨胀在很大程度上是一种实体经济现象，而不是一种纯粹的货币现象。简言之，中国的低成本已经证明米尔顿·弗里德曼是错误的！政策制定者将被迫再次诉诸量化宽松政策，从而扩大中央银行的资产负债表，并且很可能是大幅扩张，以取代在2007—2008年全球金融危机中永久丧失的融资能力。融资衡量的是信贷流动总量，而非净额，这对当前亟待解决的债务展期问题至关重要。可以把它想象成未来的QE4、QE5、QE6等。政策制定者必须确保体系中有足够的流动性，尤其是考虑到我们生活在一个债务再融资远比新资本融资更重要的世界。简言之，资本的数量，即金融部门资产负债表的规模，其重要性超过了资本的成本，即利率水平。这表明，围绕"人民的量化宽松"和现代货币理论的整个辩论都是错误的，因为我们的经济问题和较低的新增投资率本质上与资金短缺没有什么关系。中央银行可以在二级市场购买国债，但它们不应该（在大多数情况下，法律也不允许）购买一级债券。然而，正如所显示的那样，人们对政府债券有着明确且巨大的兴趣，不仅是因为低收益率，更重要的是因为显著为负的期限溢价。这主要是由对"安全"资产的过度需求造成的，自全球金融危机以来，这些资产可能已经累计达到全球GDP的80%。

理解这种不断变化的金融结构，始终是制定正确政策的关键因素。一个令人信服的观点是，有些人认为，这一维度经常是缺失的（Kaufman，2017）。真正的问题不是"大到不能倒"，而是"联系太紧密而不能倒"。从本质上讲，现代金融体系已经成为一个庞大的再融资体系，而不是一个新增信贷融资体系。作为监管机构的中央银行是货币的垄断提供者，但只是众多信贷提供者中的一个。它们可能会影响利率水平，但正如2007—2008年全球金融危机所强调的那样，它们无法设定利率。此外，如果不对信贷周期进行适当的监控，就无法理解或控制信贷周期。政策制定者需要重新建立追踪信贷总量和流动性的专业技能，并且应该普遍转向以资产为基础的控制框架，关注信贷质量，而不是采用当前限制融资的以负债为基础的体系。稳定的安全资产供应至关重要。底线是，仅以控制正在快速消失的消费价格通货膨胀为（唯一）目的的利率目标已经不合时宜了。一个更好的中间目标是鼓励货币集团，允许这些集团之间比集团内部进行更大的汇率调整，同时建立更有效的工具来抑制每个集团内部的过度信贷增长，以维持金融稳定，包括发行久期更长的工具，如30年期、50年期和100年期政府债券，并采取措施限制过度资本流动的负面影响。但最重要的是，避免系统性风险意味着确保足够水平的全球流动性。

## 未来几十年：人民币国际化

如今，全球流动性三个最重要的来源分别是美联储、中国人民银行和跨境资本流动。而跨境资本流动又在很大程度上取决于美元汇率的走势，而美元汇率在某种程度上受美联储控制，同时，它也受中国人民银行的影响。这三个主要的流动性来源都需要扩大。过去 20 年，经济和金融格局的最大变化无疑是中国经济的崛起。在 2000 年，中国仅占全球流动性的 5.9%，但 2019 年其份额已经扩大到 27.5%，甚至超过了美国。作为一个主要的美元使用者，中国历来能够在其离岸出口经济需要时及时提供财政刺激，从而帮助维护美元地区的稳定。尽管中国的工业在继续扩张，但其金融体系在许多方面仍然非常不成熟。这解释了为什么中国不得不成为一个重度的美元使用者。

虽然历史告诉我们，一个国家在其货币成为主导货币之前，往往需要在经济上超越其工业对手几十年，但这仍然表明，世界金融市场的下一个发展阶段几乎肯定会以人民币崛起为特征。反对人民币的常用论据是，信任是货币使用的一个重要方面。这种说法既不会给罗马人留下深刻印象，显然也没有影响第纳尔银币的广泛流通。[5] 同样，它也不会对那些渴望中国投资的邻国产生影响。在中国资金已经成为一股力量的情况下，对投资者来说，未来几年"观察中国央行"的重要性将至少与如今的"观察美联储"同等重要。

中国如何才能抗衡并最终摧毁主导的美元体系？中国显而易见的策略应是扩大其国际收支平衡表，正如第九章所预示的那样，用人民币结算更多的贸易，发展人民币贸易信贷市场，这将使中国的银行向外国人提供更多贷款，并进一步向国际资本开放庞大的国内以人民币计价的债券市场。这一战略的主要部分可能涉及数字人民币的建立和使用。据说，中国在该领域已经很先进了。我们认为加密的数字货币是现金的替代品，与现有的电子货币不同，它消除了中间媒介，从而允许个人对个人的转账。数字货币，即加密货币，使银行非中介化，因为它们将清算和结算内部化。它们也有可能使美元去中介化并削弱美国的金融实力。在中亚等邻国发展人民币的专属市场，并提供以人民币计价的发展援助和政府贷款，也将有助于推进中国的目标。此外，中国可能会试图将更多的供应链转移到国内。这将减少制成品的进口，并与其政策目标一致。正如我们之前所强调的，在现有的安排下，自相矛盾的是，中国被迫对美元进行再出口，而在理想情况下，中国需要出口的是电子和数字人民币。我们不仅应该期待这些举措在未来几年加速推进，还必须质疑，这种竞争是否会影响全球流动性和私人部门金融资产负债表的扩张能力，或影响通常情况下对美联储至关重要的美元互换额度的未来可用性？

然而，人民币不太可能径直走向主导地位，因为人民币对美元霸权和整个西方金融体系构成的威胁，将引发地缘政治力量的抵消，并可能刺激阻止资本自由流动的努力。第八章概述的庞大的美元国际支付体系，是美国外交政策的关键组成部分，鉴于其带来的美国财政部融资成本降低这一好处，它也是美国预算政策的一个重要组成部分。类似的攻击和挑战有时会被之前的世界货币体系成功击退。可以说，美元抵挡住了欧元的挑战。在2010—2012年的欧洲银行业危机之后，欧元基本上屈服了。英镑-金本位制也曾受到由法国领导、白银支持的拉丁货币联盟（1865—1873年）的挑战。尽管意大利的新王国和法国在普法战争（1870—1871年）中的失败实际上结束了这一挑战，但这一挑战失败的根本原因是梵蒂冈不断地发行纯度较低的银币进行欺骗。但是，从具体情况来看，这些冲突在金融领域等同于军事冲突。这场资本之战的最终战役必然涉及美元、人民币和数字/加密货币之间争夺霸权的斗争，而且也许，正如我们所提到的那

第十四章
结论：高水位警戒线？

样，后两股势力最终会联合起来。政策制定者、商界领袖和投资者必然会问到的一个问题是：数字人民币能否成为21世纪的"安全"资产？我们必须为中国的发展和强大的下一个潜在阶段做好准备。

最后的决定权在于历史而不是经济学。普法战争最终以胜利的德国向法国索取巨额赔款而告终。德国威胁要占领法国北部的大部分地区，直到这些占法国GDP近1/4的巨额账单被付清为止。结果，法国提前两年还清了债务。法国把自己的黄金储备交给了德国，并通过新发行的政府债券筹集了数十亿美元。这些债券在法国和整个欧洲都被大量超额认购。一下子，国际"安全"资产池大幅扩大。以前不活跃的储蓄被调动起来，信贷繁荣起来，并跨境向外扩散。诚然，事后看来，随后的繁荣规模太大了，最终又引发了一场金融危机。所谓的1873年恐慌可以说是第一次真正的世界危机，它影响了英国和欧洲大陆，并触及美国海岸，在美国它通过投机性的铁路泡沫、银行家杰伊·库克公司的失败、使白银非货币化的美国《铸币法》以及由此产生的稳健货币政策（内战英雄尤里西斯·格兰特将军的第二届总统任期时的政府）而变得更加为人所知。总而言之，它强调了"安全"资产创造的重要性，以及当时全球流动性尚不成熟的力量。而且，推动股票、债券和资产市场的是全球流动性，也就是储蓄和信贷的流动，而不是经济。

我们给出四个结论：

- 随着国际资本的快速流动，投资世界变得越来越大，联系越来越紧密，同时它也变得更加不稳定。

- 这源于一个日益顺周期的货币体系，该体系由私人部门的信贷和债务主导，以基于美元的全球供应链为特征，并受到全球流动性快速转移的驱动。
- 决策者不了解不断变化的金融结构、金融极化的逆转、公司和机构现金池的崛起，以及机构对再融资而非新融资的关注。这导致了不恰当的货币政策，并最终破坏了货币政策的稳定。
- 可能基于数字货币的地区主义将取代全球化，因为资本竞争限制了跨境贸易、技术转让和风险资本的自由流动。

# 附　录
## 通货膨胀、通货紧缩和估值

我们最初在第二章注意到，通货膨胀和通货紧缩影响资产配置，并通过其对第十章引入的 P/M 比率的影响，间接对资产的估值产生影响，如传统的市盈率倍数。本部分将解释这些论断。

附图1描述了理论 P/E 倍数和（反向的）政府债券收益率，两者都是根据底部轴上的年通货膨胀率绘制的。本书还指出了实物资产的行为。股票估值包括基于违约概率和通货紧缩期间存货估值损失的额外风险溢价。同样，尽管这些因素在通货膨胀时期可能发生逆转，但较高的债券收益率对股票估值水平的拖累，导致股票市盈率与通货膨胀之间的关系呈现驼峰形。相比之下，债券估值（以及与之相反的对实物资产的估值）呈现出一条平滑的向下倾斜的估值曲线。这个驼峰关系意味着两个特征：（1）当价格通货膨胀较低时，股票的估值水平会达到峰值，比如说，当年通货膨胀率为 1%~2%；（2）股票和债券波动之间的相关性关键取决于潜在的通货膨胀机制。该图表明，在通货紧缩和低通货膨胀时期，直至达到决定了股票估值峰值的通货膨胀门槛，债券和股票均呈负相关关系。此后，在较高的通货膨胀率下，债券和股票的估值呈正相关。在后一种情况下，当股票收益受到足够强劲的通货膨胀的正面影响时，这种基于估值的相关性可能会在资产价格水平上崩溃。尽管如此，这一基本论点仍然有助于解释近年来债券和股票之间关联模式发生的令人困惑的变化。

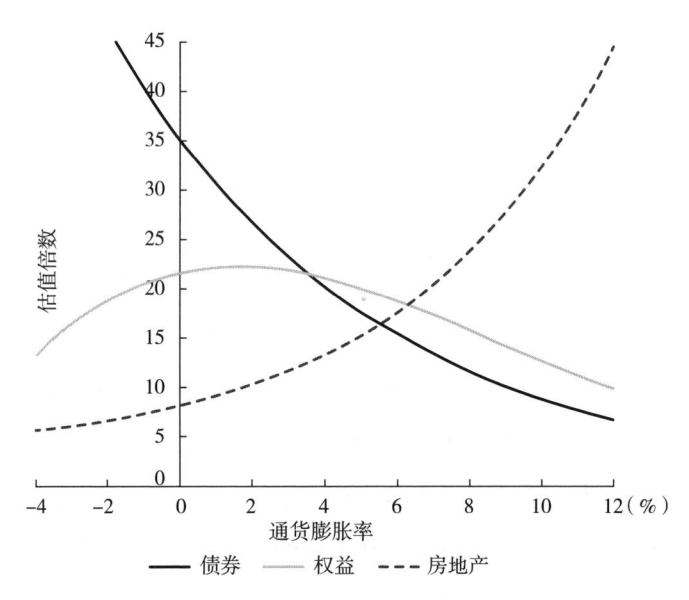

**附图1　理论P/E倍数、实际资产和债券收益率（反向）与通货膨胀率**
资料来源：CrossBorder Capital。

日本市场为这种不断变化的相关性结构提供了一个明确的例子。在20世纪80年代末，股票和债券之间的相关系数平均为0.6，而当时日本的消费价格指数年增长率接近2.5%。到20世纪90年代末，日本的年通货膨胀率已经降至-0.5%左右，导致股票和债券之间的相关性跌至-0.4。近年来，随着2007—2008年全球金融危机之后通货膨胀率跌至年均-1%左右，日本股票/债

券相关性跌至 –0.6。换句话说，在低通货膨胀和价格通货紧缩时期，债券为股票提供了良好的对冲。

这一分析强调，资产估值取决于通货膨胀：它不是一个绝对的标准。通货膨胀是影响资产市场估值的一个常见因素，这一事实可能解释了为什么投资者经常比较股票和债券的相对估值。资产配置会受到通货膨胀和通货紧缩的严重影响，因为这两者会扰乱未来的负债。换句话说，这个共同因素促进了股票和债券市场之间的套利。这也可以解释为什么使用收益或股息贴现模型进行相对估值，通常被证明是比分别比较债券收益率和股票市盈率更好的投资工具。

附图 2 中的实证数据似乎证实了附图 1 的另一个特征，即估值的峰值与低通货膨胀重合。尽管日本的数据也证明了这一特征，但我们还是重点关注美国的案例，使用 1880 年以来的席勒数据库[1]中提取的数据。该图绘制了美国 5 年平均 CAPE 指数（经

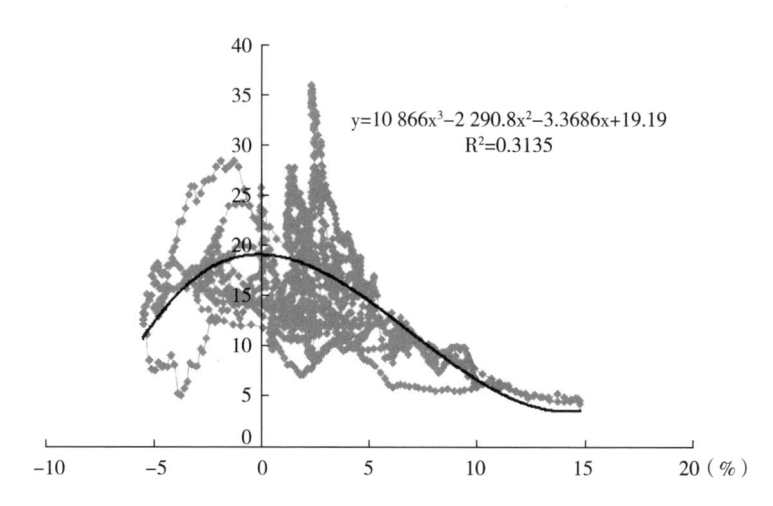

$y=10\,866x^3-2\,290.8x^2-3.3686x+19.19$
$R^2=0.3135$

附图 2　1881—2019 年美国 CAPE 指数和通货膨胀率（5 年滚动平均值）

资料来源：CrossBorder Capital，美联储，席勒数据库。

周期调整的 P/E）与 5 年平均消费价格通货膨胀率的关系。我们拟合了一个立方关系，显示 CAPE 指数在接近于零通货膨胀处达到峰值，数据也支持了我们的主张，即股票估值在通货膨胀率为很小的正值时达到最高。这传递出的信息是，通货膨胀对资产配置决策至关重要。

# 关于资料来源的说明

除特别说明外，所有图表数据均来自 CrossBorder Capital 数据库，于 2019 年 3—10 月从 www.liquidity.com 下载。

该网站提供以名义美元和当地货币计价的流动性与资本流动数据，以及专有的全球流动性指数。该数据库涵盖全球约 80 个经济体的数据，并提供从 1980 年起的月度甚至周度数据。它们以实时和特定时间点两种格式发布。

# 阅读材料

1.《收益率的奥秘》(Inside the Yield Book, 1972)——马蒂·莱博维茨和悉尼·霍默

这本书建立了债券数学,把固定收益投资变成了一门科学。在书中,马蒂重新引入了两个开创性的概念:可以套利的连续收益率曲线,以及麦考利久期。

2.《利率史》(A History of Interest Rates, 1977)——悉尼·霍默

可能很少有人从头到尾读过这本书,但这本被广泛引用的著作,彻底把从古代到中世纪的欧洲再到1990年以后的世界(包括美洲、亚洲和非洲)的利率做了分类。用亨利·考夫曼的话来说:"没有一本书能与之匹敌。"

3.《利率、市场和新的金融世界》(Interest Rates, the Markets, and the New Financial World, 1986)——亨利·考夫曼

这可能是我加入所罗门兄弟公司时对我影响最大的一本书。它的先见之明依然令人瞩目。考夫曼成功地预见了未来信贷市场的不稳定,并发出了相应的警告。这本书对资金流动和流动性的

分析让我大开眼界，我经常翻看它对收益率曲线的分析。

4.《金融理论中的货币》( Money in a Theory of Finance，1960 )——约翰·格利和爱德华·肖

格利和肖率先提出了"流动性"以及非银行金融机构的创造信贷（也就是我们现在所说的"影子银行"）的概念。这本书很难懂，但传统银行和货币都正在失去它们在金融领域的主导地位，这是一个新观点。

5.《就业、利息和货币通论》( The General Theory of Employment, Interest and Money，1936 )——约翰·梅纳德·凯恩斯

这本广为人知的书不是受人喜爱就是遭人唾弃。凯恩斯最初是剑桥大学的货币理论家。他的两个主要见解是：第一，货币存在独立的工业循环和金融循环；第二，金融部门的问题，例如"流动性陷阱"，可能会影响实际的经济活动和就业。

6.《资本论》( Das Kapital，1894年第3卷 )——卡尔·马克思

这是一个有争议的选择，但作为一名经济历史学家，马克思是19世纪资本主义最好的编年史家，在他的这本书中，有一些关于货币市场和金融危机的最细致的描述。另一个选择是沃尔特·白芝浩的《伦巴第街》，但马克思的优势在于他写的是世界金融市场，而不仅仅是伦敦。

# 注 释

## 第一章

1. 对2007—2008年金融和经济动荡的公认称谓是"全球金融危机"和"大衰退"。
2. 详见 Adam Tooze，*Crashed*，2018。
3. 格雷欣法则是用伊丽莎白时期的金融家托马斯·格雷欣的名字命名的。该法则提出"劣币驱逐良币"。内在价值高于面值的硬币会从流通中退出并被囤积起来。
4. 一个与美元在布雷顿森林固定汇率体系中所扮演的角色有关的同名谜题。它指出，当一个国家提供的货币被国际需要时，会导致永久性经常账户赤字，从而造成国家和国际经济目标之间的冲突。
5. 美国可以向世界其他地区输出短期美元流动性以满足贸易融资需求，而不必陷入经常账户赤字，只需累积对外国人的长期资产索赔权。这个论点是不同的。
6. 国际货币基金组织的估计。
7. 任何东西的"价格"就是它的购买力，即用它能买到什么。

利率是使用借款所收取的额外费用。

8. 1717年，英国皇家造币厂的掌门人艾萨克·牛顿爵士建立了一种新的金银铸币比例，有效地将英国纳入了金本位制。罗斯福总统于1934年1月30日通过《黄金储备法》，使美国脱离了金本位制。

9. 1971年8月15日，尼克松总统结束了美元与黄金的可兑换性。

10. 1974年7月，美国财政部长威廉·西蒙（另一位曾经在所罗门兄弟公司工作过的人）与沙特阿拉伯以及随后的石油输出国组织达成协议，决定未来原油将完全以美元计价。沙特阿拉伯持有的美国国债一度不单独披露。

11. 比如说，通过市场和购买力平价或趋势汇率之间的差异来衡量。

12. 动态随机一般均衡模型是许多中央银行用来更好地理解经济如何对政策变化做出反应的常用模型。

13. 引自 Ambrose Evans-Pritchard, Telegraph, October 30, 2019。

14. 1996年，所罗门兄弟公司最终被收购并入花旗集团。

15. "人民币"（Renminbi）和"元"（Yuan）可以被视为替代术语一样使用，就像"Sterling"和"British pound"都指代英镑一样。在中国，价格是以"元"来计价的。

## 第二章

1. 场外交易的缩写是OTC。

2. 而不是定义偿付能力的整体。

3. Lance Taylor, *Notes on Liquidity*, New School for Social

Research, April 2008.

4. Brunnermeier and Pedersen（2009）.

5. 参见 https://www.bis.org/statistics/gli.htm。

6. 国际清算银行的估计，截至 2019 年 3 月底。

7. 前瞻性指引指的是为政策利率设定一个可能的未来路径，比如美联储著名的"点阵图"。

8. William Stanley Jevons, *Investigations in Currency and Finance*, 1884.

9. 在技术术语中，这些通常被认为是潜在的消费者偏好和技术生产可能性的"凸性"，比如，这要求规模收益恒定或递减。

10. 活期存款，或支票存款、零售定期存款和货币市场基金。

11. 这项政策将流动性直接输送给普通民众。它与现代货币理论有关，后者明确中央银行应服从于财政部，以便为公共基础设施、减税甚至"全民基本收入"等项目提供资金。

12. 与之相关的"暗流动性"指的是越来越多地通过计算机对计算机的场外交易隐藏指令流。

13. 参见 https://www.financialresearch.gov/financial-stress-index/。

14. 加拿大诺贝尔奖得主罗伯特·蒙代尔提出了著名的"三元悖论"，即在资本自由流动、货币政策独立和稳定汇率三个政策目标之间，最多可以兼得其二。

15. Bengt Holmstrom and Jean Tirole, *LAPM: A Liquidity-Based Asset Pricing Model*, 2001.

16. Morris Copeland, *A Study in Moneyflows in the United States*, 1952.

17. Henry Kaufman, *Interest Rates: The Markets and the New*

*Financial World*, 1986.

18. Bloomberg, April 3, 2019.
19. Benoit Mandelbrot and Richard L. Hudson, *The Misbehavior of Markets: A Fractal View of Financial Turbulence*, 2007. Nassim Nicholas Taleb, *Black Swan*, 2008.

## 第三章

1. 也被称为全球价值链。

## 第五章

1. 与之相关的一个类似术语是资产经济。
2. 经济学中的不确定性既包括缺乏对长期未来的认识，也包括缺乏对其他经济主体短期内可能如何行动的认识。因此，我们形成了"经验法则"。
3. James Bullard, *The Seven Faces of the Peril*, St Louis Fed, 2010.
4. 违约可能意味着潜在的资不抵债，但它们通常是由流动性不足引发的，即无法获得足够的资金。
5. 行业倾向于以与其投资期限一致的较长期限进行融资，例如10年。
6. 这就是所谓的蒙代尔 – 弗莱明方法。
7. Pierre-Olivier Gourinchas, Helene Rey and Maxime Sauzet, The International Monetary and Financial System, LBS Working Paper, April 2019.
8. 当然，这是事实，除非事实并非如此。因此，美国经济的复兴应该会推高美元的实际汇率。

9. 资料来源于国际货币基金组织世界经济展望数据库，2019年4月，中国除外。我们直接根据中国的数据估算了生产率。

10. Bernard F. Stanton, *George F. Warren—Farm Economist*, Cornell University Press, 2007.

11. 或者，美国可以积累更多的外国资产。

12. 2002—2017年，美国在全球制造业中的份额从28%下降至略高于18%。2010年中国取代美国成为全球最大的供应商。

13. 格兰杰因果关系是一种广泛使用的统计检验，用于识别特定类型的因果关系。

## 第六章

1. 我们通常使用"资金"（funding）这个一般性术语来描述总信贷的供应。

2. Adrian and Shin, *Money, Liquidity and Monetary Policy*, New York Fed Staff Papers, January 2009.

3. 传统上，货币总量的定义基于负债端，通常用M0（中央银行货币）、M1（纸币和硬币加上银行活期存款）以及M2（M1加上银行定期存款和某些货币市场基金）等缩写词表示。

4. 国家货币管理当局可能包括中央银行以及其他官方机构。例如，在日本，还包括管理邮政储蓄系统的原大藏省资金运用部。在中国，包括国家外汇储备的管理者——国家外汇管理局，甚至某些有争议的观点认为国有银行也可以包括在内。

5. 相当于支付手段。

6. 久期是金融领域的一个专业概念。它本质上衡量了支付现金的平均时间（或偿还负债的平均时间）。

7. 在20世纪70年代初，英国也出现了类似的所谓"边缘"银行业的繁荣。

8. 金融稳定委员会负责协调各国金融当局的工作。参见www.fsb.org 和它们最新发布的《非银行金融中介机构全球监测报告》，2019年2月。

9. 2017年底的估计。

10. 纽约联邦储备银行，2014年2月。

11. Manmohan Singh and Peter Stella, *The (Other) Deleveraging: What Economists Need to Know About the Modern Money-Creation Process*, CEPR VOX, 2 July 2012.

12. 当然，这些资产并非总是会被用作抵押品。它们只是代表了潜在的抵押品。

# 第七章

1. *Observations*, 1796: quoted by Paul Tucker, *Unelected Power*, Princeton, 2019.

2. 这里使用"操作"一词，以区别于"传输"渠道。

3. *12 Reasons Why Negative Rates Will Devastate the World*, Zero Hedge, 19/089/2019.

4. Markus K. Brunnermeier and Yann Koby, *The Reversal Interest Rate*, Princeton University Discussion Paper, January 2019.

5. 与同一投资期限内逐期滚动的短期利率的预期收益相比，投资者持有长期债券所需的额外收益。

6. 严格来说，财政部也可以通过类似的资产购买来影响市场。

7. 它也可以被称为外部资金（即私人部门之外的资金）、基础货币，有时也被称为狭义货币。

8. BoE Speeches, July 2019.

9. 参见综述，J. Gagnon, *Quantitative Easing: An Underapp-reciated Success*, PIIE Policy Brief 16-4, Washington DC, 2016。

10. 这 3.5 万亿美元的资金占全球外汇储备的 1/3 左右，占所有美元储备的近 2/3。

11. 这种官方贷款机制是由英国银行家弗朗西斯·巴林开创的。

12. $R^2$ 是拟合优度指标，介于 0 和 1 之间，它表示了不同变量的变异之中，共同部分所占的比例。它是相关系数的平方。

13. 作为记录，全球中央银行的货币大约占全球 GDP 的 25%。

14. 联邦公开市场委员会的缩写是 FOMC。

15. 联邦基金利率是银行和某些其他机构之间为借用准备金而支付的隔夜利息。

16. 就日本银行而言，根据《日本银行法》，货币化是被禁止的。因为这一机制在 20 世纪 30 年代和 40 年代曾被日本帝国政府用于为战争提供资金。

17. 在 2007—2008 年，"救援"一词到处出现，如美联储的 TAF（定期拍卖工具）和 TSLF（定期证券借贷工具），以及美国财政部的 TARP（问题资产救助计划）。

18. 回购——一种销售和重购协议。

19. 最后贷款人的缩写是 LoLR。

20. *Federal Reserve Policies to Ease Credit and Their Implications for the Fed's Balance Sheet*, National Press Club, February 18, 2009.

21. 把这看成有效到期日。

注 释

22. 我们认为还可能存在第四种渠道，即通过中央银行的互换提供外汇支持（C3）。

23. 2007—2008 年的每周平均数。

24. 2009—2015 年的每周平均数。

25. 诚然，期限转换和信用增级因子变量是高度相关的，有证据表明回归中存在强烈的正的自相关和长周期效应，但根据结构变化检验，将数据样本分割成子周期对因子载荷系数没有显著的影响。此外，流动性和到期日变量的标准误差也相对较低。

26. 从 2012 年 9 月 13 日开始，到 2014 年 10 月 29 日结束。

27. 中国同时还在与国际货币基金组织进行谈判，以使人民币成为储备货币，并加入特别提款权货币篮子。

28. Sebastian Horn, Carmen Reinhart, and Christoph Trebesch, China's Overseas Lending, Kiel WP #2312, June 2019.

29. 期限通常为 14 天至 3 个月。

## 第八章

1. 来自电影《总统班底》中关于"水门事件"的描述。

2. Gopinath, G, *The International Price System*, Jackson Hole Economic Symposium, 2016.

3. 参见 https://libertystreeteconomics.newyorkfed.org/2019/02/the-us-dol-lars-global-roles-where-do-things-stand.html。

4. 2019 年 6 月 6 日英格兰银行行长马克·卡尼在日本东京发表题为"拉、推、管道"的演讲。

5. 2010 年的《多德–弗兰克法案》剥夺了美联储的一些权力。

墨西哥和巴西等新兴市场经济体此前曾获得临时美元互换额度，但现在已经失效。

6. 也称为全球价值链。
7. Helene Rey, IMF Mundell Fleming Lecture, 2015.
8. 资本流入总额的正式定义是非居民净收购国内资产，资本流出总额指居民净购买外国资产（不包括官方储备），净资本流动是总资本流入和流出之差。
9. 这种观点有时被称为"亚洲储蓄过剩"或"储蓄过剩"。
10. Gabriel Zucman, The Missing Wealth of Nations, *QJE* 128(3), August.
11. 外国资产约占欧洲银行总资产的2/3，而美国银行的这一比例约为1/3。
12. 在抛补利率平价条件下，货币对之间的利率差异完全反映在它们的远期汇率平价上。
13. 伦敦同业拆出利息率的缩写为LIBOR。
14. French Finance Minister Valery Giscard d'Estaing, 16 February 1965.

## 第九章

1. 外国直接投资的缩写为FDI。
2. 这一总数指的是官方披露的持股。实际上，其他中国国有实体可能持有额外1万亿美元的美国证券。
3. 中国国家外汇管理局（State Administration of Foreign Exchange，SAFE）。
4. 2014年，中国外汇储备达到4万亿美元。

5. 中国投资公司，成立于 2007 年。

6. 事实上，这已经发生了。人民币与其他亚洲货币的关联度稳步上升，从 2015 年的 0.27，上升至 2016—2018 年的 0.36，再上升至 2019 年的 0.52。

7. Baring Securities, *Emerging Markets* research report, 1994.

8. AR Ghosh, JD Ostry, and M. Qureshi, When do capital inflows surges end in tears ? *American Economic Review*, 2016.

9. China's Overseas Lending, Sebastian Horn, Carmen Reinhart and Christoph Trebesch, Kiel WP #2312, June 2019.

## 第十章

1. Working Paper Series #1528, April 2013.

2. 久期还考虑了未来息票和股息流的现值以及最终赎回价值。对于零息债券，到期日和久期是相同的。

3. 个人资产的"流动性"衡量持有者获得法定货币的能力。它有两个维度：(1) 转换成法定货币所需的时间，即期限转换；(2) 实现价格的确定性，即信用风险（第三个是外汇风险）。久期概括了这些维度，但它们是相互关联的，因为更快的转换可能意味着更低的变现价格。

4. 远期汇率，相当于增量的即期汇率，也可以使用。有时付息债券的票面曲线是根据到期收益率绘制的。即期曲线显示了债券在任何时间点的收益率，并且不假设它被持有至到期。

5. 对于零息债券，到期日和久期是相同的。对于传统的非零息债券，债券的久期以到期日为界。

6. 例如，在 2000—2019 年，10 年期美国国债收益率 77% 的变动都是由利差变动造成的；5 年期的是 50%，1 年期的只有 14%。

7. 我们将在第十三章对这些全球流动性指数进行解释。
8. US Federal Reserve, December 2009.
9. Andrew Hauser, BoE, July 2019.
10. *Monetary Policy Expectations and Long Term Interest Rates*, speech at London Business School, May 2016.
11. J. Gagnon, Quantitative Easing: An Underappreciated Success, PIIE Policy Brief No. 16–4, Washington, DC, 2016.

# 第十一章

1. Helene Rey, IMF Mundell Fleming Lecture, 2015.
2. Frederick von Hayek, *Monetary Theory and the Trade Cycle*, 1933.
3. Henry Kaufman, *Tectonic Shifts in Financial Markets*, Palgrave, 2017.
4. 强生和微软是仅有的两家被标准普尔评为最高信用评级 AAA 级的美国公司，少于 1992 年的 98 家。
5. 参见 https://www.ecb.europa.eu/press/key/date/2012/html/sp120726.en.html。
6. 参见 http://www.triffininternational.eu/images/global_liquidity/RTI-CSF_Report-Global-Liquidity_Dec2019.pdf。
7. Walter Bagehot, *Lombard Street*, 1873.
8. G. Gorton, S. Lewellen, and A. Metrick, The Safe Asset Share, *American Economic Review* 102 (3), and Global Financial

Stability Report, International Monetary Fund, April 2012.

## 第十二章

1. Danny Quah, *The Global Economy's Shifting Centre of Gravity*, Global Policy, Volume 2, January 2011.
2. *The Financial Silk Road*, Baring Securities, 1996.
3. 16世纪90年代末，中国白银与黄金的比例约为1∶6，是当时西班牙盛行的比例1∶13的两倍多。
4. 《北美自由贸易协定》的缩写是NAFTA。
5. 国有企业（SOEs）和国有银行（SOBs）是被广泛使用的术语。
6. 这包括服务类企业，而所有权通常在技术上定义为持股30%或更多。
7. Alessandro Gasparotti and Matthias Kullas, *20 Years of the Euro: Winners and Losers*, cepStudy, February 2019.

## 第十三章

1. 有关其他方法，参见 Office of Financial Research, OFR Financial Stress Index, www.financialresearch.gov/financial-stress-index/ and Somnath Chatterjee, Ching-Wai (Jeremy) Chiu, Thibaut Duprey, and Sinem Hacioglu Hoke, *A Financial Stress Index for the United Kingdom*, BoE WP#697, December 2017。
2. 例如，参见MSCI（明晟）对这些群体的定义。
3. OIS指隔夜指数掉期利率，TED指国库券/欧洲美元价差。

## 第十四章

1. 具有讽刺意味的是，在 3 000 亿美元的合格境外机构投资者计划中只有 1/3 被认购。

2. 特拉班特车——由 VEB Sachsenring（汽车制造商）在民主德国制造的车辆，由一个二冲程 500 毫升发动机驱动。特拉班特车的绰号为"带顶棚的火花塞"。特拉班特车没有燃油表，采用一体式钢制底盘，以及由苏联回收的棉花废料制成的硬质塑料车身。

3. Markus K. Brunnermeier and Yann Koby, *The Reversal Interest Rate*, Princeton, January 2019.

4. Blackrock, *The Monetary Policy Endgame*, September 2019.

5. 标准的罗马银币，最初价值 10 头驴。

## 关于资料来源的说明

1. 参见 http://www.econ.yale.edu/~shiller/data.htm。

# 参考文献

Adrian, Tobias, and Hyun Song Shin. 2007. Liquidity and Leverage. BIS Annual Conference, September.
Adrian, Tobias, and Hyun Song Shin. 2008. Money, Liquidity and Financial Cycles. FRBNY Current Issues, January/February.
Adrian, Tobias, and Hyun Song Shin. 2009. Money, Liquidity and Monetary Policy. New York Fed Staff Papers, January.
Adrian, Tobias, Erkko Etula, and Tyler Muir. 2014. Financial Intermediaries and the Cross-Section of Asset Returns. *Journal of Finance* 69 (6) (December): 2557–2596.
Adrian, Tobias, and Bradley Jones. 2018a. Shadow Banking and Market-Based Finance. IMF Working Paper No. 14/18.
Adrian, Tobias, and Nina Boyarchenko. 2018b. Liquidity Policies and Systemic Risk. *Journal of Financial Intermediation* 35 (Part B, July): 45–60.
Alessi, L., and C. Detken 2011. Quasi Real-Time Early Warning Indicators for Costly Asset Price Boom/Bust Cycles: A Role for Global Liquidity. *European Journal of Political Economy* 27 (3): 520–533.
Allen, Franklin, and Douglas Gale. 2007. *Understanding Financial Crises*. Oxford: Oxford University Press.
Bagehot, Walter. 1873. *Lombard Street*. London: Henry S. King & Co.
Baks, K., and C. Kramer. 1999. Global Liquidity and Asset Prices: Measurement, Implications and Spillovers. IMF Working Paper No. 99/168.
Bank for International Settlements. 2019. Triennial Central Bank Survey of Foreign Exchange and Over-The-Counter (OTC) Derivatives Markets in 2019. https://www.bis.org/statistics/rpfx19.htm.
Bank for International Settlements—Committee on the Global Financial System. 2011. Global Liquidity—Concept, Measurement and Policy Implications. CGFS Paper No. 45, November.

Bank of England. 2007. Financial Market Liquidity. *FSR*, April.
Bank of England. 2010. Quantitative Easing Explained. *BoE Website*.
Banque de France. 2018. Financial Stability Review No. 2, April.
Baring Securities. 1996. *The Financial Silk Road*. London.
Berger, Allen N., and Christa H.S. Bouwman. 2008. Financial Crises and Bank Liquidity Creation. Working Paper, August.
Bernanke, Ben S. 2005. The Global Saving Glut and the U.S. Current Account Deficit. Federal Reserve Board, Remarks made at the Sandridge Lecture, Virginia Association of Economists, Richmond, Virginia, March.
Bernanke, Ben S. 2008. Liquidity Provision by the Federal Reserve. Speech, Board of Governors of the Federal Reserve System, May 13.
Bernanke, Ben S., and Mark Gertler. 1995. Inside the Black Box: The Credit Channel of Monetary Policy Transmission. *The Journal of Economic Perspectives* 9 (4) (Autumn): 27–48.
Bernstein, Peter. 1992. *Capital Ideas*. New York: The Free Press.
Bierut, Beata. 2013. Global Liquidity as an Early Warning Indicator of Asset Price Booms: G5 Versus Broader Measures. DNB Working Paper No. 377, May.
Bookstaber, Richard. 2000. Understanding and Monitoring the Liquidity Crisis Cycle. *Financial Analysts Journal* 56 (5) (September/October): 17–22.
Borio, Claudio. 2012. The Financial Cycle and Macroeconomics: What Have We Learnt? BIS Working Papers No. 395, December.
Borio, Claudio, and Philip Lowe. 2002. Asset Prices, Financial and Monetary Stability: Exploring the Nexus. BIS Working Papers No. 114, July.
Borio, Claudio, and Haibin Zhou. 2008. Capital Regulation, Risk-Taking and Monetary Policy: A Missing Link in the Transmission Mechanism? BIS Working Papers No. 268, December 17.
Borio, C., and M. Drehmann. 2009. Assessing the Risk of Banking Crises-Revisited. *BIS Quarterly Review*, March, 29–46.
Borio, Claudio, and Anna Zabai. 2016. Unconventional Monetary Policies: A Re-appraisal. BIS Working Papers No. 570, July.
Borio, Claudio, Mathias Drehmann, and Dora Xia. 2019. Predicting Recessions: Financial Cycle Versus Term Spread. BIS Working Papers No. 818, October.
Bruno, Valentina, and Hyun Song Shin. 2015. Capital Flows and the Risk-Taking Channel of Monetary Policy. *Journal of Monetary Economics* 71 (April): 119–132.
Brunnermeier, Markus K., and Lasse Heje Pedersen. 2009. Market Liquidity and Funding Liquidity. *The Review of Financial Studies* 22 (6) (June): 2201–2238.
Brunnermeier, Markus K., and Yuliy Sannikov. 2014. A Macroeconomic Model with a Financial Sector. *American Economic Review* 104 (2): 379–421.
Brunnermeier, Markus K., and Yann Koby. 2019. The Reversal Interest Rate. Princeton Working Paper, January.
Bullard, James. 2010. The Seven Faces of the Peril. Federal Reserve of St. Louis.
Carlstrom, Charles T., and Sarah Wakefield. 2007. The Funds Rate, Liquidity and the Term Auction Facility. Federal Reserve Bank of Cleveland, December.

Carney, Mark. 2019. Pull, Push, Pipes. Speech, Tokyo, Bank of England, June 6.

Champ, Bruce, and Sarah Wakefield. 2008. Monetary Policy: Providing Liquidity. Federal Reserve Bank of Cleveland, January.

Chatterjee, Somnath, Ching-Wai (Jeremy) Chiu, Thibaut Duprey, and Sinem Hacioglu Hoke. 2017. A Financial Stress Index for the United Kingdom. Bank of England Working Paper No. 697, December.

Clower, Robert W. 1967. A Reconsideration of the Microfoundations of Monetary Theory. *Western Economic Journal* 6: 1–8.

Clower, Robert W. 1965. The Keynesian Counter-Revolution: A Theoretical Appraisal. In *The Theory of Interest Rates*, ed. F.H. Hahn and F. Breechling. IEA.

Committee for Global Financial Stability. 2011. Annual Report, Basel.

Coimbra, Nuno, and Hélène Rey. 2019. Financial Cycles with Heterogeneous Intermediaries. NBER Working Paper No. 23245 (Revised).

Copeland, Morris. 1952. *A Study of Moneyflows in the United States*. NBER.

Cour-Thimann, Philippine, and Bernhard Winkler. 2013. The ECB's Non-standard Monetary Policy Measures the Role of Institutional Factors and Financial Structure. ECB Working Paper Series No. 1528, April.

D'Arista, Jane. 2002. Rebuilding the Transmission System for Monetary Policy. Financial Markets Center, November.

D'Arista, Jane. 2009. Rebuilding the Framework for Financial Regulation. Economic Policy Institute. Briefing Paper No. 231, May.

Darmouni, Olivier M., and Alexander Rodnyansky. 2017. The Effects of Quantitative Easing on Bank Lending Behavior. *The Review of Financial Studies* 30 (11) (November): 3858–3887.

Detken, C., O. Weeken, L. Alessi, D. Bonfim, M.M. Boucinha, C. Castro, S. Frontczak, G. Giordana, J. Giese, N. Jahn, J. Kakes, B. Klaus, J. H. Lang, N. Puzanova, and P. Welz. 2014. Operationalizing the Countercyclical Capital Buffer. ESRB Occasional Paper No. 5.

Di Maggio, Marco, Amir Kermani, and Christopher J. Palmer. 2018. How Quantitative Easing Works: Evidence on the Refinancing Channel. MIT Working Paper, June.

Drehmann, Mathias, and Kleopatra Nikolaou. 2009. Funding Liquidity Risk. ECB Working Paper No. 1024, March.

Drehmann, Mathias, Claudio Borio, and Kostas Tsatsaronis. 2011. Anchoring Countercyclical Capital Buffers: The Role of Credit Aggregates. BIS Working Paper, November.

ECB. 2002. The Liquidity Management of the ECB. *Monthly Bulletin*, May.

ECB. 2012. Global Liquidity: Concepts, Measurement and Implications from a Monetary Policy Perspective. *ECB Monthly Bulletin*, October.

Eggertsson, Gauti B., and Michael Woodford. 2003. The Zero Bound on Interest Rates and Optimal Monetary Policy. *Brookings Papers on Economic Activity* 2003 (1): 139–211.

Emmerson, Charles. 2013. *1913: In Search of the World Before the Great War.* New York: PublicAffairs.

Espinoza, Raphael A., and Dimitrious P. Tsomocos. 2008. Liquidity and Asset Prices. Working Paper, July.

European Central Bank. 2016. Dealing with Large and Volatile Capital Flows and the Role of the IMF. Occasional Paper No. 180, September.

Federal Reserve Board. 2012. Shadow Banking After the Financial Crisis, Remarks by Daniel K. Tarullo, June.

Financial Services Authority. 2008. Liquidity Risk Metrics, March 20.

Financial Stability Board. 2019. Global Monitoring Report on Non-bank Financial Intermediation, February.

Fisher, Irving. 1933. *Booms and Depressions.* New York: Adelphi Company.

Fornari, Fabio, and Aviram Levy. 2000. Global Liquidity in the 1990s. BIS Conference Papers No. 8, March.

Gagnon, J. 2016. Quantitative Easing: An Underappreciated Success. PIIE Policy Brief No. 16-4. Washington, DC.

Galí, Jordi. 2008. *Monetary Policy, Inflation, and the Business Cycle: An Introduction to the New Keynesian Framework and Its Applications,* 2nd ed. Princeton: Princeton University Press.

Geanakoplos, John. 2002. Liquidity, Default and Crashes: Endogenous Contracts in General Equilibrium. Cowles Discussion Paper No. 1316R, June.

Gerdesmeier, Dieter, Hans-Eggert Reimers, and Barbara Roffia. 2010. Asset Price Misalignments and the Role of Money and Credit. *International Finance* 13 (3) (December): 377–407.

Gertler, Mark. 1988. Financial Structure and Aggregate Economic Activity: An Overview. *Journal of Money, Credit and Banking* 20 (3) (August): 559–588.

Goldberg, Linda S., and Robert Lerman. 2019. The U.S. Dollar's Global Roles: Where Do Things Stand? Liberty Street Economics, February.

Goldsmith, Raymond W. 1985. *Comparative National Balance Sheets: A Study of Twenty Countries, 1688–1978.* Chicago: University of Chicago Press.

Gopinath, G. 2016. The International Price System. Jackson Hole Economic Symposium.

Gopinath, Gita, and Jeremy C. Stein. 2018. Banking, Trade, and the Making of a Dominant Currency. NBER Working Paper, March.

Gorton, G., S. Lewellen, and A. Metrick. 2012. The Safe Asset Share. *American Economic Review* 102 (3): 101–106.

Gourinchas, Pierre-Olivier, and Helene Rey. 2007. International Financial Adjustment. *Journal of Political Economy* 115 (4) (August): 665–703.

Gourinchas, Pierre-Olivier, Helene Rey, and Maxime Sauzet. 2019. The International Monetary and Financial System. LBS Working Paper, April (Forthcoming, *Annual Review of Economics*).

Graham, Benjamin, and David Dodd. 1934. *Security Analysis.* New York: McGraw-Hill.

Griese, Julia V., and Christin K. Tuxen. 2007. Global Liquidity and Asset Prices in a Cointegrated VAR, July.
Gurley, J., and E. Shaw. 1960. *Money in a Theory of Finance*. Washington, DC: Brookings.
Harman, Jeremiah. 1819. Report from the Secret Committee of the Bank Resuming Cash Payments. Bank of England.
Hawtrey, Ralph G. 1928. *Currency and Credit*, 3rd ed. London: Longmans.
Hayek, Frederick von. 1933a. *Prices and Production*. London: Mises Institute.
Hayek, Frederick von. 1933b. *Monetary Theory and the Trade Cycle*. London: Mises Institute.
He, Zhigu, and Arvind Krishnamurthy. 2012. A Model of Capital and Crises. *Review of Economic Studies* 79 (2): 735–777.
Hicks, John. 1939. *Value & Capital*. Oxford: Clarendon Press.
HMSO. 1959. Committee on the Working of the Monetary System: (Radcliffe) Report. Cmnd 827.
Holmstrom, Bengt, and Jean Tirole. 2001. LAPM: A Liquidity-Based Asset Pricing Model. *Journal of Finance* 56 (3) (October): 1837–1867.
Homer, Sidney. 1991. *A History of Interest Rates*. New Brunswick: Rutgers.
Horn, Sebastian, Carmen Reinhart, and Christoph Trebesch. 2019. China's Overseas Lending. Kiel Working Paper No. 2312, June.
Howell, Michael J. 2017. *Further Investigations into the Term Structure of Interest Rates*. London: University of London.
Howell, Michael J. 2018. What Does the Yield Curve Slope Really Tell Us? *The Journal of Fixed Income* 27 (4): 22–33.
Howell, Michael J. 2019. Measuring Bond Investors' Risk Appetite Using the Interest Rate Term Structure. *The Journal of Investing* 28 (6) (October): 115–127.
International Monetary Fund. 2010. Global Liquidity Expansion: Effects on 'Receiving' Economies and Policy Response Options. Global Financial Stability Report, April.
International Monetary Fund. 2012. Global Financial Stability Report, April.
Jevons, William Stanley. 1884. *Investigations in Currency and Finance*. London: Macmillan.
Jordà, Òscar, Moritz Schularick, Alan M. Taylor, and Felix Ward. 2018. Global Financial Cycles and Risk Premiums. NBER Working Paper No. 24677, June.
Kaldor, Nicholas. 1992. *The Scourge of Monetarism*. Oxford: Oxford University Press.
Kaufman, Henry. 1986a. Debt: The Threat to Economic and Financial Stability. *Economic Review*. Federal Reserve of Kansas.
Kaufman, Henry. 1986b. *Interest Rates, the Markets and New Financial World*. Time Books.
Kaufman, Henry. 2017. *Tectonic Shifts in Financial Markets*. Cham: Palgrave.
Keynes, John Maynard. 1936. *The General Theory of Employment, Interest and Money*. London: Macmillan.
Keynes, John Maynard. 1930. *A Treatise on Money*, 2 vols. London: Macmillan.

Kohn, Donald L. 2009. Monetary Policy Research and the Financial Crisis: Strengths and Shortcomings, Speech. Board of Governors of the Federal Reserve System, October 9.

Krishnamurthy, Arvind, and Annette Vissing-Jorgensen. 2011. The Effects of Quantitative Easing on Interest Rates: Channels and Implications for Policy. Brookings Papers.

Krishnamurthy, A., and A. Vissing-Jorgensen. 2012. Aggregate Demand for Treasury Debt. *Journal of Political Economy* 120: 233–267.

Krishnamurthy, Arvind, and Annette Vissing-Jorgensen. 2013. The Ins and Outs of LSAPs. Jackson Hole Economic Symposium.

Lane, Philip R., and Peter McQuade. 2013. Domestic Credit Growth and International Capital Flows. ECB Working Paper No. 1566, July.

Lane, Philip R., and Gian Maria Milesi-Ferretti. 2008. The Drivers of Financial Globalization. *American Economic Review* 98 (2): 327–332.

Leibowitz, Martin L. 1986. Total Portfolio Duration [from *Investing*, Probus, 1992].

Leibowitz, Martin L. 2004. *Franchise Value*. Hoboken: Wiley.

Leibowitz, Martin L., Eric H. Sorensen, Robert D. Arnott, and H. Nicholas Hanson. 1989. A Total Differential Approach to Equity Duration. *Financial Analysts Journal* 45 (5) (September/October): 30–37.

Lombardi, Marco, Madhusudan Mohanty, and Ilhyock Shim. 2017. The Real Effects of Household Debt in the Short and Long Run. BIS Working Paper No. 607.

Lucas, Robert E. 1984. Money in a Theory of Finance. Carnegie-Rochester Conference Papers No. 21.

Macaulay, Frederick R. 1938. *Some Theoretical Problems Suggested by the Movements of Interest Rates, Bond Yields and Stock Prices in the United States Since 1856*, NBER.

Mandelbrot, Benoit, and Richard L. Hudson. 2004. *The Misbehavior of Markets: A Fractal View of Financial Turbulence*. New York: Basic Books.

Mian, Atif, Amir Sufi, and Emil Verner. 2017. How Do Credit Supply Shocks Affect the Real Economy? Evidence from the United States in the 1980s. NBER Working Paper, August.

Minsky, Hyman P. 1957. Central Banking and Money Market Changes. *Quarterly Journal of Economics* 71 (2) (May): 171–187.

Minsky, Hyman P. 1992. The Financial Instability Hypothesis. Jerome Levy Institute Working Paper No. 74, May.

Mishkin, Frederick S. 2007. Financial Instability and the Federal Reserve as a Liquidity Provider. Speech, Board of Governors of the Federal Reserve System, October 26.

Miranda-Agrippino, S., and H. Rey. 2019. US Monetary Policy and the Global Financial Cycle, March 28.

Moreira, Alan, and Alexi Savov. 2017. The Macroeconomics of Shadow Banking. *Journal of Finance* 72 (6) (December): 2381–2432.

Nikolaou, Kleopatra. 2009. Liquidity (Risk) Concepts: Definitions and Interactions. ECB Working Paper No. 1008, February.

Pedersen, Lasse Heje. 2008. Liquidity Risk and the Current Crisis. *Vox*, November 15.

Qiao Liang, Major-General. 2015. Speech, Chinese PLA, April.

Quah, Danny. 2011. The Global Economy's Shifting Centre of Gravity. *Global Policy* 2 (1) (January): 3–9.

Reinhart Carmen, M., and Kenneth S. Rogoff. 2009. *This Time Is Different: Eight Centuries of Financial Folly.* Princeton: Princeton University Press.

Rey, Hélène. 2013. Dilemma Not Trilemma: The Global Financial Cycle and Monetary Policy Independence. Jackson Hole Conference, August 2013.

Rey, Hélène. 2015. IMF Mundell Fleming Lecture.

Ruffer, Rasmus, and Livio Stracca. 2006. What Is Global Excess Liquidity, and Does It Matter. ECB Working Paper No. 696, November.

Schularick, Moritz, and Alan M. Taylor. 2012. Credit Booms Gone Bust: Monetary Policy, Leverage Cycles, and Financial Crises. *1870–2008, American Economic Review* 102 (2): 1029–1061.

Shin, Hyun Song. 2012. Global Banking Glut and Loan Risk Premium. *IMF Economic Review* 60: 155–192.

Shostak, Frank. 2000. The Mystery of the Money Supply Definition. *Quarterly Journal of Austrian Economics* 3 (4) (Winter): 69–76.

Singh, Manmohan. 2013. Collateral and Monetary Policy. IMF Working Paper No. 13/186, August.

Singh, Manmohan, and Peter Stella. 2012. The (Other) Deleveraging: What Economists Need to Know About the Modern Money Creation Process. *CEPR VOX*, July 2.

Singh, Manmohan, and Rohit Goel. 2019. Pledged Collateral Market's Role in Transmission to Short-Term Market Rates. IMF Working Paper No. 19/106, May.

Sprinkel, Beryl W. 1964. *Money and Stock Prices*. Homewood: Irwin.

Stanton, Bernard F. 2007. *George F. Warren—Farm Economist*. New York: Cornell University Press.

Strahan, Philip. 2008. Liquidity Production in 21st Century Banking. NBER Working Paper No. 13798, February.

Stein, Jeremy C. 2012. Monetary Policy as Financial-Stability Regulation. *Quarterly Journal of Economics* 127 (1): 57–95.

Stigum, Marcia L. 1987. *Money Market*, Rev. ed. New York: McGraw-Hill.

Taleb, Nassim Nicholas. 2008. *Black Swan*. London: Penguin.

Taylor, Lance. 2008. Notes on Liquidity. *New School for Social Research*, April.

Thornton, Henry. 1802. *An Enquiry into the Nature and Effects of the Paper Credit of Great Britain*. London.

Tooze, Adam. 2018. *Crashed*. London: Penguin.

Tucker, Paul. 2004. Managing the Central Bank's Balance Sheet: Where Monetary Policy Meets Financial Stability. *BoE Quarterly Bulletin*, Autumn.

Tucker, Paul. 2018. *Unelected Power*. Princeton: Princeton University Press.

Vlieghe, Gertjan. 2016. Monetary Policy Expectations and Long-Term Interest Rates. Speech at London Business School, Bank of England, May.

Woodford, Michael. 2003. *Interest and Prices: Foundations of a Theory of Monetary Policy.* Princeton: Princeton University Press.
Zero Hedge. 2019. 12 Reasons Why Negative Rates Will Devastate the World, August 19.
Zucman, Gabriel. 2013. The Missing Wealth of Nations. *Quarterly Journal of Economics* 128 (3) (August): 1321–1364.